中國考據學

第一辑

主编 于亭

创于1897
商務印書館
The Commercial Press

图书在版编目(CIP)数据

中国考据学. 第一辑 / 于亭主编 .—北京：商务印书馆，2024
ISBN 978-7-100-23118-3

Ⅰ. ①中…　Ⅱ. ①于…　Ⅲ. ①考据学—中国　Ⅳ. ①K207

中国国家版本馆 CIP 数据核字（2023）第 191376 号

中国考据学
第一辑
于亭　主编

商　务　印　书　馆　出　版
（北京王府井大街36号　邮政编码 100710）
商　务　印　书　馆　发　行
北京虎彩文化传播有限公司印刷
ISBN 978-7-100-23118-3

2024 年 5 月第 1 版　　开本 787×1092　1/16
2024 年 5 月北京第 1 次印刷　　印张 $14^1/_2$

定价：88.00 元

目　录

明永乐刻本《周易兼义》校勘札记

山东大学文学院　杜泽逊

前记： 余与门生从事《十三经注疏汇校》工作始于2012年3月，先成《尚书注疏汇校》，已于2018年4月由中华书局出版，共九册。另撰《尚书注疏校议》一册，同时出版。《周易注疏汇校》始于2014年1月，至2015年4月完成初稿，其后陆续复审修订，延至2021年2月始定稿。《周易注疏汇校》所校诸本计二十四种：唐石经本（简称石。以下括注内皆为简称），敦煌写本《贲》卦单疏残卷（敦），南宋刻单疏本（单），日本富冈桃华盦旧藏单疏写本（桃），日本足利学校藏南宋两浙东路茶盐司刻八行注疏本（八），瞿氏铁琴铜剑楼旧藏南宋刻经注释文本（瞿），王世贞旧藏南宋刻经注本（王），南宋抚州公使库刻经注本（抚），南宋刻纂图互注本（纂），南宋刻《周易要义》（要），元相台岳氏刻经注释文本（岳），元刻十行注疏本（元），元刻十行本明正德嘉靖修版印本（十），明永乐刻注疏本（永），明天一阁刻《周易略例》本（天），明嘉靖江以达、李元阳福建刻注疏本（闽），明万历北京国子监刻注疏本（监），明崇祯毛氏汲古阁刻注疏本（毛），明末毛氏汲古阁《津逮秘书》刻《周易略例》本（津），明末《说郛》刻《周易略例》本（说），清乾隆武英殿刻注疏本（殿），清乾隆内府写《文渊阁四库全书》本（库），清乾隆内府写《四库全书荟要》本（荟），清嘉庆阮元南昌府学刻注疏本（阮）。以明万历北监本为底本。前人校勘成果收录者十六家：清顾炎武《九经误字》，日本山井鼎、物观《七经孟子考文补遗》，清乾隆武英殿本《考证》，清乾隆浦镗《十三经注疏正字》，清乾隆《四库全书考证》，清乾隆《四库全书荟要》附按语，清乾隆卢文弨《群书拾补》，清乾隆武英殿重刻《相台五经》附考证，清嘉庆阮元《十三经注疏校勘记》（简称阮元《校记甲》），清嘉庆阮元南昌刻《十三经注疏》附《校勘记》（简称阮元《校记乙》），清道光汪文台《十三经注疏校勘记识语》，日本海保元备《周易校勘记举正》，清孙诒让《十三经注疏校记》，清胡玉缙《周易注疏校勘续记》，民国刘承幹《周易单疏校勘记》，日本长泽规矩也《周易校勘记补遗》。荟萃异同，条举众说，聊供方家参稽而已。拙见所及，别纸记之，积久成帙，今检出明永乐刻本各条，略以类归，计五题一百四十二条，以就教于同道。

2022 年 11 月 19 日

（一）永乐本当从元刊十行本出①

永乐本《周易兼义》，王重民《中国善本书提要》著录，原北平图书馆藏，今在台北故宫，昔贤未尝校勘。陆心源藏一部后归日本静嘉堂文库，陆氏定为明覆宋刊八行本。今经详校，始知永乐本实出于元刊十行本。兹举永乐本讹误独与元刊十行本同者。

1. 监本卷一《乾》卦第二十七页十三行疏："以其上下无定。""其"，宋刊单疏本、宋刊八行本同。唯元刊十行本误作"具"，永乐本同元刊十行本。元刊十行本此页明修版为嘉靖修版，已改正为"其"。

2. 监本卷一《屯》卦第四十四页三行疏："在于同好，不容他人间厕其间也。""于"，宋刊单疏本、宋刊八行本同。元刊十行本误作"子"，永乐本亦作"子"。

① 泽逊按：顾永新教授发表于《儒家典籍与思想研究》第十四辑《永乐本〈周易兼义〉再讨论》一文（第 1—19 页），主张永乐本《周易兼义》出宋十行本，考辨甚精详，请读者参看。本文仍基于"存世版本之间文字差距大小"这样一个表层考量而已。

至元刊十行本明嘉靖修版（怀浙胡校）又改正为“于”。闽、监、毛、殿、阮皆沿明修版，不误。元刊十行本明修版自有可取。

3. 监本卷一《屯》卦第四十四页八行注：“无所委仰，故泣血涟如。”“仰”，宋抚州本、瞿氏藏宋本、宋刊纂图互注本、宋刊八行本、元相台岳氏本同。唯元刊十行本误“抑”，永乐本从之。元刊十行本明修版以下各本均作“仰”，不误。

4. 监本卷一《蒙》卦第四十九页九行注：“则物咸附之。”“则”，宋刊单疏本、宋刊八行本、元刊十行本、永乐本作“即”。元刊十行本明修版作“则”，承上而误。“咸”，宋刊单疏本、宋刊八行本同，元刊十行本作“感”，永乐本亦作“感”。元刊明修十行本作“咸”，以下各本作“咸”。按：作“感”当误。

5. 监本卷二《讼》卦第七页十二行疏：“不相干涉。”“干”，宋刊单疏本、宋刊八行本均同，唯元刊十行本作“于”，永乐本亦作“于”。十行本嘉靖修版改正为“干”，以下各本均作“干”。

6. 监本卷二《小畜》卦第二十五页六行疏：“六四居九三之上。”“三”，元刊十行本作“二”，此显误，永乐本从之作“二”。十行本嘉靖修版已改为“三”，可嘉也。

7. 监本卷二《泰》卦第三十四页十八行疏：“以九三居不失正，动不失应。”“失正”，宋刊单疏本、宋刊八行本同。元刊十行本误作“夫正”。永乐本从之作“夫正”。十行本明嘉靖修版改正。即此可见，永乐本当从元刊十行本出，且所据为早期未修版印本。今所见刘承幹旧藏元刊十行本乃后印漫漶之本，文字或不可辨，然则永乐本可存元刊十行本文字面目也。

8. 监本卷二《同人》卦第四十页十七行疏：“故称同人曰。”“称”，元刊十行本误作“稚”，永乐本从之。他本均作“称”。

9. 监本卷二《大有》卦第四十八页十一行疏：“所以威如得吉者。”“如”，宋刊单疏本、宋刊八行本同。元刊十行本作“始”，形误。永乐本从之作“始”。十行本明嘉靖修版作“如”，知明修版亦有校正。以后各本均作“如”，不误。

10. 监本卷二《大有》卦第四十八页十四行注：“处大有之上而不累于位。”“累于位”，宋刊八行本同。元刊十行本讹作“萦于立”，下疏文仍作“累于位”，不误。永乐本同元刊十行本。十行本明嘉靖修版改正为“累于位”，以下各本不误。

11. 监本卷二《大有》卦第四十九页一行疏："从天已下，悉皆佑之。故云自天佑之。""从天"，宋刊单疏本、宋刊八行本同。元刊十行本误作"从大"。永乐本从元刊十行本。十行本明嘉靖修版改正为"从天"，以后各本均不误。

12. 监本卷三《观》卦第十四页九行疏："本由在下观效在上而变化。""在下"，宋刊单疏本、宋刊八行本同，元刊十行本误"有下"，永乐本从之，后人描改为"在下"。十行本正德十二年修版已校正为"在下"，以下各本均不误。则正德修版亦有可称道也。

13. 监本卷三《颐》卦第四十五页七行经："观我朵颐。""颐"，各本同，唯元刊十行本误作"夷"，永乐本从之。十行本嘉靖修版已改正为"颐"，以下各本均不误。

14. 监本卷四《晋》卦第二十页六行疏："能穴不能掩身。""掩"字，宋刊单疏本、宋刊八行本同，元刊十行本误作"淹"，永乐本从之作"淹"。又同卷《明夷》卦第二十一页十七行疏："此又就二体释卦之德。""二"，元刊十行本误作"三"，永乐本从之作"三"。元刊十行本明嘉靖修版皆不误。

15. 监本卷四《解》卦第四十一页十三行疏："此借飞鸟为喻。""喻"字，各本同，唯元刊十行本误作"踰"，永乐本从之。

16. 监本卷四《损》卦第四十二页三行疏："减损之名。""减"，各本同，唯元刊十行本作"咸"，误。永乐本从元刊十行本。

17. 监本卷五《姤》卦第六页十一行疏："方可期之偕老。""偕"，宋刊单疏本、宋刊八行本同。元刊十行本误作"階"，永乐本从之。元刊十行本明正德修版已改正为"偕"。

18. 监本卷五《萃》卦第十四页四行经："《象》曰：大吉无咎。""象"，各本同，元刊十行本作"豖"，显误，永乐本从之作"豖"。元刊十行本明修版（版式字体似正德十二年修版）改正为"象"。李元阳闽本以下各本均不误。

19. 监本卷五《困》卦第十八页七行疏："君子遇之，则不改其操。""操"字，宋刊单疏本、宋刊八行本同。元刊十行本作"倮"，形近之讹。永乐本从元刊十行本。元刊十行本明嘉靖修版已改正为"操"。

20. 监本卷五《困》卦第十九页九行注:“君子固穷，道可忘乎。”“忘”各本同，唯元刊十行本作“志”，形近误也。永乐本从元刊十行本作“志”。李元阳闽本改正为“忘”，以下监、毛、殿各本均作“忘”。

21. 监本卷五《革》卦第二十八页十五行注:“革而當，其悔乃亡也。”“當”字，各本同，元刊十行本“當”误作“常”，形近讹也。永乐本从之。元刊十行本明嘉靖修版已改为“當”。

22. 监本卷五《革》卦第二十九页十八行疏:“此先明天地革者。”“先”，元刊十行本讹作“光”，永乐本从元刊十行本。元刊十行本明嘉靖修版改正为“先”，以后各本则作“先”，不误。

23. 监本卷五《革》卦第三十页十四行疏:“有似用牛皮以自固。”“牛”字，宋刊单疏本、宋刊八行本同。元刊十行本误作“生”，永乐本沿误。元刊十行本明嘉靖修版改正为“牛”，他本皆作“牛”不误。

24. 监本卷五《革》卦第三十二页九行疏:“损益前王。”各本同，唯元刊十行本“王”误作“主”，永乐本从元刊十行本之误。元刊十行本明嘉靖修版已改正为“王”。

25. 监本卷五《革》卦第三十二页十八行疏:“故曰征凶居贞吉也。”“征”，宋刊单疏本、宋刊八行本同，元刊十行本作“贞”，音近误也。永乐本从元刊十行本之误。元刊十行本明嘉靖修版改正为“征”，以下各本不误。

26. 监本卷五《鼎》卦第三十五页十二行疏:“加之则溢而伤其实矣。”“伤”，各本同，唯元刊十行本作“阳”，误。永乐本从元刊十行本。元刊十行本明嘉靖修版已改正为“伤”。

27. 监本卷五《艮》卦第四十四页九行经:“上下敌应，不相与也。”“不”，各本同。元刊十行本误作“以”，永乐本从之作“以”。元刊十行本明嘉靖修版改正为“不”。

28. 监本卷五《渐》卦第四十八页六行疏:“夫止而巽者。”“夫止”，宋刊单疏本、宋刊八行本同，元刊十行本误作“失上”，永乐本作“失上”，显从元刊十行本。元刊十行本明嘉靖修版已改为“夫止”。

29. 监本卷五《渐》卦第五十页十六行疏:“鸿渐于陵者。”“鸿”，各本同，唯元刊十行本误作“鸣”，永乐本从元刊十行本。元刊十行本明嘉靖修版已改正为“鸿”。

30. 监本卷六《丰》卦第六页一行疏:“而又覆鄣其家。”“又”，各本同，唯元刊十行本、永乐本误作“人”。又同一行疏:“蔽鄣之甚也。”“鄣”，各本同，唯元刊十行本、永乐本误作“鄣”。又六页二行疏:“处于丰大之世。”“大”，各本同，唯元刊十行本、永乐本误作“太”。至十行本明嘉靖修版，此页抽换，三误均改正，此亦嘉靖修版之可称道者。其后闽、监、毛、殿、阮皆从十行本明嘉靖修版。

31. 监本卷六《涣》卦第十九页五行经:“初六之吉。”“吉”，各本同，唯元刊十行本、永乐本误作“言”。又第十九页八行注:“而初得散道。”“散”，各本同，唯元刊十行本、永乐本误作“敬”。又第十九页十八行注:“得位体巽。”“位”，各本同，唯元刊十行本、永乐本误作“信”。

32. 监本卷六《小过》卦第三十二页十七行注:“以阴质治小过。”“治”，各宋本及岳本均同，元刊十行本作“质”，误。元刊十行本明嘉靖修版（北京大学藏）改为“治”，以下闽、监、毛、殿、阮本皆从嘉靖本。唯永乐本作“以阴质质小过”，与元刊十行本同。

33. 监本卷六《未济》卦第四十页五行注:“拯救危难。”“拯”，各本同，唯元刊十行本作“極”，形近讹也。永乐本亦作“極”，至元刊十行本明嘉靖修版已改正为“拯”。

34. 监本卷六《未济》卦第四十一页十行疏:“以其正志得行而终吉故也。”“正”字，各本同，唯元刊十行本作“王”，形误，永乐本从之作“王”。元刊十行本明嘉靖修版改正为“正”。

35. 监本卷七《系辞上》第十页十三行疏:“故前章云悔吝者忧虞之象。”“忧虞”，各本同。唯元刊十行本误作“前章”，永乐本从元刊十行本。元十行本明嘉靖修版作“忧虞”，而二字字体与上下左右不同，当是初刊作“前章”，后挖改为“忧虞”。以下闽、监、毛、殿、阮皆作“忧虞”，不误。又第十一页二行疏:“否则大往小来之类是也。”各本同，唯元刊十行本、永乐本“来”作“大”。

36. 监本卷七《系辞上》第四十一页一行疏:“天地变化圣人效之二也。”“圣人”，各本同，唯元刊十行本、永乐本作“天地”，殆蒙上“天地变化”而误。

37. 监本附《释文》第十四页十二行释文：“灭顶，徐都冷反。”宋本《经典释文》及瞿氏藏宋本、宋纂图互注本皆同。元刊十行本“冷”字作“泠”，似作“冷”字，永乐本作“都今反”，是从元刊十行本而误。李元阳闽本作“都冷反”，是其校正之功。

（二）永乐本讹误与元刊十行本同，又或与十、闽、监、毛、阮本同

元刊十行本而下有元刻明修本，又有闽、监、毛、阮诸本，以其有从出关系，故讹误多同。元刊十行本有误，永乐本沿之，诸本亦或沿之。

1. 监本卷一《坤》卦第三十七页八行疏：“皆得所宜，名以方正。”“名”，宋刊单疏本、宋刊八行本作“各”。元刊十行本误作“名”，永乐本、元刊十行本明修版、闽、监、毛本从之作“名”。殿本改为“各”，从宋刊八行本也。

2. 监本卷二《讼》卦第七页四行疏：“谓虽每訴讼。”“訴”，宋刊单疏本、宋刊八行本皆同，元刊十行本误作“訢”，永乐本从之作“訢”，元刊明嘉靖修版亦作“訢”。至李元阳闽本又改为“訴”。即此可见永乐本、宋本不同，而与元刊十行本关系密切。

3. 监本卷二《讼》卦第九页十七行注：“为仁由己。”“由”字，各本同，唯元刊十行本、永乐本、元刊明修十行本、阮本作“猶”，是元刊十行本误“由”为“猶”，永乐本从之，元刊明修十行本、阮本亦从元刊十行本。阮元《校记乙》云：“注作猶，正义作由。由、猶古字通。”此滥用通假之例，殊不可取。

4. 监本卷二《小畜》卦第二十六页十行疏：“能畜止刚健。”“止”，宋刊单疏本、宋刊八行本同，元刊十行本误作“正”，永乐本从之，元刊明修十行本亦从之，李元阳闽本改作“止”，是。

5. 监本卷二《泰》卦第三十四页十一行疏：“元在上者而不归下。”“元”，宋刊单疏本、宋刊八行本作“无”。元刊十行本误作“元”，永乐本从之作“元”。元刊明修十行本、闽、监、毛本皆沿之作“元”。殿本改作“无”，殆依宋刊八行本，是也。

6. 监本卷二《谦》卦第五十一页二行疏：“《尔雅·释诂》云。”“诂”，宋刊单疏

本、宋刊八行本同。元刊十行本误作“话”，永乐本从之作“话”。十行本明嘉靖修版亦作“话”。李元阳闽本改作“诂”，监、毛、殿皆从之作“诂”。阮元本从十行本嘉靖修版出，故亦作“话”。胡玉缙《周易注疏校勘续记》云：“‘话’为‘诂’之讹。”此系形近显误，故阮元不出校。唯其误自元十行始，永乐本从之。

7. 监本卷四《晋》卦第二十页五行疏：“鼫鼠五能，不成一伎。王注曰。”“王”，宋刊单疏本、宋刊八行本作“术”。卢文弨云《颜氏家训》作“不成技术”，知“王”字误也。元刊十行本始改“术”为“王”，永乐本从之作“王”。元刊十行本明嘉靖修版亦作“王”。

8. 监本卷六《丰》卦第三页十五行疏：“二居离卦之中。”“离”，元刊十行本讹作“虽”。同页十七行疏：“不能自发。”“自”，元刊十行本误作“目”。永乐本皆从元刊十行本之误。十行明初修版（黑口）亦沿元十行之误，李元阳本皆改正之。阮本从元刊明修十行本出，亦皆改正为“离”、为“自”。阮本于显误者有所改正，此其例。

9. 监本附《释文》第二十三页第十三行释文：“弃舍，音捨。下文同。”“下文同”，宋刊《经典释文》、瞿氏藏宋本、宋刊纂图互注本均同。元刊十行本误为“不文同”，形近所致。明永乐本、元十行明初修版皆沿元刊十行本之误作“不文同”。李元阳闽本改正为“下文同”。监本从闽本。又同页第十四行释文：“井谷，古木反，又音浴。”“又音浴”，宋刊《经典释文》、瞿氏藏宋本、宋刊纂图互注本均同。元刊十行本误作“水音浴”，元十行明初修版、明永乐本从元刊十行本之误作“水音浴”。李元阳闽本改正为“又音浴”。北监本从闽本。阮本从元刊明修十行本出，而径改为“又音浴”，不出校记，殆以其为显误也。

以上为误字例。

10. 监本卷一《坤》卦第三十页一行疏：“其褊狭非□弘通之道。”“其”下宋刊单疏本、宋刊八行本俱有“理”字，是。元刊十行本脱。永乐本亦脱。“非”下一字空白，宋刊单疏本、宋刊八行本、永乐本俱作“易”字。元刊十行本断版模糊，仍可辨为“易”字。元刊十行本明修版“其”下无“理”字，“非”下作墨钉，李元阳闽本从之。北监本同闽本，唯“非”下作空白。毛本同监本而“非”下空白作“复”，乃以意强补。殿本从宋刊八行本作“其理褊狭，非易弘通之道”，库本从之，良是。阮本作“其褊狭非复弘通之道”，实从毛本，其校记云：“十行本、闽、监本缺‘复’字。毛本如此。宋本作‘易’。钱本无此字。又，钱本、宋本‘其’下有‘理’字。”不判是非，则以未见宋刊单疏本、宋刊八行本，又不校殿本所致。

11. 监本卷二《同人》卦第四十页十六行疏：“此发首应云同人于野亨。为之别云同人曰者。”宋刊单疏本、宋刊八行本作“此发首应云同人于野亨。今此同人于野亨之上，别云同人曰者”。元刊十行本因前后重出“同人于野亨”而致脱文，作“此发首应云同人于野亨之主别云同人曰者”，脱“今此同人于野亨”七字，更误“之上”为“之主”，遂使文意不通。永乐本脱误全同元刊十行本。元刊十行本明嘉靖修版脱文同元刊十行本，而改“之主”为“为主”。阮元本从嘉靖修版作“为主”。李元阳闽本从十行本嘉靖修版出，脱文亦同，而改“为主”为“为之”。北监本、毛本皆从李元阳闽本。至武英殿本始全改正之，与宋刊单疏本、宋刊八行本同，是从宋刊八行本改也。库本从殿本。山井鼎、阮元均指出此条异文，而未置可否。北京大学出版社李学勤本据阮校改正之，甚是。元刊十行本当为无意之脱误，明嘉靖修版、李元阳闽本皆有臆改之病，武英殿本据宋刊八行本校正，胜于元刊十行本、永乐本、闽、监、毛各本。

以上为脱文例。

12. 监本卷二《泰》卦第三十四页十三行疏：“忧，恤也。”宋刊单疏本、宋刊八行本作“恤，忧也”，是。此释经文“恤”字。元刊十行本作“忧，恤也”，误倒。永乐本从元刊十行本。元刊十行本明修版、闽、监、毛本亦误倒。殿本乙正之。

13. 监本卷三《大过》卦第五十页十四行疏：“是过越本分拯救阴弱也。”“阴弱”，宋刊单疏本、宋刊八行本均作“弱阴”，元刊十行本作“阴弱”，当是误倒。永乐本亦从十行本作“阴弱”。其后各本均误倒。

14. 监本卷五《萃》卦第十二页一行注：“聚而无防，则众心生。”“心生”二字，宋刊八行本、瞿氏藏宋本、王世贞旧藏宋本、宋抚州本、宋刊纂图互注本、元相台岳氏本均作“生心”。自元刊十行本作“心生”，永乐本从元刊十行本，以下注疏各本亦从元刊十行本，唯殿本校改为“生心”。浦镗《正字》云：“‘生心’字误倒。”谓毛本作“心生”误倒，当作“生心”也。此暗用殿本。阮元《校记》引孙志祖云：“据

《困学纪闻》当作‘则众生心’。”楼宇烈《校释》云：“‘众生心’，即各生离异之心之意。”泽逊按：浦、孙、楼说是也。《左传·昭公二十五年》：“众怒不可蓄也，蓄而弗治，将蕴，蕴蓄民将生心，生心同求将合。”王弼注“众生心”文法与《左传》合。元刊十行本作“心生”，乃误倒，以下各本沿误，唯殿本改正之，知校雠谨严也。

以上为倒文例。

15. 监本卷二《讼》卦第八页一行疏：“小有言终吉者。”宋刊单疏本、宋刊八行本皆同。元刊十行本下复衍“言终吉者”四字，永乐本亦复衍，唯永乐本后“言终吉者”四字挤刻，殆写样时认为复衍，省去四字，覆校时又依元刊十行本挤入也。十行本明嘉靖修版亦衍四字。李元阳闽本则删去复衍四字，以后各本从闽本。阮元本从十行本出，亦复衍四字，而未出校勘记，闽、监、毛本固不复衍也，是阮校疏忽。北京大学出版社李学勤本亦沿阮误而不改。胡玉缙《周易注疏校勘续记》：“小有言终吉者，言终吉者。下四字疑衍。”所疑良是，唯不见古本，不知其所以然之故也。

以上为衍文例。

（三）永乐本从元刊十行本出之痕迹

永乐本讹误独与元刊十行本同，可为前者当从后者出之证。永乐本不误，或永乐本与元刊十行本有异，亦有可证其所从出关系者。若二本俗写独同，或俗写自元刊十行本始而永乐本沿之：

1. 监本卷二《泰》卦第三十五页十一行疏：“由众阴皆失其本实所居之处。”“由”，宋刊单疏本、宋刊八行本、魏了翁《要义》宋本作“猶”，元刊十行本作“尤”，乃当时俗写。永乐本从之作“尤”，亦永乐本出于元刊十行本之一证。嘉靖修版十行本复改“猶”。李元阳闽本误作“由”，监、毛、殿本从闽本作“由”。元明间经籍文字变化，即此可见其迹。

2. 监本卷五《震》卦第四十页四行疏：“其犹《屯》卦初九与卦俱稱利建侯。”“稱”，各本同。唯元刊十行本作“称”，用简体，永乐本亦用“称”。

以上永乐本俗写独与元刊十行本同例。

3. 监本卷二《泰》卦第三十三页十三行注："尚，猶配也。""猶"，宋刊八行本、瞿氏藏宋本、宋刊纂图互注本、宋抚州本、元相台岳氏本皆同。元刊十行本作"尤"，当为俗字。永乐本同元刊十行本。十行本明嘉靖修版、阮元本皆沿元刊十行本作"尤"。李元阳闽本改正为"猶"，可嘉。

4. 监本卷二《泰》卦第三十四页十一行疏："猶若元在下者而不在上。""猶"，宋刊单疏本、宋刊八行本同。元刊十行本作"尤"，永乐本从元刊十行本。元刊十行本明修版、闽本亦作"尤"。监本改作"猶"。

以上永乐本俗写与元刊十行本，以下诸本或同例。

又永乐本文字错行，可见沿元刊十行本而致例：

5. 监本卷九《序卦》第十八页十一行注："禮过乎俭。""禮"字，永乐本误作"俗"。同页第十一行注："可以矫世厉俗。""俗"，永乐本误作"禮"。按：元刊十行本双行小注"礼"字（不全，不能识别）与"俗"字横向并列，永乐本从元刊十行本出，因致互换，所谓错互也。元刊明修十行本作"礼过乎俭""可以矫世厉浴"，沿元刊十行本，而误"俗"为"浴"。

又形近而讹可见永乐本当从元刊十行本出之痕迹例：

6. 监本附《释文》第二十四页九行释文："以木巽火亨，本又作亯。""亯"，宋本《经典释文》、宋刊纂图互注本均作"亯"，元刊十行本作"宫"，元十行明初修版亦作"宫"，永乐本作"宫"。其演变之迹隐然可见。

讹以传讹可见永乐本当从元刊十行本出之例：

7. 监本卷二《需》卦第三页十三行疏："自，由也。由我欲进而致寇来。"宋刊单疏本、宋刊八行本均同。元刊十行本"由也"下因回行而衍"也"字。永乐本觉其不通，改下"也"字为"此"字。此节作"自，由也。此由我欲进而致寇来"，虽文从字顺，非其旧文也。元刊明修十行本此页仍元刊十行本之旧。李元阳闽本从十行本出，删一"也"字，与宋刊单疏本、宋刊八行本合。监、毛、殿本皆从李元阳闽本。阮本从十行本出，亦删一"也"字，所删是也。而阮元自云"明知宋板之误字亦不使轻改"，其不能言行一致，即此可见。

又永乐本所从出之早期元刊十行本，或尚未漫漶，故有可称道者：

8. 监本附《释文》第三十一页十五行:“尽衆，津忍反。”“衆”，宋本《经典释文》作“聚”。此释《周易·系辞上》“是故知鬼神之情状”韩康伯注“尽聚散之理”之“尽聚”。瞿氏藏宋本附《释文》作:“尽，津忍反。”宋刊纂图互注本附《释文》作:“尽，津忍反。”皆省“聚”字。元刊十行本（刘承幹旧藏）附《释文》“尽聚”之“聚”模糊难辨。元刊明修十行本此版重刻，误作“尽衆”，闽、监本皆沿误作“衆”。永乐本从元刊十行本出，而作“尽聚”，不误。殆永乐初年所见元刊十行本尚未漫漶，仍可辨识为“聚”字也。

（四）永乐本亦留心校勘

永乐本从元刊十行本出，而偶有十行本误永乐本反不误者，知永乐本亦留心校雠也。

1. 监本卷一《蒙》卦第四十五页十行疏:“人则莫测其浅深。”“莫测”，各本同，元刊十行本误作“莫则”。永乐本、元刊明修十行本皆从元刊十行本出，而均改正为“莫测”。虽显误而订正之，亦见用心。

2. 监本卷一《蒙》卦第四十六页十八行疏:“若以刑人之道出往，往之即有鄙吝。”“往之”，宋刊单疏本、宋刊八行本、魏了翁《要义》宋本作“行之”。元刊十行本误作“往之”，以下元刊明修十行本、闽、监、毛本均沿元刊十行本。唯永乐本从元刊十行本出，而作“行之”，可贵。武英殿本改为“行之”，殆据宋刊八行本。山井鼎、阮元均出校，而不置可否，殆以不能多见古本。又，山井鼎、阮元出校，皆摘句“出往往之”，句读有误。上云“若以正道而往，即其事益善矣”，即与“若以刑人之道出往，行之即有鄙吝”相对应。殿本句读是。

3. 监本卷一《蒙》卦第四十八页五行疏:“正行以待命而嫁。”“待”，宋刊单疏本、宋刊八行本同。元刊十行本作“侍”，与前注“待命”相违，误。永乐本作“待”，不误。元刊明修十行本从元本之误作“侍”。李元阳闽本改正为“待”。

4. 监本卷一《蒙》卦第四十九页三行疏:“巽，以顺也，犹委物于二。”“以”，宋刊单疏本、宋刊八行本作“亦”，是。元刊十行本作“以”，乃承上文“顺以巽也”而讹。元刊明修十行本、闽、监、毛本沿误作“以”。永乐本作“亦”，与宋刊单疏本、宋刊八行本同，胜于元刊十行本。殿本从监本出而改作“亦”，殆依宋刊八行本校正。阮本从元刊明修十行本之误作“以”，不出校记。北京大学出版社李学勤本又从阮本之误。

5. 监本卷二《需》卦第四页六行疏：“穴之与位，各随事义也。”“位”，宋刊单疏本、宋刊八行本作“血”，是。元刊十行本作“位”，形误。永乐本作“血”，当系校正。元刊十行本明修版此页为嘉靖刊，作“位”，沿元刊十行本之误。闽、监、毛本皆沿十行本嘉靖修版。殿本改“血”，殆从宋刊八行本。

6. 监本卷二《讼》卦第五页十四行注：“能惕，然后可以获中吉。”“能”，宋刊八行本、瞿氏藏宋本、王世贞旧藏宋本、宋抚州公使库本、宋刊纂图互注本、魏了翁《要义》宋本、元相台岳氏本、元刊十行本、元刊明修十行本、李元阳闽本均作“皆”。乾隆重刊元相台岳氏本改“能”，其《考证》云：“‘皆惕’，武英殿注疏本及他本俱作‘能惕’。孔颖达疏谓‘讼不可妄兴，被物止塞，而能惕惧’，此解注‘能惕’二字也。宋朱震《汉上易传》亦谓‘能惕惧处柔’，义与王合。今据改。”泽逊按：永乐本作“能”，其后则北监本作“能”，毛本沿北监本。殿本又沿监、毛本。乾隆重刊元相台岳氏本实受殿本启发而校改。北监本改作“能”字是否受永乐本启发，未可知也。

7. 监本卷二《讼》卦第十一页四行疏：“以断枉直者。”“直”，元刊十行本误作“自”，永乐本作“直”，是永乐本虽从元刊十行本出，亦有校正。

8. 监本卷二《小畜》第二十五页七行疏：“三不害己，己故得其血去除。”宋刊单疏本、宋刊八行本“不”下有“能”字，不重“己”字。元刊十行本脱“能”字，重“己”字。永乐本同宋刊单疏本、宋刊八行本，当系校改。元刊明修十行本、闽、监、毛本均从元刊十行本脱衍。殿本改正，与宋刊八行本同，以得见半部宋刊八行本故也。

9. 监本卷二《否》卦第三十七页十二行疏：“辟其阴阳巳运之难。”“巳”，宋刊单疏本、宋刊八行本作“厄”，是也。元刊十行本误作“巳”，永乐本作“厄”，与宋刊单疏本、宋刊八行本合，当系校勘改正。元刊十行本明修版、闽、监、毛本皆沿元刊十行本误。殿本作“厄”，殆从宋刊八行本校正。

10. 监本卷二《否》卦第三十九页一行疏："畴離祉者。""離"，元刊十行本作"离"，永乐本从之。"祉"，元刊十行本作"位"，形近而讹，永乐本作"祉"，不误，当系据经文"畴離祉"校正者，而"离"字不改作"離"。李元阳本亦改"位"为"祉"，以下各本均不误，唯阮元本从十行本出，仍作"位"，其《校记乙》云："案：'位'，当依经文作'祉'。"

11. 监本卷二《否》卦第三十九页一行疏："畴，谓畴匹。""匹"，元刊十行本误作"四"。又："離，丽也。""離"，元刊十行本误作"雖"。永乐本皆改正为"匹""離"。是永乐本从元刊十行本出，而有校正。此二处李元阳本亦改正，以下各本均不误。阮本亦改正之，不出校记，殆以显误也。

12. 监本卷三《临》卦第十二页八行注："柔不失正，乃得无咎也。""乃"，宋刊八行本、宋抚州公使库本、瞿氏藏宋本、王世贞旧藏宋本、宋刊纂图互注本、元相台岳氏本皆作"则"。元刊十行本作"乃"，与诸宋本不合，恐误。永乐本从元刊十行本出，而作"则"，当是依宋本校正也。闽、监、毛本皆沿十行本作"乃"，殿本改作"则"，亦依宋本校正也。

13. 监本卷四《恒》卦第八页十三行经："九三不恒其德。""其"，各本同，元刊十行本作"之"。永乐本从元刊十行本出，而改"之"为"其"，是其校正。下"《象》曰不恒其德，无所容也"，又爻辞疏皆作"不恒其德"，足证此处元刊十行本作"之"，显误。

14. 监本卷四《遯》卦第十二页二行疏："六二居中得位。""二"字，宋刊单疏本、宋刊八行本同。元刊十行本误作"三"，元刊明修十行本沿误。永乐本从元刊十行本出，李元阳闽本从元刊明修十行本出，皆已校正为"二"。监、毛、殿本皆沿闽本不误。阮本则沿元刊十行本之误作"三"，并未出校记。北京大学出版社李学勤本则又沿阮本误也。

15. 监本卷四《家人》卦第二十八页十四行疏："威信并立，乃得终于家道而吉从之。""乃"字，宋刊单疏本、宋刊八行本同，元刊十行本误作"三"。永乐本从元刊十行本出，而改正为"乃"。元刊十行本明嘉靖修版（北京大学藏）复改"三"为"上"，是因"三"字不通而臆改之。李元阳闽本则改作"乃"，细观之"乃"字粗浓，知初亦作“上”，后觉而挖改也。明人固有擅改之恶习，而校雠亦有可取，此其例也。监、毛、殿本皆从李元阳闽本作“乃”，不误。而阮本则从元刊明修十行本作“上”，殊误。

16. 监本卷四《蹇》卦第三十七页十行疏：“贵谓阳也，以从阳，故云以从贵也。”“以从阳”，宋刊单疏本、宋刊八行本皆作“以阴从阳”，是也。此谓以上六阴爻从九三阳爻也。上疏云：“有应在三，是志在内也。应既在内，往则失之，来则得之，所以往则有蹇，来则硕吉也。”即此义。十行本脱“阴”字，永乐本从元刊十行本出，而补“阴”字，必据旧本也。李元阳闽本、监、毛、阮本皆从元刊十行本脱“阴”字，未如永乐本为优也。殿本亦补“阴”字，当据宋刊八行本。

17. 监本卷四《解》卦第四十一页四行疏：“是有君子之德。”“君子”，宋刊单疏本、宋刊八行本同。元刊十行本作“一子”，显误。元刊明修十行本（北京大学藏）沿误。永乐本从十行本出，改正为“君子”，“君”字笔画浓，当为后来改刻。由此可见永乐本校雠之功。李元阳闽本从元刊明修十行本出，亦改“一子”为“君子”。监、毛、殿本皆从闽本。阮本从元刊十行本出，径改“一子”为“君子”，不出校。阮元云“凡有明知宋板之误字，亦不使轻改”，不尽然也。

18. 监本卷五《井》卦第二十七页十二行经：“九五，井洌寒泉食。”注：“居中得正。”“正”，宋刊八行本、瞿氏藏宋本、王世贞旧藏宋本、宋抚州公使库本、宋刊纂图互注本、魏了翁《要义》宋本、元相台岳氏本均作“位”。元刊十行本误作“既”。永乐本作“位”，是依元刊十行本而订其误也。元刊明修十行本以下均作“正”，乃以元刊十行本“既”字不通，据疏文“九五居中得正”“若非居中得正”而改。通则通矣，而非王注之旧。孔疏释王注每易一二字，此王注“居中得位”，疏作“居中得正”，亦其例。元刊明修十行本据疏改注，是臆改，不足据。山井鼎《考文》：“居中得正。二本、足利本、宋板‘正’作‘位’。”卢文弨、阮元不出校记。楼宇烈《校释》、北京大学出版社李学勤本皆沿阮本作“居中得正”，均非。

19. 监本附《释文》第二十四页五行释文：“革而信之，一本无之字。”“无”字，宋本《经典释文》作“無”，瞿氏藏宋本、宋刊纂图互注本均作“无”。元刊十行本误作“字”，十行明初修版亦作“字”。永乐本改为“無”，是其校正之功。李元阳闽本改作“无”，亦校正者。

亦有一句、一段之内，有校正者，亦有沿误或臆改之字：

20. 监本卷五《萃》卦第十二页七行注：“若安夫卑退，谦以自牧。”各本同，元刊十行本“夫”误作“天”，“牧”误作“故”。永乐本改“天”为“夫”，“故”字则沿元刊十行本之误。

21. 监本《略例》第十八页第四行经：“凡言无咎者。”“言”字各本同，唯永乐本作“吉”。按：此节全文：“凡言无咎者，本皆有咎者也。防得其道，故得无咎也。言无咎者，本亦有咎，由吉故得免也。”（监本）后一“言无咎者”，唐石经、瞿氏藏宋本、王世贞旧藏宋本、宋刊纂图互注本、魏了翁《要义》宋本、元相台岳氏本、永乐本、《津逮》本、殿本作“吉无咎者”。就下句“由吉故得免”及注“吉乃免咎”观之，作“吉无咎”是。此“吉无咎”与下文“无咎吉”相应。元刊十行本“吉无咎”误作“言无咎”，殆因上文“凡言无咎”而臆改之。永乐本从元刊十行本出，改正为“吉无咎”，与宋本合，良是。至于上一“言无咎”，则“凡言无咎”连读，“凡言”为习用语，各本皆同，无误。永乐本改为“凡吉无咎”，乃依下“吉无咎”而臆改之，文义不通，无本可据，殊失校勘之旨。此节“凡言”下实释“无咎”“吉无咎”“无咎吉”三种占卜结论，循诵可知。

（五）永乐本独误可见其校勘粗疏

永乐本讹误颇多，坊本习气不可掩也。

1. 监本卷一《乾》卦第二十三页十五行疏：“初九潜藏不见。”“潜藏”，永乐本误作“潜龙”，各本不误。

2. 监本卷一《乾》卦第二十四页十三行经：“乾元者，始而亨者也。”“亨”，永乐本误作“享”。下注、疏均作“亨”，不误。

3. 监本卷一《坤》卦第三十二页一行疏：“初六阴气之微。”“初六”，永乐本讹作“初八”，他本不误。

4. 监本卷一《屯》卦第三十九页十三行注：“雷雨之动，乃得满盈。”“得”，各本同，唯永乐本作“德”，音误也。

5. 监本卷一《屯》卦第四十一页五行疏："言己止为前进有难，故磐桓且住。""止"，各本同，唯永乐本作"正"，形之误也。

6. 监本卷一《屯》卦第四十一页十一行疏："困於侵害。"各本同，唯永乐本"於"误作"为"。

7. 监本卷一《屯》卦第四十一页十七行疏："乘马班如者，《子夏传》云：班如者，谓相牵不进也。""牵"，各本同，唯永乐本作"率"，形误也。《经典释文·周易音义·屯》："班如，如字。《子夏传》云：相牵不进貌。"亦作"牵"。

8. 监本卷一《屯》卦第四十三页二行疏："三虽比四，四不害己。""三"，各本同，永乐本误作"二"。

9. 监本卷一《蒙》卦第四十七页十六行经："不有躬，无攸利。""躬"，各本同，唯永乐本作"窮"，形近误也。下注"不有躬"，疏"保其躬""云不有躬"，永乐本亦皆误作"窮"。

10. 监本卷二《需》卦第三页三行疏："而小有言，以相责让。""小"，各本同，唯永乐本作"少"。此释经"小有言"，作"少"，误。

11. 监本卷二《师》卦第十五页五行注："处师之时，柔得尊位。""师"，永乐本误作"帅"。各本不误。又第七行注："柔非军帅。""帅"，永乐本误作"师"。各本不误。

12. 监本卷二《小畜》卦第二十三页六行疏："必云在西郊者。""云"，各本同，永乐本讹作"雲"。又同页九行疏："且小畜之义贵于上往。""往"字，各本同，永乐本误作"住"。坊刻多误，此其例也。

13. 监本卷二《同人》卦第四十二页十四行疏："今九三欲下据六二。""六二"，各本同，唯永乐本作"六三"，显误。

14. 监本卷三《随》卦第五页六行注："而处随世。""世"，各本同，唯永乐本作"时"，音近之讹。

15. 监本卷三《观》卦第十三页十二行注："禘自既灌而往者。""灌"字，各本同，永乐本误作"觀"。同页十三行注："则下观而化矣。""下"字各本同，唯永乐本误作"不"。同页十七行疏："悉有孚信而颙然。故云有孚颙若。"二"孚"字，各本同，永乐本误作"浮"。

16. 监本卷三《观》卦第十四页六行注:“不以刑制使物。”“使”字，各本同，永乐本作“所”。按:“不以刑制使物”即注下文“不见圣人使百姓”，下疏文“不须威刑恐逼”。“所”字误。

17. 监本卷三《大畜》卦第四十二页六行疏:“则舆说其輹。”“舆”，各本同，永乐本误作“舆”。第四十三页五行注:“抑锐之始。”“始”，各本同，永乐本误“如”。同页七行疏:“以息彊争。”“彊”字，各本同，永乐本误作“疆”(此类多例)。第四十四页一行注:“畜极则通。”“极”，各本同，永乐本误作“及”。

18. 监本卷三《颐》卦第四十七页四行注:“然后乃得全其吉而无咎。”“吉”，各本同，永乐本误作“言”。同页十二行疏:“又寡欲少术。”“少”，各本同，永乐本误作“小”。

19. 监本卷三《大过》卦第五十二页十三行疏:“但使枯杨生华而已。”“已”，各本同，永乐本误作“以”。

20. 监本卷五《姤》卦第九页六行疏:“阴为阳之民，为二所据，故曰远民也。”“为”，各本同，唯永乐本作“也”，误。

21. 监本卷五《姤》卦第九页十三行疏:“命未流行，无物发起其美。”“命”，各本同，唯永乐本作“食”，殆涉上文“得地尔不食”而误也。

22. 监本卷五《萃》卦第十四页十三行注:“居于上极。”“居”，各本同，唯永乐本作“立”，义虽可通，而非孔疏之旧。

23. 监本卷五《革》卦第三十二页十行疏:“故曰大人虎变，未占有孚也。”“变”，永乐本误作“无”，他本均不误。同页第十五行疏:“但能变其颜面容色。”“变”字，各本同，唯永乐本误作“无”。又同页第十六行注:“改命创制。”“命”，各本同，亦唯永乐本误作“面”。

24. 监本卷五《渐》卦第四十七页十行注:“以止巽为进。”“止”字各本同，唯永乐本误作“上”。

25. 监本卷五《渐》卦第四十九页一行注:“本无禄养。”“无”，各本同，唯永乐本误作“而”。

26. 监本卷五《归妹》卦第五十二页十七行经:“无攸利，柔乘刚也。”“乘”字，各本同，永乐本误作“剩”。其王注不误。

27. 监本卷五《归妹》卦第五十三页四行疏：“今二三四五并皆失位。”“失位”，各本同，唯永乐本误作“释位”。

28. 监本卷六《既济》卦第三十六页十七行疏：“衣袽所以塞舟漏者也。”“袽”字，各本同，唯永乐本误作“挐”。又第三十七页十三行疏：“《左传》之文也。”各本同，唯永乐本“传”误作“专”。又第三十八页二行注：“之于未济。”各本同，唯永乐本“未”误作“水”。又同页三行注：“故濡其首也。”“首”字，各本同，唯永乐本误作“守”。又同页五行疏：“身将陷没。”“没”，各本同，唯永乐本误作“尾”。

29. 监本卷六《未济》卦第三十八页十行疏：“汔者。”各本同，唯永乐本误作“讫者”。又同页十二行注：“能纳刚健。”各本同，唯永乐本“纳”误作“柔”。又三十九页十一行注：“始於既济之上六也。”各本同，唯永乐本“於”误作“未”。又同页十六行疏：“未没其身。”各本同，唯永乐本“未”误作“禾”。

30. 元刊十行本至永乐本之一误再误。监本卷七《系辞上》第十八页十八行注：“不可以形诘者也。”各本同。唯元刊十行本“诘”误作“诰”，永乐本又误作“语”。其递变之迹历历可见也。又第十九页十行疏“云不可以形诘者”，元刊十行本不误，永乐本亦误作“语”。又十一行疏“不可以物之形容所求而穷诘也”，“诘”，元刊十行本不误，永乐本误作“诰”。可见永乐本校雠粗疏。

31. 监本卷七《系辞上》第三十四页二行疏：“是无为也。”各本同，唯永乐本“是”作“自”。殆涉上“自然”“自动”而误。又同上第六行疏：“不可以制他物之形象。”各本同，唯永乐本“他”作“也”，形近讹也。

32. 监本卷八《系辞下》第二十三页三行经：“復，德之本也。”各本同，唯永乐本“復”误作“履”。又同页第四行注：“復者，各反其所始。”各本同，唯永乐本“始”误作“治”。皆形近之讹，可见其校勘粗疏。

以上为文字讹误例。

永乐本校勘草率，即其卦画多误可知也。

33. 监本卷五《渐》卦第四十七页八行：“䷴艮下巽上。”各本同，唯永乐本误作䷳。

34. 监本卷五《归妹》卦第五十一页十三行:“䷵兑下震上。”各本同，永乐本误为䷲。

35. 监本卷六《未济》卦第三十八页七行:“䷿坎下离上。”各本同，唯永乐本误作䷥。

36. 监本附《释文》第十三页十七行:“䷚颐。”各本同，永乐本误作䷝。

37. 监本附《释文》第十四页六行:“䷛大过。”各本同。永乐本误作䷠。

38. 监本附《释文》第十八页九行:“䷤家人。”各本同。永乐本误作䷝。

39. 监本附《释文》第十八页十四行:“䷥睽。”各本同，永乐本误作䷝。

40. 监本附《释文》第十九页六行:“䷦蹇。”各本同。永乐本误作䷓。

41. 监本附《释文》第二十一页第十八行:“䷬萃。”各本同，永乐本误作䷁。

42. 监本附《释文》第二十三页七行:“䷯井。”各本同，唯永乐本误作䷆。

43. 监本附《释文》第二十五页九行:“䷳艮。”各本同，永乐本误作䷤。又第十五行:“䷴渐。”各本同，永乐本误作䷖。

44. 监本附《释文》第二十六页十三行:“䷶丰。”各本同。永乐本误作䷲，下缺一爻。又第二十七页第十一行:“䷷旅。”各本同，永乐本误作䷥。

45. 监本附《释文》第二十八页十行:“䷺涣。”各本同，唯永乐本误作䷝。

46. 监本附《释文》第二十八页十六行:“䷻节。”各本同。永乐本误作䷵。(正文同误。)

47. 监本附《释文》第二十九页十七行:“䷾既济。”各本同。永乐本误作䷻。

以上为卦画误例。

48. 监本卷二《泰》卦第三十三页五行疏:“拔茅茹者。”各本同，永乐本脱“茅”字。

49. 监本卷三《观》卦第十四页三行疏:“故在下大观，今大观在于上。”各本同，永乐本脱“今大观”三字。

50. 监本卷三《观》卦第十四页十三行疏:“不言而行，不为而成。”各本同，唯永乐本脱“成”字。

51. 监本卷三《大畜》卦第四十四页三行疏:“故象云何天之衢道大行也。”各本同，唯永乐本脱“云”字。

52. 监本卷三《颐》卦第四十八页一行疏：“居贞吉也。”“吉”，各本同，永乐本脱。监本卷三《大过》卦第五十一页十二行经：“不可以有辅也。”“以”字各本同，永乐本脱。

53. 监本卷四《损》卦第四十四页十二行经：“九二，利贞，征凶。”“利”字，各本同，永乐本脱。坊本校勘不精之一例。

54. 监本卷九《序卦》第十四页七行注：“故既畜则宜用，有用则须礼也。”各本同，唯永乐本无“有用”二字，涉上“宜用”雷同而脱也。

以上为脱文例。

55. 监本卷二《泰》卦第三十三页十七行疏：“得尚于中行者，中行谓六五也。”“六五”，指《泰》卦第五爻，为阴爻。各本同。永乐本作“五六”，误倒。上文王注：“中行，谓五。”即六五。

以上为倒文例。

56. 监本卷三《观》卦第十六页十七行经：“《象》曰：观我生，观民也。”各本同，唯永乐本“观民”在行末，换行又多一“民”字，遂成“观民民也”，衍一“民”字。古书每以换行而致衍文，此其例也。

57. 监本卷五《鼎》卦第三十七页五行疏：“《正义》曰：信如何也者。”各本同。唯永乐本“信”下有“之”字。永乐本从元刊十行本出，元刊十行本注文作“信之如何”，永乐本殆以此条疏文为王弼注之疏，不知乃经文“信如何也”之疏，故“信”下妄增一“之”字。

58. 监本卷六《既济》卦第三十七页十二行疏：“不如西邻之禴祭实受其福也。”各本同，唯永乐本“实”上衍“受”字。

59. 监本卷七《系辞上》第三十四页四行疏：“故云非天下之至神。”各本同，唯永乐本“天下”下有“万事”二字，亦涉上“天下万事”而衍。

60. 监本附《释文》第十二页二行“辨”字下释文：“徐音辦具之辦。”各本同，永乐本作：“徐音辨具之辦具之辦。”既误“辦”为“辨”，又复衍“具之辦”三字。永乐本多浅陋之误，坊本往往如此。

61. 监本附《释文》第三十七页七行“蓍”下释文:“大夫五尺，士三尺。”“士三尺”各本同，永乐本作“士二三尺”，衍“二”字。可见校勘之粗疏。

以上为衍文例。

《诗话总龟》避宋讳考

——兼论典籍的文本层次

南京大学古典文献研究所　程章灿

内容提要： 宋人最重避讳之礼，对两宋诸帝讳之回避，尤为重中之重。当时礼寺之讨论，制度之规定，堪称繁细，而文字使用中的具体操作，不仅涉及人名、地名、书名等专名，也涉及其他诗文行文，既包括当代人的文书撰作，也包括对前人著作诗文的征引使用，影响及于诗文书写与典籍编撰的择词用字。以往对避讳现象的研究，较多侧重经史著作，而对集部著作尤其诗文评著作不太重视，对其中的"隐性避讳文本"缺乏足够全面、清晰的认识。宋人阮阅所编《诗话总龟》是现存三大宋人诗话总集之一，其荟萃材料极为繁富，涉及前代文献甚多。人民文学出版社于1987年、2021年先后以竖排、横排出版周本淳先生校点本《诗话总龟》，一时成为通行版本。受历史条件的限制，校点者对避讳问题重视不够，文本校理方面中未能呈现文本层次。本文对《诗话总龟》所避宋讳进行了系统的梳理，指出《诗话总龟》中存在隐性避讳现象，典籍生成及流传过程中的避讳及其回改现象造成了不同文本层次的累积，并对当代古籍整理工作的相关规范提出了思考。

关键词： 避讳；《诗话总龟》；文本；层次；整理

专精研究中国历代避讳问题的清代学者周广业，在谈到宋人避讳问题时，深有感于有关文献之不足，慨叹自渊圣皇帝（宋高宗遥尊宋钦宗为孝慈渊圣皇帝）以下诸帝避讳文献缺失尤多。其言曰："讳避之礼，莫重于宋，当时礼寺讨论，博引繁称，当不独渊圣为然，乃《宋史·礼志》于庙讳条止载此及孝宗，而余皆阙如。夫绍熙而后，国家多故，或于典册稍从疏略。若东京盛时，声名文物固宜大备，而志家无由甄得，非颁讳之后，随便迁就，无复质据，如洪拟所云耶？抑录者仓卒南迁，遗籍扫荡故也？"[①] 由于年代久远，兵燹战乱，大量有关避讳的史料文献散佚不传，造成了宋代避讳研究中的文献不足征。另一方面，以往对避讳现象的研究，较多侧重经史著作，而对集部著作尤其诗文评著作不太重视。周广业所撰《经史避名汇考》，就明显着重经史典籍中的避讳现象，而对子、集文献尤其是集部文献的避讳不够重视。事实上，集部文献在现存宋代文献中占据很大比重，欲深入细致地了解宋人避讳之情实，今存宋人集部遗籍是较值得征信的文献之一，宋人阮阅所编《诗话总龟》即其中值得重视的一种。

《诗话总龟》与胡仔编《苕溪渔隐丛话》和魏庆之编《诗人玉屑》一起，并列今存宋人诗话三大总集。这三部诗话总集荟萃多家前代诗话及笔记小说中的论诗内容，琳琅满目、后来居上、分类编排、近乎类书，便于检读，其体系结构自具特色。其中，《诗话总龟》被《天禄琳琅书目后编》称为"在诗话中荟萃最为繁富"。[②] 1987年，由周本淳先生校点的《诗话总龟》整理本，分装为前集、后集两册，作为"中国古典文学理论批评专著选辑"丛书之一，由人民文学出版社以简体竖排的形式出版，成为此后研读《诗话总龟》较为方便、准确的通行版本。这一整理本凝聚了周本淳先生的大量心血，可谓精心之作。2021年，人民文学出版社的新版八卷本《周本淳集》，《诗话总龟》前集、后集收入《周本淳集》第四卷、第五卷，依据人民文学出版社的竖排本重印，改为简体横排。因为周本淳先生已过世，横排本《诗话总龟》未做增订。据前言，周本淳先生的整理工作完成于癸亥年（1983）。当时各方面的条件特别是文献公布和使用条件与今天相比有很大差距，宋代文学文献研究水平亦昔

① （清）周广业著，徐传武、胡真校点《经史避名汇考》上册，上海：上海古籍出版社，2015年，第588页。

② （清）彭元瑞《天禄琳琅书目后编》卷二〇，上海：上海古籍出版社，2007年，第809页。

不如今，整理本《诗话总龟》在文本校理方面还存在不少问题，例如对书中避讳问题未做全面与精细的处理。

现存《诗话总龟》主要有九十八卷本、一百卷本和六十卷本三大系统。《四部丛刊》影印明月窗道人刊本为九十八卷本，周本淳先生整理《诗话总龟》时即以《四部丛刊》第二次影印之明月窗道人刊本为底本，校以明清诸种钞校本，明月窗道人刊本所缺前集“寄赠门”两卷据校本补入。文渊阁《四库全书》所收为一百卷本钞本。六十卷本则有台湾“国家图书馆”藏明影宋抄本。《诗话总龟》的成书及其版本流传过程颇为复杂，虽然已有不少专论就此进行探讨，但关于此书的编者、成书时间以及版本源流等，仍未有定论。[①] 本文聚焦《诗话总龟》一书，对书中所避宋讳进行系统考索，并以其为个案，探讨避讳制度对典籍流传及其文本层次的影响，进而对当代古籍整理工作提出一些新的思考。因为整理本较为通行常见，以下各条举例以整理本为据，条末标注竖排本和横排本页码，所涉避讳字皆核校明月窗道人刊本，若有异文，则一一指出。必要时援引文渊阁《四库全书》本和明影宋抄本为参照。各例大多从《诗话总龟》相关各条第一句引起，否则便于卷次之后标注该条第一句，以便复检。

一

（一）避宋圣祖讳

宋圣祖讳玄朗，或避“玄”字，改为“元”字，或缺末笔，大多避“朗”字，改

① 相关研究有周本淳《〈诗话总龟〉校点三题》《〈诗话总龟〉版本源流考略——兼向郭绍虞先生请教》，载周本淳著《周本淳集》第一卷《蹇斋论文集粹》上，北京：人民文学出版社，2021年，第23—38页，第274—282页；张健《从新发现〈永乐大典〉本看〈诗话总龟〉的版本及增补问题》，《北京大学学报》（哲学社会科学版），2006年第5期；周兴陆《从新发现宋钞本考察〈诗话总龟〉早期形态》，《文汇报》，2011年10月31日，第11版；巢彦婷《台北“国家图书馆”藏六十卷影宋钞本〈诗话总龟〉述论》，《古典文献研究》第18辑上卷，南京：凤凰出版社，2015年。

为“鼎”。[①]

例1：前集卷二“欧阳文忠爱林逋诗”条：“《太元》曰：‘蟹之郭索，用心躁也。’”（竖排本第19页，横排本第17页）

例2：前集卷十四“曹嵩”条：“《赠陈先生》云：‘读《太玄经》秋醮罢，注《参同契》夜灯微。’”（竖排本第161页，横排本第148页）

按：以上二例，明月窗道人刊本“太玄”皆作“太元”，是避讳改字。整理本已直接回改。

例3：前集卷九：“谢玄晖最以‘澄江净如练’得名，故李白云：‘解道澄江净如练，令人却忆谢玄晖。’山谷诗云：‘凭谁说与谢玄晖，莫道澄江净如练。’则其人之优劣，于此亦可以见。”（竖排本第100页，横排本第90页）

例4：后集卷二十“《宾客集》”条：“谢玄晖善为诗，任彦升工于笔，又云任笔沈诗。”（竖排本第122页，横排本第115页）

按：“玄”字不仅是宋（圣祖玄朗）讳，也是清（圣祖玄烨）讳，清人避“玄”，常缺末笔。例4中之“谢玄晖”，明月窗道人刊本作“谢元晖”，保留避宋讳之貌，而整理本直接回改。例3中，明月窗道人刊本共出现三次“谢玄晖”，可见明人已作回改。而在文渊阁《四库全书》中，第一处作“谢元晖”，第二、三两处作“谢玄（缺末笔）晖”，同一讳字而采取两种不同的避讳方法。第一种当是宋人避讳之貌，而第二种则可能是清人抄写时所改。

例5：前集卷四“宪宗时”条：“宪宗笑曰：‘魏绛，何其懦也！此人如在，可与鼎州，武陵桃源，足称其吟咏。’士林荣之。”（竖排本第38—39页，横排本第35页）[②]

按：此条出《云溪友议》卷下，原书此句作：“上悦曰：‘朕又记得《咏史》一篇，此人若在，便与朗州刺史。武陵桃源，足称诗人之兴咏。”[③]武陵桃源，唐属朗州。据《宋史》卷八十八《地理志四》，大中祥符五年（1012），朗州改鼎州。[④]此乃避宋圣祖

① （清）周广业著，徐传武、胡真校点《经史避名汇考》上册，第535—542页。
② 明影宋钞本《诗话总龟》前集卷三“称赏门”有此条，同此。
③ （唐）范摅撰，唐雯校笺《云溪友议校笺》卷下“和戎讽”条，北京：中华书局，2017年，第144页。
④ （元）脱脱等撰《宋史》卷八八，北京：中华书局，1975年，第2194页。

玄朗之讳。[①]《诗话总龟》作“鼎”，虽可谓用宋朝地名，然此节既修改了唐人文本，则应视为避讳改字。

例6：前集卷十四：“龚颖自负文学，少许可，又谈论多所折难。知鼎州，士罕造其门。”（竖排本第167页，横排本第153页）[②]

按：此条原注出《青琐杂记》，实出宋吴处厚撰《青箱杂记》卷二，“琐”应作“箱”，殆涉《青琐高议》而讹。检《青箱杂记》卷二原文，“鼎州”作“朗州”，[③]未避宋圣祖赵玄朗讳，或已回改。

例7：前集卷三十一：“刘禹锡自屯田员外郎左迁鼎州司马。”（竖排本第309页，横排本第287页）

例8：后集卷四：“王稚川调官京师，母老，留鼎州，久不归侍。”（竖排本第19页，横排本第20页）[④]

按：例7改唐代之“朗州”为“鼎州”，例8则径用宋代地名鼎州，皆为避讳。《诗话总龟》中所见“鼎州”尚有数例，此不具列。

（二）避宋僖祖讳

宋僖祖系宋太祖追尊，讳朓，宋人避讳，或改“朓”为“朏”，或改“朓”为“眺”。[⑤]

例9：前集卷三十一：“宋谢朓诗云‘芳州采杜若’。”（竖排本第313页，横排本第290页）

例10：后集卷十一：“颜延之、谢灵运各被旨拟《北上篇》……梁元帝云：诗多而能者沈约，诗少而能者谢朓。”（竖排本第65—66页，横排本第60—61页）

按：以上二例分别出自前后集，查《四部丛刊》影印明月窗道人刊本，二处“谢朓”皆作“谢眺”，避僖祖讳。整理本直接回改。

① 陈垣《史讳举例》，北京：中华书局，2012年，第211页。
② 明影宋钞本《诗话总龟》后集卷十三“唱和门”有此条，同此。
③ （宋）吴处厚撰，李裕民点校《青箱杂记》，北京：中华书局，1985年，第14页。
④ 明影宋钞本《诗话总龟》前集卷二“孝义门”有此条，同此。
⑤ （清）周广业著，徐传武、胡真校点《经史避名汇考》上册，第543—545页。

（三）避宋翼祖讳

例 11：前集卷四："长安三月五日两街看牡丹……大和中，敬宗自夹城出芙蓉园，路幸此寺。"（竖排本第 42 页，横排本第 39 页）

例 12：后集卷七："张敬夫《元日诗》：……。"（竖排本第 40 页，横排本第 38 页）

按：以上二例分别出自前后集，明月窗道人刊本同此，均不避"敬"字。其他条出现"敬"字例甚多，此不具列。

（四）避宋宣祖讳

宋太祖之父讳赵弘殷，太祖追尊其为宣祖昭武皇帝，宋人避讳，改"弘"为"宏"，或缺末笔。[①]

例 13：前集卷二十八："丹阳陶宏景，永平中谢职，隐居茅山，性爱林泉，尤好著述。齐高祖曰：'山中何所有？'宏景赋诗以答曰：'山中何所有？岭上多白云。只可自怡悦，不堪持赠君。'"（竖排本第 288 页，横排本第 266 页）

例 14：前集卷五十"李白诗曰"条："陶宏景《仙方注》曰：'断肠草不可食，其花美好，名芙蓉花。'"（竖排本第 491 页，横排本第 459 页）

按：以上二条改"弘景"为"宏景"，皆为避讳改字。

例 15：前集卷三十八："湖南徐仲雅与李宏皋、刘昭禹齐名，所业百余卷并行于世。"（竖排本第 370 页，横排本第 344 页）[②]

按："李宏皋"，原名"李弘皋"。钱大昕《廿二史考异》卷六十六《五代史六·楚世家》："希范乃立铜柱为表，命学士李皋铭之。《铜柱记》作'李弘皋'。史避宋讳，去上一字。"[③] 即此人。整理本未回改。

---

① （清）周广业著，徐传武、胡真校点《经史避名汇考》上册，第 550—557 页。

② 明影宋钞本《诗话总龟》后集卷十七"讥诮门"有此条，同此。

③ （清）钱大昕《廿二史考异》卷六六，南京：凤凰出版社，2016 年，第 1130 页。

（五）避宋太祖讳

宋太祖讳匡胤，避讳改“匡”为“康”或“正”，改“胤”为“裔”。[①]

例16：前集卷十八：“裴皞官至礼部尚书，放三榜，四人拜相：桑维翰、窦正固、张砺、马裔孙。清泰二年，马裔孙知贡举，才放榜，谢恩，引诸生诣座主宅谒拜，……未开宴，裔孙登庸。（竖排本第205页，横排本第189页）

按：“马裔孙”即“马胤孙”，避宋讳改，其生平详见《新五代史》卷五十五。[②]整理本未回改。

例17：后集卷二十一：“王俭少年以宰相自命，尝有诗云：‘稷契康虞夏，伊吕翼商周。’又字其子曰玄成，取仍世作相之义。至其孙训亦作诗云：‘旦奭康世功，萧曹佐甿俗。’大率追俭之意而为之，后官亦至侍中。”（竖排本第133页，横排本第126页）

此条出《韵语阳秋》卷六，其录二王诗最初出处见《南史》卷二十二，王俭诗作“稷契匡虞夏，伊吕翼商周”；[③]王训诗，作“旦奭匡世功，萧曹佐甿俗”。[④]旧本《韵语阳秋》，包括《中华再造善本》影印宋刻本、文渊阁《四库全书》本及清何文焕《历代诗话》等，此二处“匡”字，皆改为“康”，是宋人避宋太祖讳所改。[⑤]台湾“国家图书馆”藏明影宋钞六十卷本《诗话总龟》前集卷十五“书事门”作“稷契唐虞夏”“旦奭康世功”，“唐”当是“康”之讹。要之，《诗话总龟》避改是承袭《韵语阳秋》。

（六）避宋太宗讳

宋太宗初名匡义，赐名光义，即位后改名炅。顾炎武《金石文字记》卷一《郃阳令曹全碑并阴》，碑阴有义士安邑刘政等：“处士者，德行可尊之人，义士则但出财

① （清）周广业著，徐传武、胡真校点《经史避名汇考》上册，第528—534页。
② （宋）欧阳修《新五代史》卷五五，北京：中华书局，1974年，第628—630页。
③ （唐）李延寿《南史》卷二二，北京：中华书局，1975年，第596页。
④ （唐）李延寿《南史》卷二二，第600页。
⑤ （宋）葛立方《韵语阳秋》卷六，见《中华再造善本》影印宋刻本，北京：北京图书馆出版社，2004年，第3页；（宋）葛立方《韵语阳秋》，见《景印文渊阁四库全书》第1479册，台北：台湾商务印书馆，1986年，第118页；（清）何文焕辑《历代诗话》下册，北京：中华书局，1981年，第533页。

之人而已。今人出财布施皆曰‘信士’，宋太宗朝避御名，凡‘义’字皆改为‘信’，今之‘信士’即汉碑所称之‘义士’也。”① 宋代郡县地名中，涉及“义”者甚多，固然多有改“义”为“信”者，如随州崇义军改为崇信，滑州义阳军改为信阳，然亦有改为他字者，如改“义”为“宜”者，就有丹州义川改为宜川，常州义兴改为宜兴。②《诗话总龟》以下三例，皆避宋太宗讳改字。

例 18：前集卷三十六：“金沙池泉在常州宜兴县罨画溪之东，有寺，寺有碑，载当时杭、湖、常三州贡茶唱和。”（竖排本第 351 页，横排本第 327 页）

例 19：后集卷二十二“东坡在儋耳时”条：“后坡归宜兴，道由无锡洛社，尝至孙仲益家。”（竖排本第 140 页，横排本第 132 页）③

例 20：后集卷五十：“陆希声隐居宜兴君阳山，今金沙寺其故［他］宅也。”（竖排本第 310 页，横排本第 291 页）

除地名之外，《诗话总龟》中其他涉及“刘义庆”“李义山”等人名及“仁义”“忠义”等词语，“义”字皆不避讳。

（七）避宋真宗讳

宋真宗讳恒，宋人避讳，多改“恒”为“常”，或缺“恒”字末笔。④

例 21：后集卷二十：“徐师川云：‘为诗文常患意不属。或只得一句，语意便尽，欲足成一章，又恶其不相称。’”（竖排本第 124 页，横排本第 117 页）⑤

按：徐师川语出陆机《文赋》：“每自属文，尤见其情。恒患意不称物，文不逮意，盖非知之难，能之难也。”⑥ 改“恒”为“常”，是避宋真宗讳。宋章如愚撰《群书考索》卷二十引陆氏《文赋》，“恒患”作“常患”，⑦ 亦是避宋真宗讳。

例 22：后集卷三十三：“凡作诗词，要当如常山之蛇，救首救尾，不可偏也。”

---

① （清）顾炎武《金石文字记》卷一，《景印文渊阁四库全书》第 683 册，第 724 页。
② 参看（清）周广业著，徐传武、胡真校点《经史避名汇考》上册，第 557—561 页。
③ 明影宋钞本《诗话总龟》前集卷十四“用事门”有此条，同此。
④ （清）周广业著，徐传武、胡真校点《经史避名汇考》上册，第 562—565 页。
⑤ 明影钞宋本《诗话总龟》前集卷十三“句法门”有此条，“恒”亦作“常”。
⑥ （晋）陆机著，杨明校笺《陆机集校笺》上册，上海：上海古籍出版社，2016 年，第 1 页。
⑦ （宋）章如愚辑《群书考索》卷二〇，《景印文渊阁四库全书》第 936 册，第 263b 页。

（竖排本第216页，横排本第204页）

按："常山之蛇"典出《孙子》，原作"恒山之蛇"，汉人避汉文帝讳，已改"恒"为"常"。宋人多用"常山之蛇"，固然可以认为是沿袭前人语词习惯，但客观上也有避讳之用。

（八）避宋仁宗讳

宋仁宗讳祯，初名受益。宋人遇"祯""桢""贞""侦""徵"等字，皆宜避讳，多改用"正"，亦有其他讳避之例。

例23：前集卷十八："裴皞官至礼部尚书，放三榜，四人拜相：桑维翰、窦正固、张砺、马裔孙。（竖排本第205页，横排本第189页）

按：窦正固，原名窦贞固，生平事迹见《宋史》卷二百六十二。[①]整理本未回改。

例24：前集卷十一："王贞白，唐末大播诗名。尝作《御沟诗》云：……示贯休，休曰：'剩一字。'贞白扬袂而去。休曰：'此公思敏。'书一'中'字于掌。逡巡，贞白回曰：'此中涵帝泽。'休以掌中示之，不异所改。"（竖排本第127页，横排本第116页）

按：明影宋钞本《诗话总龟》续集卷二"雅什门"有此条，"贞白"作"正白"，文渊阁《四库全书》本《诗话总龟》前集卷十一亦作"正白"，系避宋仁宗讳。整理本《诗话总龟》之底本明月窗道人刊本，原作"正白"，整理本作"贞白"，并无校记，可见已直接回改。

例25：前集卷二十二"正月十五日夜"条："郭利正诗曰……。"（竖排本第239页，横排本第220页）

按：郭利正，本名"郭利贞"，详参陶敏《全唐诗作者小传补正》，[②]宋人避仁宗讳而改字。整理本未回改。

例26：前集卷二十三"薛宜僚会昌中为左庶子"条："节度使乌汉正尤加待遇。"（竖排本第246页，横排本第226页）

---

① （元）脱脱等撰《宋史》卷二六二，第9057—9059页。

② 陶敏著《全唐诗作者小传补正》卷一〇一，沈阳：辽海出版社，2010年，第201页。

按：乌汉正，本名“乌汉贞”，见《南部新书》庚集”，[①]会昌中官平卢节度使，宋人避仁宗讳而改字。整理本未回改。

例27：前集卷二十：“李贞白，江南人，不仕，号处士，善嘲咏，曲尽其妙。”（竖排本第219页，横排本第201页）

按：明影宋钞本《诗话总龟》续集卷十六“咏物门”中、文渊阁《四库全书》本《诗话总龟》前集卷二十并作“李正白”，仍避宋仁宗讳，保持未曾回改的文本原貌。《四部丛刊》影印明月窗道人刊本亦作“李正白”，周本淳整理本《诗话总龟》已直接回改，无校记。

例28：前集卷二十九：“唐高宗承贞观之后，天下无事，上官仪侍郎独持国政。”（竖排本第291页，横排本第269页）[②]

例29：前集卷二十九：“进士科始隋大业中，盛于贞观、永徽之际。”（竖排本第292页，横排本第270页）[③]

例30：前集卷三十：“京城街衢有金吾传呼，以禁夜行。至贞观，马周上封事，每街隅悬鼓，夜击鼓以止其行，以备窃盗，时人遂呼为冬冬鼓。”（竖排本第303页，横排本第281页）[④]

例31：前集卷三十一：“宋谢朓诗云‘芳洲采杜若’。贞观中，医局求杜若，度支郎乃下坊州令贡。”（竖排本第313页，横排本第290—291页）[⑤]

例32：后集卷十七：“《观有唐吟》：‘天生神武莫中央，不尔群凶未易攘。贞观若无风凛凛，开元安有气扬扬！……”（竖排本第103页，横排本第96—97页）[⑥]

按：以上五例中的“贞观”，《四部丛刊》影印明月窗道人刊本均作“正观”，整理本直接改为“贞观”，未加校记说明。台湾“国家图书馆”藏六十卷本影宋钞本

---

① （宋）钱易撰，黄寿成点校《南部新书》，北京：中华书局，2002年，第111页。

② 《四部丛刊》本此条在卷二十七。明影宋钞本《诗话总龟》前集卷十五“书事门”有此条，“贞观”作“正观”。

③ 《四部丛刊》本此条在卷二十七。

④ 《四部丛刊》本此条在卷二十八。

⑤ 《四部丛刊》本此条在卷二十九。明影宋钞本《诗话总龟》续集卷三“正讹门”有此条，“贞观”作“正观”。

⑥ 明影宋钞本《诗话总龟》续集卷六“评史门”有此条，“贞观”作“正观”。

《诗话总龟》、文渊阁《四库全书》本《诗话总龟》亦作“正观”，仍避宋仁宗讳，保持宋本原貌。

例33：前集卷十七：“贞元中，李挚以宏词振名，与李行敏同姓，同年登第，又同岁及同门。”（竖排本第198页，横排本第182页）

按：“贞元”，《四部丛刊》影印明月窗道人刊本作“正元”，整理本直接改为“贞元”，未加校记说明。[①]

（九）避宋英宗生父濮安懿王讳

宋英宗生父濮安懿王讳允让，字益之。“允”系标志辈分的联名字，不避，“让”字避改为“逊”。[②]

例34：前集卷四：“卢延逊献太宗诗卷中，有‘栗爆烧毡破，猫跳触鼎翻’之句。”（竖排本第40页，横排本第36页）

例35：前集卷五：“卢延逊诗自为容易。”（竖排本第54页，横排本第49页）

例36：前集卷八：“卢延逊诗浅近，人多笑之，惟吴融独重其作，盛称于时……延逊诗至今传之，亦有绝好者。……余在翰林，尝召对，上举延逊诗云……虽浅近，亦自成一体。”（竖排本第94页，横排本第85页）[③]

例37：前集卷三十“王靖学苏子美作壮语曰”条：“又卢延逊《吊陈亡将诗》：……。”（竖排本第306页，横排本第284页）[④]

例38：前集卷四十一：卢延逊五举方登第，尝作诗云……。”（竖排本第394页，横排本第367页）[⑤]

例39：前集卷四十五：“卢延逊《哭李郢端公》诗曰……。”（竖排本第431页，横

① 明影宋钞本《诗话总龟》续集卷一“雅什门”：“正元五年置中和节，德宗制诗，朝臣奉和。”“正元”即“贞元”，避宋仁宗讳改。按：此条不见百卷本《诗话总龟》。

② （清）周广业著，徐传武、胡真校点《经史避名汇考》上册，第576—578页；陈垣《史讳举例》，第212页。

③ 明影宋钞本《诗话总龟》前集卷二十“评论门”有此条，同此。

④ 明影宋钞本《诗话总龟》续集卷三“诗病门”有此条，同此。

⑤ 明影宋钞本《诗话总龟》后集卷十四“诙谐门”有此条，同此。

排本第402页）①

例40：后集卷四十九“唐御食”条：“光化中，放进士裴格、卢延孙（逊）等二十八人，燕于曲江，敕太官赐饼馅止二十八枚而已。延逊后入蜀，颇为蜀人所易。（竖排本第304页，横排本第285页）②

按：以上诸条避宋英宗父濮安懿王之讳，以“逊”代“让”，唐代诗人卢延让遂改为“卢延逊”，③明月窗道人刻本、周本淳整理本皆未回改。

（十）避宋英宗讳

宋英宗讳曙，初名宗实。“曙”及嫌名“署”“薯”“树”等字皆宜避讳。对人名用字或改字讳避，或改称其字、号、谥号。④

例41：后集卷二十：“唐卢纶与吉中孚、韩翃、钱起、司空曙、苗发、崔峒、耿湋、夏侯审、李端皆能诗，齐名，号大历十才子。……故纶集中往往有赠诸人诗，……‘桂树曾同折，龙门几共登’者，寄端、峒、曙、湋之诗也。司空曙亦有送中孚诗云……耿湋寄曙云……。”（竖排本第121页，横排本第114页）

按：此例中四次出现“曙”，明月窗道人刊本皆作“晓”，周本淳整理本直接回改，未作说明。周氏已注意到，明月窗刊本“有时避宋讳，如避英宗讳，改司空曙为司空晓，改‘上林多少树’为‘木’，避钦宗讳，改‘桓’为‘威’如‘鲁威公’等，遇到宋帝都空格或提行，可知底本为宋抄”。⑤除此例外，明月窗道人刊本中还多次出现司空曙、崔曙、张曙之名，当是后来回改。⑥

---

① 明影宋钞本《诗话总龟》续集卷十二“伤悼门”有此条，同此。

② 明影宋钞本《诗话总龟》续集卷十九“饮食门”有此条，同此。

③ 卢延让事迹，参见（五代）王定保撰，陶绍清校证《唐摭言校证》卷六，北京：中华书局，2021年，第223—227页。

④ （清）周广业著，徐传武、胡真校点《经史避名汇考》上册，第572—576页。

⑤ 周本淳《〈诗话总龟〉校点三题》，载《周本淳集》第一卷《蹇斋论文集粹》上，第27页。

⑥ 如《诗话总龟》前集卷六评论门二“王右丞好取人诗”条引诗，有“河分岗势司空曙”句（见（宋）阮阅撰，周本淳校点《诗话总龟》，北京：人民文学出版社，1987年，第59页；周本淳著《周本淳集》第四卷，北京：人民文学出版社，2021年，第53页。），不避“曙”字，台湾“国家图书馆”藏六十卷本明影宋钞本《诗话总龟》前集卷十八评论门上“王右丞好取人诗”条、后集卷十七讥诮门“惠崇诗自负”条同引此句，后集卷十七讥诮门“张曙崔昭纬中和间西川同举”条，后集卷十九诗谶门“崔曙尝作《明堂火珠诗》”条，皆不避“曙”字，当是后代钞手回改。

例42：前集卷二十："王文康公，性质重厚，尝作诗曰：'枣花至小能成实，桑叶虽粗解吐丝。堪笑牡丹如斗大，不成一事又空枝。'"（竖排本第219页，横排本第201页）[①]

按：王文康公即王曙。据《诗话总龟》原注，此条出自吴处厚《青箱杂记》，吴氏称"王文康公赋性质实重厚"云云。[②]《东都事略》卷五十三："王曙，字晦叔，河南人也。隋文中子弟绩之后，名同英宗御讳，故以字称。……景祐元年，加同中书门下平章事，薨于位，年七十二，赠太保、中书令，谥曰文康。晦叔方严简重，有大臣体，以时尚奢侈，躬自节俭，食无兼味，厩唯瘦马，天下推其贤焉。"[③]《青箱杂记》引王曙此诗后，又系以评语："此亦质实重厚之词也。"《青箱杂记》不称王曙之名，而称其谥，盖为避英宗御讳。《诗话总龟》亦称王文康公，当是承袭《青箱杂记》之避讳改称。[④]

例43：前集卷一："西京端正木，去马嵬一驿。"（竖排本第10页，横排本第9页）[⑤]

按：《太平广记》卷四百七引此条，"端正木"作"端正树"。[⑥]据《史讳举例》第七十八《宋讳例》，宋人为避宋英宗赵曙嫌讳，"树"改为"木"。[⑦]"端正木"即因避讳而改。

例44：前集卷四十"方圭好为恶诗"条："宋公序知扬州日，圭来谒，宴于平山堂。圭诵诗不已，宋欲它辞已之，顾野外牛牵木磨痒，谓坐客胡诙曰："青牛恃力狂挨木。"诙应声曰："妖鸟啼春不避人。"宋公大笑。（竖排本第385—386页，横排本

① 明影宋钞本《诗话总龟》续集卷十六"咏物门"有此条，同此。

② （宋）吴处厚撰，李裕民点校《青箱杂记》，北京：中华书局，1985年，第75页。《诗话总龟》引文与《青箱杂记》此本小有出入。

③ （宋）王称撰《东都事略》卷五十三，济南：齐鲁书社，2000年，第419—420页。静嘉堂文库藏《东都事略》南宋刻本，亦作"曙"字，并无缺笔。此或为"临文不讳"，或为眉山刻本避讳不严。

④ 王曙此诗，《宋诗纪事》卷二录在王溥（谥康献）名下，见（清）厉鹗辑撰，《宋诗纪事》卷二，上海：上海古籍出版社，2013年，第25页，似误，应改列王曙名下。《宋诗纪事》卷七"王曙"（第168页）："曙，字晦叔，河南人，东皋子绩之后，举进士。咸平中，举贤良方正科，策入等。仁宗朝，历官枢密使，拜同中书门下平章事，卒赠太保、中书令，谥文康，有集。"

⑤ 明影宋钞本《诗话总龟》前集卷五"讽谕门"有此条，同此。

⑥ （宋）李昉等编《太平广记》第九册，北京：中华书局，1979年，第3292页。

⑦ 陈垣《史讳举例》，第212页。

第 359 页）[①]

按：此处“胡诙”误，应作“胡恢”，金陵人，能诗，工篆书，是《嘉祐石经》书手之一。其名已见《诗话总龟》前集卷五，不误。[②] 今南京栖霞山摩崖留有其题名，正作“胡恢”。[③]《诗话总龟》此条“牵木”“挨木”，当是宋人避讳而改。《宋稗类钞》卷二十四作“牵树”“挨树”，[④] 当是已回改之文本面貌。

（十一）避宋神宗讳

宋神宗讳顼，旧名仲鍼，“顼”“旭”“勗”等字皆应回避，“畜”“慉”二字，于字义虽不合回避，然场屋用字，或以“蓄”字代之，故周广业以为，“终神宗之世，‘畜’字未尝不避也”。[⑤]

例 45：后集卷十五“张祜《观狄梁公传诗》云”：“吉顼能以危言撼二嬖，陈易吊为贺之计，故二嬖敢从容以请，而后意遂定，于是仁杰之谏得行。”（竖排本第 88 页，横排本第 82 页）

按：此处不避“顼”字，当是后来回改之本。

例 46：后集卷十五“李太白《至邯郸登城楼诗》云”：“或云匿武于山中，或云畜武于宫中。”（竖排本第 91 页，横排本第 85 页）

例 47：后集卷二十七：“真珠鸡生夔峡山中，畜之甚驯。”（竖排本第 173 页，横排本第 163 页）[⑥]

按：以上二例不避“畜”字，可能是后来回改之本。

（十二）避宋哲宗讳

宋哲宗讳煦，旧名傭。“煦”及其嫌讳“昫”“朐”“酗”等字宜避，旧名“傭”字

---

① 明影宋钞本《诗话总龟》后集卷十五“诙谐门”有此条，同此。

② （宋）阮阅撰，周本淳校点《诗话总龟》，第 46 页；周本淳著《周本淳集》第四卷，第 42 页。

③ 参看程章灿《山围故国：旧闻新语读南京》，南京：南京大学出版社，2019 年，第 267—270 页。

④ （清）潘永因编《宋稗类钞》卷二四，《景印文渊阁四库全书》第 1034 册，第 565a 页。

⑤ （清）周广业著，徐传武、胡真校点《经史避名汇考》上册，第 579—581 页。引文见第 580 页。

⑥ 明影宋钞本《诗话总龟》续集卷十七“咏物门”有此条，同此。

其嫌讳“庸”“容”，亦多有学者回避。实则哲宗旧名“傭”取均直之义，“租庸调”之“庸”及“傭赁”之“傭”，意旨不同，皆不必回避。[①]

例48：前集卷四十九“李珦字温叔”条载李珦之鬼赋诗，有如下二句：“因公遗我白玉篇，慰此穷泉生和煦。”（竖排本第480页，横排本第448页）[②]

按：此条引诗中有“煦”字，犯哲宗之讳，或是后来传本回改。

例49：前集卷三十七：“唐既平刘展江淮之乱，上元间租庸使元载以吴、越虽兵荒后，民产犹给，乃辟召豪吏分宰列邑而重敛之，时人谓之‘白着’。”（竖排本第358页，横排本第333页）

例50：前集卷四十一：“卢延逊五举方登第，尝作诗云：……租庸张相每诵之。”（竖排本第394页，横排本第367页）[③]

例51：后集卷五“元结刺道州”条：“又奏免租庸十余万缗，因之流亡尽归。”（竖排本第24页，横排本第24页）

例52：后集卷十四：“唐穆宗时，令狐楚为相，为景陵使，以佣钱献羡余，怨声系路，致有衡州之贬。”（竖排本第82页，横排本第77页）[④]

按：以上四例所见“庸”“佣（傭）”二字皆未回避，可见时人亦有不避此二字者，也有可能当时避改，而后出传本已回改。

（十三）避宋徽宗讳

宋徽宗讳佶，“佶”及“姞”“郅”“吉”等同音字例宜回避。[⑤]但除“吉”字外，“佶”及其他嫌讳字皆非常用字，《诗话总龟》中似未涉及。

（十四）避宋钦宗讳

宋钦宗讳桓，初名亶，又名烜。除“桓”及其嫌讳“洹”“垣”“皖”等字外，旧

① （清）周广业著，徐传武、胡真校点《经史避名汇考》上册，第581—584页。
② 明影宋钞本《诗话总龟》后集卷八“鬼神门”有此条，亦作“煦”。
③ 明影宋钞本《诗话总龟》后集卷十四“诙谐门”有此条，同此。
④ 明影宋钞本《诗话总龟》续集卷五“评史门”有此条，同此。
⑤ （清）周广业著，徐传武、胡真校点《经史避名汇考》上册，第584—585页。

名“亶”“烜”亦合回避。[①]

例53：前集卷四十一引《世说新语》：“晋郝隆为蛮府参军，三月三日作诗曰：‘娵隅跃清池。’桓温问娵隅为何物。答曰：‘蛮名鱼为娵隅。’桓曰：‘何为作蛮语？’隆曰：‘千里投公，始得一蛮府参军，那得不作蛮语！’”（竖排本第401页，横排本第373页）[②]

例54：后集卷十六“永和中”条：“王丰之、元之、蕴之、涣之、郗昙、华茂、庾友、虞说、魏滂、谢绎、庾蕴、孙嗣、曹茂之、华平、桓伟十有五人，或四言或五言各一首。”（竖排本第93—94页，横排本第87—88页）

例55：后集卷十六：“五王之诛二张也，张柬之启其谋，桓彦范任其事，敬晖、崔元暐、袁恕己各效其力，坐使天后还政，中宗即祚，诚为社稷之奇勋。”（竖排本第97页，横排本第91页）[③]

例56：后集卷十七“《[观]三国吟》”条有句云：“桓桓鼎峙震雷音，绝唱高踪没处寻。”（竖排本第102页，横排本第96页）[④]

例57：后集卷四十七“人君不能制欲于妇人”条：“桀奔南巢，祸阶妹喜；鲁桓亡国（灭身），惑始齐姜。”（竖排本第292页，横排本第274页）

按：以上五例，除例53出自前集，余四例皆出后集。如果前集“成于北宋徽宗宣和五年（1123）”，[⑤]则前集不避“桓”字理所当然。如果前集“成书只在高宗朝”，[⑥]则前集当避“桓”字，今本不避，说明已经后人回改。明影宋钞本《诗话总龟》续集卷六“评史门”有例55“永和中”条，“桓伟”作“亘伟”，似是宋人缺笔以避钦宗讳之迹。例57，明月窗道人刊本“鲁桓”实作“鲁威”，[⑦]文渊阁《四库全书》本《诗话

① （清）周广业著，徐传武、胡真校点《经史避名汇考》上册，第585—592页。

② 明影宋钞本《诗话总龟》后集卷十五“诙谐门”有此条，同此。

③ 明影宋钞本《诗话总龟》续集卷六“评史门”有此条，同此。

④ 明影宋钞本《诗话总龟》续集卷六“评史门”有此条，同此。

⑤ （宋）阮阅撰，周本淳校点《诗话总龟·前言》，第1页。

⑥ 周本淳《〈诗话总龟〉版本源流考略——兼向郭绍虞先生请教》，载《周本淳集》第一卷《蹇斋论文集粹》上，第281页。

⑦ （宋）阮阅撰，《诗话总龟》后集卷四七，《四部丛刊》影印明嘉靖刊本，第1b页。明影宋钞本《诗话总龟》后集卷七“丽人门”有此条，亦作“鲁威”。

总龟》“鲁桓”亦作“鲁威”,[①]明显是避宋钦宗讳。[②]整理本直接改回“鲁桓”,未做说明。要之,后集须避钦宗讳当可确定。又按:《诗话总龟》此条出自《韵语阳秋》卷十九,检宋刻本、文渊阁《四库全书》本及清何文焕辑《历代诗话》本《韵语阳秋》,此处皆作“鲁威”,[③]仍保留宋本之避讳痕迹。《诗话总龟》此处避讳乃承袭《韵语阳秋》文本。

(十五)避宋高宗讳

宋高宗讳构,字德基。除“构”本字外,“遘”“媾”“覯”“购”“逅”“诟”“彀”等嫌讳字多达五十字,皆宜避。[④]

例58:前集卷三十三“中书舍人崔嘏”条:“令周邵南勾当障车。”(竖排本第347页,横排本第378页)

例59:前集卷四十六“张白邢州人”条:“经半年,有鼎州官,忘其名,在扬州勾当公事,遇于酒肆,同杯数日。”(竖排本第446页,横排本第415页)

按:以上两条“勾当”,“勾”犯宋高宗嫌讳,宋人多避之。[⑤]但此二处皆在前集,似可证明前集成书在高宗之前,故可不避其讳。

例60:前集卷三“陈文惠未达时”条:“观此诗者曰:意与李覯‘碧山更被暮云遮’者异矣。”(竖排本第26页,横排本第24页)

例61:前集卷八“张文潜病中作七言诗”条:“秦觏云:‘文潜读至此不乐。’”(竖排本第86页,横排本第78页)

例62:前集卷二十九“杭州有西湖”条:“秦觏少章因作一绝以献云:……。”(竖排本第298页,横排本第275页)

例63:前集卷三十三:“江南李覯召试制科,尝作诗曰:……。”(竖排本第328

① (宋)阮阅撰,《诗话总龟》后集卷四七,《景印文渊阁四库全书》第1478册,第888页。

② 亘、威二种避讳方案,例见(清)周广业著,徐传武、胡真校点《经史避名汇考》上册,第589—591页。

③ (宋)葛立方撰《韵语阳秋》,《景印文渊阁四库全书》第1479册,第207页;(清)何文焕辑《历代诗话》下册,第644页。

④ (清)周广业著,徐传武、胡真校点《经史避名汇考》下册,第595—601页。

⑤ (清)周广业著,徐传武、胡真校点《经史避名汇考》下册,第600页。

页，横排本第305页）

按：以上四条“覯”字，虽犯宋高宗嫌讳，但皆见于前集，似可证明前集成书于高宗之前，可不避。

（十六）避宋孝宗讳

宋孝宗讳昚，“昚”通“慎”。宋人多避“昚”“慎”而改用“谨”字。[①]

例64：后集卷三十八：“东坡《开运盐河》诗云：‘居官不任事，消散羡长卿。……寄语故山友，谨勿厌藜羹。’故云寄语故山友，谨不可厌藜羹而思仕宦，以讥开运盐河不当，又妨农事也。”（竖排本第239—240页，横排本第226—227页）[②]

按：《苏轼诗集》卷八《汤村开运盐河雨中督役》：“寄语故山友，慎毋厌藜羹。”[③]《诗话总龟》改“慎”作“谨”，是避宋孝宗讳。[④]文渊阁《四库全书》本《诗话总龟》引苏轼此诗，一作“慎”，一作“谨”，是讳字回改未尽之迹。[⑤]《苕溪渔隐丛话》前集卷四十三引苏轼此诗，二处“谨”皆作“慎”，[⑥]可见已回改。

例65：后集卷三十九“予兄子瞻尝从事扶风”条：“公必不肯轻作，但勿轻以授人，如陈卿，谨勿传也。”（竖排本第250页，横排本第236页）

按：此条出苏辙《龙川略志》卷一，原文作“慎勿传也”。[⑦]《诗话总龟》避宋孝宗讳改字，应回改。

例66：后集卷四十一：“韩子苍《题昭君图诗》：‘寄语双鬟负薪女，炙面谨勿轻离家。’”（竖排本第264页，横排本第248页）[⑧]

按：《苕溪渔隐丛话》后集卷四十引韩驹（韩子苍）此诗，同此。按：宋韩驹《陵

---

① （清）周广业著，徐传武、胡真校点《经史避名汇考》下册，第601—606页。
② 明影宋钞本《诗话总龟》后集卷十五“诙谐门”有此条，同此。
③ （宋）苏轼撰，（清）王文诰辑注，孔凡礼点校《苏轼诗集》第2册，北京：中华书局，1982年，第389页。
④ （清）周广业著，徐传武、胡真校点《经史避名汇考》下册，第605—606页。
⑤ （宋）阮阅撰《诗话总龟》前集卷四〇，《景印文渊阁四库全书》第1478册，第846—847页。
⑥ （宋）胡仔撰《苕溪渔隐丛话》前集卷四三，《景印文渊阁四库全书》第1480册，第282页。
⑦ （宋）苏辙撰，俞宗宪点校《龙川略志》，《龙川略志 龙川别志》（合订本），北京：中华书局，1982年，第2页。
⑧ 明影宋钞本《诗话总龟》后集卷十三“歌咏门”有此条，同此。

阳集》卷一《题李伯时画昭君图》原作:“寄语双鬟负薪女,炙面慎勿轻离家。”[①]则“谨”原作“慎”,作“谨”者乃宋人避宋孝宗讳而改。以上三条皆出自后集,可见后集成书当不早于孝宗朝,故须避孝宗讳。

(十七)宋光宗以下诸帝讳不避

宋光宗讳惇,其嫌讳字“敦”,《诗话总龟》对此二字不避。

例67:前集卷九“古诗云”条:“陈无已答邢敦夫云:‘今代贵人须白发,挂冠高处不宜弹。’”(竖排本第104页,横排本第94页)

例68:前集卷九:“秦少游尝以真字题……于邢敦夫扇上。山谷见之,乃于扇背复作小草,……皆所自作也。……邢敦夫云……。”(竖排本第105页,横排本第95页)

例69:前集卷二十二“双井黄叔达字知命”条:“伯时因画为图,而邢敦夫为作歌曰……惇夫时年未二十。”(竖排本第241页,横排本第222页)[②]

例70:前集卷四十五:“邢居实字惇夫,年少豪迈,所与游皆一时名士。……惇夫自少便多憔悴感慨之意,……已而果卒于汉东。惇夫之卒也,山谷以诗哭之云:……盖惇夫与其父歆向也。”(竖排本第429页,横排本第399—400页)[③]

例71:后集卷三十五引《王直方诗话》云,其文字略同例70。(竖排本第225页,横排本第212—213页)

按:以上五条,四条出自前集,一条出自后集,皆引《王直方诗话》,其中例70与例71重出。例67“邢敦夫”应作“邢惇夫”,皆不避光宗讳。由此可见,后集成书当早于光宗朝。

例72:后集卷四十八:“陆敦礼藻有侍儿,名美奴,善缀词,出侑樽俎,每丐韵于坐客,顷刻成章。”(竖排本第302页,横排本第284页)[④]

---

① (宋)韩驹撰《陵阳集》卷一,《景印文渊阁四库全书》第1133册,第769页。

② 明影宋钞本《诗话总龟》后集卷十二“宴游门”有此条,亦作“邢敦夫”,而缺“惇夫时年未二十”一句。

③ 明影宋钞本《诗话总龟》续集卷十二“伤悼门”有此条,同此。

④ 明影宋钞本《诗话总龟》后集卷七“丽人门”有此条,同此。

按：此条出自后集，亦不避“敦”。

宋宁宗讳扩，除“扩”本字外，“廓”“郭”等嫌讳皆宜回避。《诗话总龟》于此诸字，皆不回避。《诗话总龟》中“郭”字常见，不一一列举。“扩”字一见，在文渊阁《四库全书》本前集卷三十二：“范扩处士有子七岁，作《隐者》诗云：‘扫叶随风便，浇花趁日阴。’”①“范扩”实为“范摅”之误。整理本《诗话总龟》不误。②

例73：后集卷十七：“忘年交，谓虽年齿尊幼不侔而道义可为友也。如张鉴（镒）之于陆贽，崔廓之于李谦是已。（竖排本第100页，横排本第94页）

例74：后集卷三十七“谢灵运在永嘉临川作山水诗甚多”条：“而白乐天乃谓：‘谢公才廓落，与世不相遇。壮志郁不用，须有所泄处。泄为山水诗，逸韵谐奇趣。’何也？”（竖排本第235页，横排本第222页）③

按：以上两例皆见后集，而“廓”字两见，可见未尝避讳，可见后集成书早于宁宗朝。

宋理宗讳昀，旧名与莒，改名贵诚，小字乌孙，嫌讳“匀”“筠”。《诗话总龟》前集与后集中，温庭筠、刘筠、程筠、王筠、吴筠、李栖筠、筠州之名随处可见。宋度宗讳禥，本名禥。宋少帝讳㬎，端宗讳昰，末帝讳昺。《诗话总龟》对此诸帝讳皆不回避。

二

《诗话总龟》是一部撰辑之书，其撰辑过程及成书时间，至今仍有不同说法。周本淳先生认为，“若就今日见到的《诗话总龟》一书内容加以考察，则前后两集当分别对待。”“《诗话总龟前集》基本为阮氏原书，只是书前略有增添（如所谓‘一百家诗话’），因此书名前加上‘增修’二字。”“《总龟前集》条例井然，《后集》就时有混

① （宋）阮阅撰《诗话总龟》前集卷四〇，《景印文渊阁四库全书》第1478册，第559页。

② （宋）阮阅撰，周本淳校点《诗话总龟》，第337页；周本淳著《周本淳集》第四卷，第314页。

③ 明影宋钞本《诗话总龟》后集卷十八“讥诮门”有此条，同此。

乱”，也能够证明“《后集》决为‘书坊捏合’，非阮氏所有”。[①]从上文对《诗话总龟》避宋讳的系统考察来看，前集与后集的表现确有较为明显的不同，能够从一个侧面印证周氏此说。要之，大抵可以确定，前集与后集的撰辑时间不同，并且出自不同编者之手。不同的编者、编撰时间、辑撰体例及传播过程，使此书文本在前后集之外又形成了多种不同的层次。

作为撰辑之书，《诗话总龟》采集六朝唐宋典籍甚多，虽然不能确定书前开列的“集一百家诗话总目”出自谁手，其所展现的此书采集资料之富，却是毋庸置疑的。在撰辑过程中，撰辑者大体沿用前代典籍文字，但出于宋代避讳的需要，也对一些文字做了修改。上文所举74条例证虽未必尽当，也未必没有遗漏，但大致可以反映《诗话总龟》受到避讳制度影响的深广程度。这些避讳既涉及宋代的著作文字，也包括宋人采录征引前代著作中所征引的更早时代的诗文作品。以下从四个方面展开讨论：

第一，一般来说，为避讳而做的避改，如果避改的是人名、地名、书名等专有名词，尤其是比较常见的专名，如名人、名著等，较易引起人们的注意。古人称述某人尤其是比较著名的人物之时，既可以称其名，也可以称其字、号、里籍、官衔、谥号等等，以示尊敬，久而久之，就形成了一种具有典雅化修辞功能的行文习惯。这种行文修辞有时兼具避讳之用。比如例42所举的王曙，字晦叔，谥文康，其名犯宋英宗讳，宋人避讳时，或称其字，或称其谥。这种避讳比较隐晦，其相关文本可以称为“隐性避讳文本”，值得注意。又如，《诗话总龟》后集卷十七“《复斋漫录》云”条引苏洵《谏论》之说，以为“魏郑公以苏张之辩而为谏诤之术”，且云“郑公之初实学纵横之术，其所以与苏张异者，心正尔”[②]此条称魏徵为魏郑公，也有可能属于这种情况，兼有避宋仁宗嫌讳“徵”之用。[③]

第二，与专有名词的避改相比，对一般文句的避改显然不那么扎眼。宋葛立方

① 周本淳《〈诗话总龟〉版本源流考略——兼向郭绍虞先生请教》，载周本淳著《周本淳集》第一卷《蹇斋论文集粹》上，第280、282页。

② （宋）阮阅编，周本淳校点《诗话总龟》，第104页；周本淳著《周本淳集》第四卷，第98页。明影宋钞本《诗话总龟》续集卷五“评史门”有此条，同此。

③ 宋人典籍避“徵”字例，见（清）周广业著，徐传武、胡真校点《经史避名汇考》上册，第566—569页。

《韵语阳秋》卷六据《南史》卷二十二引录王俭诗"稷契匡虞夏，伊吕翼商周"；《韵语阳秋》为避宋太祖讳，改"匡"为"康"。《诗话总龟》后集卷二十一辑录《韵语阳秋》此条，承袭其文本，仍是出于避讳目的。这类避讳改字往往借用不同音而同义或近义的字，于文义表达及阅读无大妨碍，不易为人察觉。这是另外一种"隐性避讳文本"，也值得注意。对于一般读者来说，"稷契康虞夏"只是王俭的一句诗，并非脍炙人口的名句，改换句中一字，不会引人注目。无论从文学角度阅读，还是从文献角度阅读，避讳改本都是通畅无碍的。因此，与专名相比，此类"隐性避讳文本"更难以被发现，今人整理古籍之时，也更容易忽略此类"隐性避讳文本"，造成古籍校勘整理中应该指明而未予指明、应该回改而未加回改的缺失。发现并回改这类避讳字，清洗被避讳"污染"的文本，也需要更多的细心与耐心。

第三，不同的时代有不同的避讳要求，不同的典籍及其作者对同一讳字的处理有不同的方法，所执行的标准也宽严不同。有些讳字处于可避可不避之间，如何应对，往往见仁见智。例如《诗话总龟》前集卷二十六："雷德逊、有终父子二人并命为江南淮南漕。王元之赠诗二首，……元之尝出德逊门下，而德逊深于《易》酷于诗也。"[①]"雷德逊"本名"雷德骧"，雷德骧、有终父子，《宋史》卷二百七十八有传，称德骧"又命为两浙转运使，其子殿中丞有终亦为淮南转运使，父子同日受诏，搢绅荣之。俄迁右谏议大夫"。[②]改"骧"为"逊"，当是宋人为避宋英宗父濮安懿王允让之嫌讳。虽然"骧"字读音与"让（讓）"不同，但毕竟声旁相同，宋人为谨慎起见而过度避讳。此类操作使文本凭空增多一个避讳层次，也给后人判断某字是否避讳造成了困难。再如龙泉县神，吴越忠懿王时封为匡济将军，宋开宝中，避太祖讳改为"康济将军"。[③]《诗话总龟》前后三次出现"康济"一词：前集卷十八"张乖厓镇宛丘"条记张氏谓坐客曰："朝廷肯用经纶康济人乎？"[④]后集卷七"邵尧夫先生

① （宋）阮阅编，周本淳校点《诗话总龟》，第270—271页；周本淳著《周本淳集》第四卷，第249页。明影宋钞本《诗话总龟》续集卷十"寄赠门"有此条，同此。

② （元）脱脱等撰《宋史》，卷二七八，第9453—9454页。

③ （清）周广业著，徐传武、胡真校点《经史避名汇考》上册，第534页。

④ （宋）阮阅编，周本淳校点《诗话总龟》，第202页；周本淳著《周本淳集》第四卷，第186页。明影宋钞本《诗话总龟》续集卷十四"纪实门"有此条，同此。

居洛四十年”条引邵康节诗云：“莫道山翁拙于用，也能康济自家身。”[①]后集卷十九：“世人谓（论）渊明，皆以其专用肥遁，初无康济之念，能知其心者寡也。”[②]这三例“康济”容易被误认为“匡济”之避改。实际上，“康济”一词意为安抚救助，出自《尚书·蔡仲之命》“康济小民，率自中”，[③]其源甚早。这三例“康济”与“康济将军”相互纠缠，也增加了文本的层次。

第四，葛立方《韵语阳秋》出于避讳目的对《南史》文字的避改，就书写形式来说，可以称为对旧文本的“追改”。《诗话总龟》对其所辑录的文字，也多有此类出于避讳目的的“追改”。改朝换代，时过境迁，前人的避讳书写逐渐失去其存在理由，后人抄写刊印之时将讳字改回原字，通常称为“回改”。然而，正如上文所举李贞白一例（例27）所揭示的，不同钞刻本对同一个避讳字，或回改，或不回改，或回改而未尽。对于后代传抄、传刻或校勘整理者来说，有些宋代避讳字是人们耳熟能详的，较易察觉并回改（如贞观、贞元等年号），有些则较为陌生，如上举卢延逊、窦正固、马裔孙之例，则容易被忽略，一仍原貌。另一方面，如上文例3、例4所示，后代出于新的避讳需求，又有了新的避讳改字现象。新旧两种避讳往往重叠在一起，旧的避改痕迹刚刚抹去，新的避改又相应产生。回改未尽，新避已出，“追改”“回改”与新的避改一起，构成了文本传承过程中多种层次叠加层累的复杂现象。这些层次叠加的痕迹，也给后人考察文本成形与传递过程留下了重要的线索。但就《诗话总龟》来看，编撰与刊刻有一定时间差，因此，仅据避讳之例，似乎很难精确地判断其编撰与刊刻的时间，这也是由其文本层次复杂性所决定的。

避讳有如年轮，可以作为考察文本形成时间的重要线索。避讳又如暗堑，后人阅读整理文本时稍不小心即会跌落其中。除了极少数认真而且细致的专家之外，一般人钞刻古代典籍，很难穷尽书中的避讳改字现象。今人整理古籍，面对前人文本中的避讳改字，既不能熟视无睹，也不能径改而不言，否则就有可能妨碍对文本传

① （宋）阮阅编，周本淳校点《诗话总龟》，第41页；周本淳著《周本淳集》第四卷，第39页。明影宋钞本《诗话总龟》前集卷七“达理门”有此条，同此。

② （宋）阮阅编，周本淳校点《诗话总龟》，第113页；周本淳著《周本淳集》第四卷，第106页。

③ （汉）孔安国疏，（唐）孔颖达正义，《尚书正义》卷十七，北京：中华书局（影印清嘉庆刊本阮元校刻《十三经注疏》本），2009年，第484页。

承过程的厘清。在整理一部古籍之前，有必要系统掌握该书成书及其相关传承时代的避讳制度，勾稽其中的避讳改字现象，无论在正文中是否回改，都必须在校记中一一标注说明，提示读者注意。这是当代古籍整理中已经被注意而至今仍没有受到足够重视的一个规范。值得强调的是，利用文本数字化技术来勾稽避讳字，可以大大提高效率，有助于深入理解避讳制度对于古代典籍编撰及当今古籍整理的影响，也有利于提高当代古籍整理的学术水平。

荟萃群音，治史津梁

——评《古音汇纂》

北京大学中文系、北京大学中国语言学研究中心　孙玉文

内容提要：文章先从学术史的角度肯定《古音汇纂》的主要建树和重要价值。然后选取：(1) 可以利用它校勘注音材料；(2) 可以利用它从音义系统中分离出同形字、训读字、俗字；(3) 可以利用它发现、分析字的不同的音义匹配；(4) 可以利用它发现《广韵》《集韵》没有收录的字音；(5) 可以利用它了解历代多音字哪个读音常见；(6) 可以利用它理解古人注音习惯，不至于误读反切；(7) 可以利用它理解反切的规律及它在证音上的作用；(8) 可以利用排在一起的异读分离出注音的音系现象；(9) 可以利用它发现一些跟中古韵书、韵图不一样的声韵配合现象；(10) 可以利用它研究语音系统及音变源流；(11) 可以利用它全面了解一个字字音的复杂变化；(12) 可以利用它发现历代方言的字音情况；(13) 可以利用它了解古人在具体字音变分析中导出的一些具体理论等 13 个方面，论证《古音汇纂》在汉语语音史研究中的重要价值。最后对《古音汇纂》存在的不足进行讨论，指出需要改进或改正之处，旨在给《古音汇纂》进行修订时提供参考。

关键词：古音汇纂；语音史；音义匹配；研究价值；不足之处

最近三十多年来，武汉大学古籍所的同仁们在宗福邦先生带领下，战胜各种艰难困苦，保质保量，连续完成《故训汇纂》《中华大典·语言文字典·音韵分典》《古音汇纂》的编写，为传承中华文明做了基础而又重大的贡献。本文谈谈《古音汇纂》（以下简称《古音》）的价值。

一、对《古音汇纂》的总体认识

《古音》的编纂是一项重要的文化建设工程，其出版问世是不朽之功业，必将大大推进国际范围内汉语语音史及相关学科的研究；在当前学风日下的背景下，对于弘扬求真务实的学风，将起到非常积极的作用。《古音》的建树主要体现在以下几个方面：

（一）是开创性的工具书

以前《康熙字典》每一个字头下面都注了若干韵书的反切，即“详引各书音切”（《古音·凡例》），方便了字典使用者。但很有限，没有真正做到“详引”，注音错讹甚多。《康熙字典》是字典性质的工具书，《古音》则发凡起例，另创新局，是前所未有的工具书。如果要归到现有工具书体系，可以归入资料汇编一类，但要另立旧音资料总汇一门。

（二）收音比较齐备

《古音》主要汇聚先秦两汉（主要从汉代起）至清末的汉字注音，源流并重，主要按照时代先后引用127种古书，兼及其他几十种著作的注音，所用版本往往具有权威性。它将这一时间段之内绝大部分注音材料都囊括进来了，工作量之大、任务之艰巨可想而知。唯其收音比较齐备，因此非常方便大家省去相当多的翻检之劳，只需借助《古音》，就能一览众音，获取自己想得到的语音源流信息。

（三）注意音义匹配

跟《故训汇纂》一样，《古音》将“音义匹配”作为编撰目标。这种追求，继承了传统，也吸收了现代语言学精华，是明智之举。音义匹配是语言符号的本质和灵魂，只有抓住跟字音联系在一起的字义，才能正确理解字音，从而正确理解一个个的语言符号。多少年来，研究音韵学的学者多忽视字义，研究训诂学的学者多忽视字音，严重影响了各自科研成果的质量。在音义匹配方面，还有许多基础性的工作需要开展起来。《古音》对于一个字音，如果有可能，基本上都将某个注音出现的上下文语境及释义提供给大家，对于认识一个汉字的音义匹配起到积极作用。

（四）校勘比较细致

细致的校勘是语文工具书学术质量的必备条件，反映历代语音信息的工具书尤应如此。《古音》反映每个汉字在历史上的各种读音和注音，是一部描写性的工具书。要实录历史上的各种注音，须做好校勘工作。这些注音，一般人觉得跟作品的思想内容无关，而且缺少趣味性，很枯燥，因此多忽视其价值，以致流传至今的不少音切材料，大量出现了鲁鱼豕亥之处。编写《古音》，如果机械性地、不加校勘地收录进去，那么这是不负责任的工作态度。要想将历代注音中错讹之处严谨地校勘、整理出来，这特别需要《古音》的编写者心性空灵，耐得住寂寞，一一审核注音，还要断句、标点，很不容易做好。我看到当今整理古书及其旧注，在语音方面出现很多不应该出现的错误，即使是最有名的点校本也难避免。阅读《古音》一过，我感到它的校勘做得相当好，极少出错。作为一部大型的语文工具书，能做到这一点，确为不易。

（五）体例完备，检索方便

《古音》前后都列有《部首目录》，又有《单字汉语拼音索引》《难检字笔画索引》，附录里面有《主要引用书目和引书格式》《主要参校书目》《汉语拼音方案》《新旧字形对照举例》《单字四角号码索引》，还附有《四角号码检字法》，都是方便使用者快速查阅、正确使用该书的有效安排。正文部分,《古音》将历史上出现的众多注音排在一起，提供了一个比较众音，分析异同的平台；按各种注音的时间先后顺序排列字音，方便学界从历史上把握一个字的读音沿革。人们研究汉语语音史，往往就是采取这种研究步骤，因此《古音》实际上是帮助大家做了这一步的工作，非常便于利用。

《古音》的编写，是名山事业，它“荟萃群音”，是“治史津梁”。我翻检一过，感到能借助《古音汇纂》深化汉语的研究、汉语古书的整理，深化汉语辞书的编纂，特别是能深化汉语语音史研究。

二、《古音汇纂》在汉语语音史研究中的重要价值

下面主要据《古音》所收众读，以及其中按照历史顺序排列的、具有历时同一性的同一个字音的不同时期的具体注音，在纵横结合的注音系统中，举出一些例证，谈谈《古音》在音韵学上的价值；也结合具体材料，探讨与治汉语语音史相关的问题。所谈只是举例性质的，难免有不妥，也难免挂一漏万。

（一）可以利用它校勘注音材料

汉语语音研究发展至今，已是相当精密的一门科学。人们早就提出注音材料的准确性问题。古书中注音材料的讹误相当多，不做仔细校勘，据不可靠的材料立论，就会使结论差之毫厘，谬以千里，因此校勘工作极必要、重要。《古音》依时序排比众音，很便于校勘。例如：

768页（下文凡单独注出页码者，均为《古音》页码，不另注出自《古音》）“据”字，引《五经文字·手部》“拮据，上音结，下音尾”，“尾”当为“居”之讹。

781页“揉”字,《晋书音义》“汝教反”，“教”应是“救”之讹，日母字一般不拼二等韵。

1156页“準”字,《说文系传》“王闵反”，“王”当为“主”之讹。

1159页“溓”字，原本《玉篇·水部》“理兼、理添二反”，“兼、添”都是添韵，今传《玉篇·水部》作“理兼、理忝二切”，“添”当为“忝”之讹。

1286页“狖”字，《玄应音义》卷六“古文蜼，《字林》余绣反，江东名也。又音余秀反，建平名也”，《慧琳音义》卷二十七引大乘基《法华音训》注“《字杯》余绣反，江东名也。又音余秀反，建平名也”。“余绣反”和“余秀反”同音，反切下字必有一讹，“秀”实为“季”之讹，《玄应音义》卷九“古文蜼，又音馀季反，建平名也。《字林》余绣反，江东名也。”

1290页“狷”字，颜师古《汉书注》“子掾反”，“子”当为“孑”之讹。

1768页至1769页“腯”字，都是入声字，只有《经典释文》（以下简称《释文》）“徒忍反”，“徒”一般不拼三等，“忍”是“忽”之讹。

1980页“蛴”字，引S.2071《切韵·齐韵》“俱嵇反”，“俱”当为“徂”之讹。

有的注音有讹字，但不易判定是哪个字的讹字，例如“朕”澄母寝韵字，但898页引《文选》五臣注音“迟胤（反）”，“胤”当为后人妄改，“胤”收n尾，去声。717页“打”，《慧琳音义》卷二十七“捶打”注“下吴音顶，又都挺反。今取秦音，得耿反”。慧琳一处注两个音，跟《释文》不同，慧琳的注音一定有异读。但“音顶”跟“都挺反”同音，不可能形成异读，必有讹字，切下字“挺”应为讹字。《慧琳音义》给吴音注音有“江外音丁挺反”“今江外吴地见音为顶”“吴音为顶”“陆法言云：都挺反。吴音也”，没有收吴音的异读，因此“挺”为何字之讹，还不清楚，需再考。

经比对可知，《慧琳音义》和清末以来在西北等地区发现的古书残卷、海外抄本错讹甚多，特别需要校勘，才好用来证音。例如：

48页“作”字，明代以前，这个音都用精母字作切上字，只有《慧琳音义》卷八十三“作制”注“藏洛反”，从母。原文是：“上藏洛反。传从日作‘昨’，是音凿，传写误也。”“昨”跟“凿”同音，跟“作”不同音。慧琳说“音凿”是“传写误也”，那么“作”不能读从母，“藏”应是“臧”之讹。

644页“恬”字，《慧琳音义》“恬怕”注音“亭间反”，“间”是二等山韵字，作“恬”的切下字。要么其中有讹误，要么反映当时有方言“间”增生了i介音，跟三四等相混，m尾变成n。显然应是讹字，“间”应是“阎”之讹，《慧琳音义》“恬”

有注“亭阎反”的例子。

752页“捐”字，《广韵》《集韵》都只收馀母一读，今天读juān始于何时？《慧琳音义》“捐”已读“决缘反”。这个注音如果没有问题，那么“捐”的读音例外可能唐代已出现。但“捐”除了这个例子，其例外读音最早只见于明朝，“决”应是讹字。《慧琳音义》“捐”多处注音，切上字有“恚、悦、兖、以、與、渊”，都是影、馀母的字，反映当时馀母读成零声母了，但绝无用见母字的，“决”可能是“抉”字（影母）之讹。

764页“掐”字，二等字，洽韵，“掐”字早期都用二等字作切下字，但《慧琳音义》“掐”注为“苦合反”，“合”是一等字，“合”应是“洽”之讹。

1996页“衣”字，去声，《慧琳音义》“於纪反”，“纪”当为“记”之讹。

502页“层”字，一般都是从母，也有精母的异读。但P.2833《文选音》“丈恒反”，“丈”拼一等“恒”不合通例，可能是“才”之讹。宋跋本《切韵·登韵》“层，昨稜反，又一昨滕反”，“昨稜反”跟“昨滕反”同音，必有一讹。曾小韵“增”注“昨滕反”，“昨”当为“作”之讹，层小韵“层”注音为“昨稜反”；“又一昨滕反”的“一”要置后，是说此小韵只有一个字，“昨”亦当为“作”之讹。当然，之所以出现这种讹误，应该反映了当时出现了全浊声母清音化。

781页“搔”字，S.10《毛诗传笺》“搔首踟蹰”注“自刀切”，“搔”读心母，“自”从母，“自”可能是“息”之讹。

895页“会”字，《文选·陈琳〈檄吴将校部曲文〉》“栖越会稽”集注引《音诀》“苦外反”；922页“柯”字，《文选·江淹〈杂体诗〉》“柯叶终不倾”集注引《音诀》“苦何反”。尽管此二字的音跟今天“会计”的“会”、“枝柯”的“柯”例外读音相同，但后来古书都没有见到溪母读音，“苦”可能是“古”之讹。

932页“枷”字，裴务齐《切韵·歌韵》“叵罗反”，“叵”当为讹字，如果原文作“叵”，就会跟同韵“颇”小韵重音；“叵”跟“枷”声母太远，“叵”当为“古”之讹。

954页“楛”字，P.2833《文选音》“苦乎反”，可能是“乎苦反”之讹。

1616页“纷”字，S.2071《切韵·文韵》“無云反”，“無”当为“撫”之讹。

2044页“觑”字，《龙龛手镜·见部》“士虑切”，《玉篇·见部》“此居、士据二切”，“士”当为“七”之讹。

2083页“说”字，S.2053《礼记音》“治悦（反）”，“治”当为“始”之讹。2084页《唐韵·薛韵》“如劣反”，“如”当为“始”之讹。

2151页“质”字，《史记·秦始皇本纪》“庄襄王为秦质子于赵”正义：“质，直实反。”直，当作“真”。

2161页“走”字，《尔雅·释宫》“中庭谓之走”《释文》：“徂口反。”徂，当作“祖”。

2356页“锤”字，《史记·封禅书》“而使黄锤史宽舒受其方”集解引徐广：“锤，才恚反。”才，当为“丈”之讹。

《说文系传》朱翱的反切有些特别，但如果是同音字，尽管原书按部首将注音分派到各部的具体字头下，但大都用同一个反切，这很方便我们做校勘。例如238页“否”字，《说文系传·口部》徐锴说：“本音缶。”朱翱注音：“侯又反，又府丑反。”这个“侯”应是讹字。据王力先生《朱翱反切考》[①]，朱翱非敷相混，“侯”应是非敷二母某一个字的讹字，可能是“付”的讹字，1687页“缶”朱翱“付丑反”，可以为证。1841页“荚”字，《说文系传·艸部》朱翱“尺侠反”，“尺”当为“居”之讹字，同音的“颊、唊”朱翱“居侠反”。又“鋏”朱翱“居狭反”，“狭”应是“侠”之讹，“鋏、荚”同音，都是四等，“侠”也是四等，但“狭”二等，可证。2288页“邽”字朱翱“滑兮反”，“滑”当为“涓”之讹，同音的“圭、闺”注音均为“涓兮反”。2479页“韶”，《论语·述而》“子在齐闻韶”《释文》：“士昭反。”《释文》“韶”不注崇母，此“士”当为“上”之讹。反过来，《说文系传》有的注音跟其他的注音不同，但不能轻易地说朱翱的反切有讹误。例如2065页“訹”，《说文系传·言部》朱翱注音“敕密反”，其他的注音均未见以“敕”为切上字的，似乎“敕”为“私”之讹。其实不然，《系传·心部》“怴”朱翱注音：“敕密反。”可见朱翱的“敕”不是错字。

将古代不同的注音摆在一起，会发现很多注音在传承过程中出现失误，需准确地校勘，才好用于语音史研究。要注意：古人注音多追求雅正，要求注音有来历，

① 王力《王力全集》卷19《龙虫并雕斋文集》（三），北京：中华书局，2015年，第953—954页。

这种注音，遇到有讹文时，可以比勘不同的注音定其非。但个别注音则反映注家追求记录某地口语读音。这主要表现在：敦煌一带在唐五代时期，曾在安史之乱后被吐蕃占领（786—848年），到唐大中二年（848年），敦煌人张议潮收复瓜、沙二州，敦煌一带名义上归唐，是为归义军时期。天佑元年（904年），张承奉自立为白衣天子；天佑三年（906年），建立西汉金山国，敦煌城为王都。其间还于后梁乾化元年（911年）向回鹘称臣。至后梁乾化四年（914年），曹议金废金山国，去王号仍称归义军节度使，镇沙州，子孙相继至宋。敦煌一带脱离中原朝廷，在语言上必然要求推行当地的音系。所以敦煌一带发现的文献注音跟自古相传的"雅音"很不相同。例如"笑"去声，1553页P.2172《大般涅槃经音》"嗤笑"的"笑"注音"（音）小"。这是上声，当是反映了唐时极为偏僻的方音，应该是敦煌一带的方音。

古代注音的人，水平有高有低。例如1119页"淅"字，古人都注心母。只有S.617《俗务要名林·饮食部》"淅，淅米"的"淅"注音"之列反"。这是注音者误将"淅"当成了"浙"，从而误注，这类注音不能作为"淅"的读音研究音变。

据《古音》所收注音，有一些讹误比较容易看出是《古音》所引原书编者在抄录反切时有误。例如2605页"鱮"字条列有23个音项，只有裴务齐《切韵·语韵》注"羌吕反"，可疑。"鱮"没有这个读音，可能是将它误置于"羌吕反"之下。考裴务齐《切韵·语韵》，与此相关的排序，先有"徐举反"，里头没有"鱮"字，但一般注音"鱮"有此读；接着排"羌吕反"，里面有"鱮"字。"鱮"不收入"徐举反"，反而收入"羌吕反"，不合一般情况。早期注音，"鱮"都是"详与、才吕、音叙、音序、（音）屿、音绪、翔与"等，都没有溪母一读。再看早期《切韵》系韵书，S.2071、宋跋本《切韵·语韵》，都是徐吕反，没有"羌吕反"。因此，裴务齐《切韵·语韵》将"鱮"置于"羌吕反"，不置于"徐举反"，应是误置。如果此条考证是正确的话，那么"鱮"的此音是在语言中不存在的"字音"，是编写韵书时误置造成的，不能利用这类音去研究语音变化。

不过我们利用《古音》校勘注音讹误时应该谨慎。有的注家注音，一般都是采用相沿已久的读音，偶尔有一个音跟相沿已久的读音不合。这有两种可能：一是该注音有传讹，一是偶尔会露出时音的马脚。所以碰到这种情况，不宜遽定为注音的传讹。例如787页“援”字，据所列早期注音，“援”是没有注影母的，但《左传·桓公十一年》陆德明《释文》“於眷反”，“於”是影母，似乎“於”当作“于”。因为在《释文》中，“于、於”一般不相混，《左传·昭公十二年》杜预注中“迂”字《释文》：“音于，一音於。”陆德明给“为”注音一千多处，从来没有注成影母。但是这不是唯一的可能性，也有可能陆德明此则注音反映了时音。

（二）可以利用它从音义系统中分离出同形字、训读字、假借字、俗字

从文献的注音中研究语音史，必须区分这些用字现象，它们都涉及语言符号的历史同一性问题。区分这些现象，可以避免语音史研究中出现误差。

同形字。例如1576页“箹”影母，但《集韵》又音“测角切”，初母，注“或作篍”，可见“箹”又是“篍”的异体俗字，“箹”和“篍”是同形字。717页“扎”，《广韵》侧八切，《集韵》又“乙黠切”，二音实为同形字。就《古音》提供的材料看，古代还有相当多的同形字我们没有注意到，有时是注意得不够，今后应花力气在这些方面做出研究。

训读字。例如2607页“鸟”字，端母，后来多读泥母，但又注音“音爵”，见于《后汉书·皇甫张段列传》和《西羌传》地名“鸾鸟”的“鸟”李贤注，“鸟”字“音爵”，跟“鸟”字的其他音没有通转关系，是“雀”的训读，“雀、爵”中古前同音。921页“栲”字《释文》“苦老反”，这是训读为“槁”字。289页“喙”字《释文》收徐邈“丁遘反”，还收了“陟遘反”“知胄反”“丁豆反”“猪究反”“丁角反”，裴务齐《切韵》“丁木反”，《史记正义》“丁救反”，《集韵》“丁候反”等等，这些读音的“喙”是“咮”的训读。1277页“牲”字，《集韵》读“所庆切”，这是训读为“生”字的去声。1331页“瑑”字，裴务齐《切韵》“丁角反”，这是训读为“琢”字。1404页“皧”字，《广韵》子肖反，但《文选》集注引《音诀》“於代反”，宋跋本《切韵》“乌爱反”，这可能是“皑”产生去声读法以后，不好用平声“皑”来记录，于是用“皧”字来记录它，形成训读。《广韵》《集韵》将“皧”的“於代反”的读音给删去了。

“不”字早期韵书都不收入声，它从上古到中古早期都只读阴声韵。《广韵》“弗”小韵读“分勿切”，里面收有“不”字，有人据此以为这是“不”后代读入声

的早期证据。但这种理解不正确,《广韵》入声“不”下注:“与‘弗’同。”可见这是为“不”训读为“弗”字而定的音。据《故训汇纂》5页至6页“不”字,590页至591页“弗”字,“不”在《仪礼》《礼记》《左传》中跟“弗”异文,《广韵》《集韵》收“不”字的“弗”字音,跟后代“不”变成入声是没有关系的两回事。①

历史上有些训读字的具体情况,我们了解得不仔细,有些复杂的训读现象没有注意到,有的训读字训读为两个字,不止训读为一个字,通过注异读可以发现些蛛丝马迹。例如“頫”不仅训读为“俯”,这是一般所知道的,但它也训读为“俛”。2488页“頫”字下引宋跋本《切韵·麌韵》“頫”注音:“又靡卷反,又他叫反。”《晋书音义》卷中“頫,俗作俛,靡卷反。”“靡卷反”是“俛”字的训读音。2543页“駹”字《说文系传》朱翱注音:“頫江反。”这是取“頫”字训读为“俛”的音来作切上字。既然“頫”训读为“俛”,那么“俛”这个语素在中古时候的口语中还没有完全消失。

有的注音不是训读,而是后人改正传本中的讹字,或者反映不同注家对上下文原字是哪一个有不同看法。865页“易”字,收录《周礼·天官·阍人》“奇服、怪民不入宫”郑玄注“怪民狂易”《释文》:“易,徐音阳。”这是说徐邈认为郑玄注的“易”是“阳”(古字是“昜”)的讹字,跟一般人理解不同,一般都将“狂易”理解为轻狂。938页“栝”字下,收录《周礼·冬官·序官》郑玄注“栝”《释文》“音户。《尚书》作楛,音同”,这是改“栝”为“楛”。1270页“牲”字,收录《礼记·曾子问》“凡告用牲币”郑注“牲,当为制,字之误也”《释文》“依注音制”,认为“牲”是“制”之讹,可能是形近而讹。1436页至1437页“睢”字,中古脂韵,《史记索隐》引邹诞生“音千馀反”,《晋书音义》也音“千余反”,这是认为“睢”为“雎”之讹字。2509页“食”字《庄子·德充符》“适见㹠子食于其死母者”《释文》:“食,音饮,邑锦反。旧如字,简文同。”这是改“食”字为“饮”字。

假借字。例如1068页“池”字下,《礼记·檀弓上》“主人既祖填池”郑玄注:“填池,当为奠彻,声之误也。”引《释文》:“池,依注音彻。”上古“池”定母歌部,“彻”透母月部,二字读音相近。此例有力地证明,在上古,一定有音近假借现象。

① 参看孙玉文《“芍、凫茈、荸荠”诸词形音义流变》,《国学研究》卷47,北京:中华书局,2022年,第176—181页。

俗字。中古俗字造成相当多的字跟既有的字同形。例如“狾”字《说文》已有，是从斤声的字，《广韵》语巾切。1282页《龙龛手镜·犬部》“又俗音狄”，表明俗字是将“狄”写作“狾”。1346页“瓫”字《晋书音义》“蒲奔反”，这表明有人将“盆”写作“瓫”，成为俗字。《龙龛手镜》多用“俗音”的术语，含义不一，应引起重视。

（三）可以利用它发现、分析某些字不同的音义匹配

古代字的音义匹配现象复杂，是今后应该努力的方向。有些字的音义匹配，以前没有注意到，《古音》收音多，能提供帮助。例如：

“坏”字有匣母、见母二读别义，两读的区别，前人讲得很清楚，值得参考。《古音》370页引《史记·秦始皇本纪》“堕坏城郭”正义：“坏，音怪。夫自颓曰坏，音户怪反。”引《史记正义·论音例》：“自坏，乎怪反。坏彻，音怪。”《慧琳音义》卷二十五引云公《大般涅槃经音义》“破坏生死”注：“坏，音乖拜反，谓加功毁之使破也。若音怀拜反，任运自破也。”

“去”字有去声读法，指离开。有上声读法，《广韵》羌举切，指除去，去掉，引申指收藏，储藏；“收藏，储藏”义除了读羌举切，在一些方言中还读见母，属变声构词。《广韵》收了“去”的后起字“弆”，居许切；《集韵》兼收“弆、去”，苟许切，“藏也”。这些大家已经知道。但218页“去”下，“去”还有平声读法，当引起注意。

据《古音》，古书正文注音“去”读平声，有2次，《左传·僖公十五年》载秦国进攻晋国时卜筮的结果是“千乘三去，三去之馀，获其雄狐”，《释文》：“去，起居反，又起据反，一音起吕反。”“去、馀、狐”押平声韵，《释文》不说“叶起居反”，而是径直注“起居反”，兼注异读，反映了上下文的词义有不同理解：读“起据反”，意义为离开；陆德明以为“去”不应理解为除去，去掉，在“起吕反”前面加上“一音”。去声一读常见，《释文》极少注音。他一般只注上声；他注异读，说明“去”在上下文中可有不同理解。孔颖达在这段话前作疏说，“如杜此意，则下‘千乘三去’，谓晋侯之乘车三度败坏而去，三去之后，而获晋君也”。《释文》给“千乘三去”的“去”注平声，该怎么理解？《古音》列了《集韵》“去”可读丘於切：“疾走。”后来《五音集韵》去鱼切释义也是“疾走”，《合并字学集韵》圈虚切“疾走”，都照抄《集

韵》。《集韵》“去”的平声一读正好可以帮助理解“千乘三去”的“去”，它当释为“快速逃走”，是形容晋侯打败仗的狼狈相，孔疏说“晋侯之乘车三度败坏而去”，可见“去”跟逃离有关。《礼记·杂记下》“女虽未许嫁，年二十而笄，礼之；妇人执其礼。燕则鬈首”郑玄注：“既笄之后，去之，犹若女有鬌紒也。”《释文》：“去，起居反。”孔颖达疏：“‘燕则鬈首’者，谓既笄之后，寻常在家燕居，则去其笄而鬈首，谓分发为鬌紒也。”“去”只有“起居反”一音，结合“疾走”的“去”，可以将“去之”理解为很快地摘掉笄礼时所戴的笄。

历代音义匹配除了有继承性，有的还有变化，我们可以利用它了解异读字在不同时代音义匹配的沿革，不以今律古。“劳”一般读平声，“慰劳”义读去声，作“忧愁，愁苦，担忧”讲大家都放到平声，但在汉代读去声。179页“劳”下第一个音项：“劳，读劳勑之劳。《淮南子·氾论》‘以劳天下之民’注。”引得不太全，高诱注说：“劳，犹忧也。劳读劳勑（有的本子作‘来’）之劳。”可见“劳”是“担忧，忧愁”的意义。“劳勑”的“劳”去声，则“劳”作“担忧，忧愁”讲汉代可读去声，跟中古后的音义匹配不一样。音义匹配在不同时代可以有不同，这应引起重视。再如“者”在元曲中可以用作动态助词和句末语气词，这种用法读什么音？据1721页，是读平声，即阴平：《元曲选·两团圆》第三折“这桩事我敢猜者”，《黑旋风》第二折“怎当这佳人士女醉扶者”注“者”均为“平声”。

假定异读有甲乙二音，从理论上说，二音不可能同时产生，甲音产生得早，乙音产生得晚。乙音最早见于何处，有什么来历，这是研究音义匹配不可回避的问题，我们可以利用《古音》看出中古韵书别义异读的来源。“位”《集韵》收“力至切”一读，记录的是“莅”。据50页，此音已见于汉儒记录，《周礼·春官·肆师》“则为位”郑玄注：“故书位为莅”，《易·需·象》“位乎天位”《释文》：“位乎，如字，郑音莅。”这说明，至晚汉代“位”有别义异读。

对有些字在古书上下文中不同音义关系的理解，关涉到一个句子成分的语义分层和结构分层，我们可以利用它分离字的不同的音义匹配，分离同形异构的词和短语。例如：

先秦“彼其”连用，“其”有两个读音，“彼其”也是一个同形异构短语。作代词用的“其”要按照它的常音来读，《广韵》是渠之切。《诗经》中也有一个“彼其”，这个“其”跟前面的那个“彼其”的“其”读音不同，据129页至130页“其”，《诗·王风·扬之水》“彼其之子”郑玄笺：“其，或作记，或作己，读声相似。”《释文》：“其，音记，《诗》内皆放此，或作己，亦同。”《曹风·候人》“彼其之子”《释文》：“其，音记。”这个“其”有人看作助词，说明《诗经》的这个“彼其”跟其他古书“彼其”的“其”不同，不具有同一性，“其”是读成“记”的音。

“谁何”作为一个词语，可以指“谁人，哪个”，《庄子·应帝王》：“吾与之虚而委蛇，不知其谁何。”它还有“稽察诘问，喝问”的意义，《六韬·金鼓》：“凡三军以戒为固，以怠为败，令我垒上，谁何不绝。”有人以为“稽察诘问，喝问”义的“谁何”是前面一个意义的“谁何”引申出来的。但作“稽察诘问，喝问”讲的“谁何”的“何”，跟“何”的通常读音不同，它读晓母。45页“何”下，《史记·秦始皇本纪》“信臣精卒，陈利兵而谁何”《索隐》引崔浩：“何，或为呵。何、呵字同。”《史记·陈涉世家》：“信臣精卒，陈利兵而谁何。”《索隐》：“音呵，亦‘何’字，犹今巡更问何谁。”呵，晓母。可见这两个“谁何”读音不同，来历不同。

了解这种不同的注音，对认识古人给古书上下文所做的解释很有帮助，从而读懂古书。943页“根”字条，提供了“根”读匣母的例子。《汉书·灌夫传》：“夫家居，卿相侍中宾客益衰。及窦婴失势，亦欲倚夫引绳排根生平慕之后弃者。”孟康注：“根者，根格，引绳以弹排摈根格之也。”颜师古注：“孟说近之。根音下恩反。格音下各反。言婴与夫共相提挈，有人生平慕婴、夫，后见其失职，而颇慢弛。如此者，共排退之，不复与交。譬如相对挽绳而根格之也。今吴楚俗犹谓牵引前却为根格也。”《史记·魏其武安侯列传》：“及魏其侯失势，亦欲倚灌夫，引绳批根生平慕之后弃之者。”集解引苏林：“二人相倚，引绳直之，意批根宾客也。弃之者，不与交通。”又引孟康：“根，根括。引绳以持弹。”索隐：“案：刘氏云‘二人相倚，事如合绳共相依引也’。批音步结反。批者，排也。《汉书》作‘排’。排根者，苏林云‘宾客去之者不与通也’。孟康云‘音根格，谓引绳排弹其根格，平生慕婴交而弃者令不得通也。小颜根音痕，格音下各反。驷谓引绳，排弹绳根括以退之者也’。持弹，案《汉书》本作‘抨弹’，音普耕反。”据颜师古注音，“根”不作“树根”讲，它不读见母，“根格”可能是一个双声联绵词，指“牵引前却”。

联绵词的两个音节之间有独特的字音选择，由异读排比在一起的例子可以清楚地看出来。1100 页“洸”下，《史记·老子韩非列传》“其言洸洋自恣以适己”索隐：“洸洋，音汪羊二音，又音晃养。”可见“洸洋”要么一起读“汪羊”，要么一起读“晃养”，不能一平一上。声调对联绵词的两音节有制约作用。

汉语联绵词两个音节常常同声调，无论是叠韵联绵词，还是双声联绵词，都是如此。“犹豫”却是一平一去，跟联绵词的总趋势不合。1297 页“犹”字下，《史记·吕太后本纪》“犹豫未决”索隐：“犹，邹音以兽反。”《易·乾》“或跃在渊”注“持疑犹豫”《释文》：“犹，以救反。”《文选·屈原〈离骚经〉》“心犹豫而狐疑兮”集注引《音决》：“犹，以幼反，又如字。”《慧琳音义》卷 46“犹豫”注音：“戈（当作‘弋’）又、弋周二反。”据此，“犹豫”的“犹”早期应该读去声，跟“豫”同声调。

当我们知道一些多音字的不同的音义匹配后，可据此检验今人对不同时期音义匹配的归纳是否正确。例如“频”是否只读並母真韵？《康熙字典》只收並母一读，影响至今。但 2491 页“频”下引《史记·司马相如列传》“仁频并闾”索隐：“频，音宾。”仁频为南方生长的一种植物，就是槟榔。据《索隐》，这个“频”不读並母，读帮母。今天有些辞书将这个“频”放到並母之下，不合于古。

（四）可以利用它发现《广韵》《集韵》没有收录的字音

《集韵》收了相当多异读，但它没有将中古之前所有异读都反映进来，[①] 对此必须给予足够的重视，说明光利用《广韵》《集韵》确定字的古代语音对应关系，有缺陷。原来研究语音史时，明知有些字音跟《广韵》《集韵》没有对应关系，但不容易查到不见于《广韵》《集韵》的字音见于古代哪一种文献，只好从《广韵》《集韵》中找一个字音凑数。现在有了《古音》，可以部分解决这种对应的字音的出处问题。例如：

“百”字，有明母一读，《广韵》《集韵》都没有反映，但古代注音有。1399 页至

① 参看孙玉文《从东汉高诱的注音材料看中古韵书未收的一些上古读音》，《西南交通大学学报》（社会科学版），2020 年第 5 期，第 32—44 页。

1400页“百”字《释文》“音陌”，《古今韵会举要》《洪武正韵》“莫白切”。

“卢”字，《广韵》《集韵》只收模韵一读。1413页，P.3383《毛诗音》“力猪（反）”，S.2053《礼记音》“良猪反”，《释文》和《慧琳音义》都有“力居反”，《释文》“力於反”，《玄应音义》（《慧琳音义》所引）“荦倶反”，都证明“卢”原来有三等读法。

“穳”字，1533页引《说文·禾部》“读若靡”，这个读音《广韵》《集韵》等韵书都没有收入，《古音》收录了。

康居的“居”字，495页《史记索隐》《后汉书注》“音渠”，《史记正义》“其居反”，但韵书没有收录。

“身”字，《广韵》《集韵》均只收一个常见读音，“身毒”的“身”，2209页《史记索隐》注音“音捐”“音乾”，这是见于司马贞注音中的两个音，韵书没有收录。

“鸒”字，韵书多只收沃、觉等韵，影、匣等声母的读音，2636页《尔雅·释鸟》“鸒，山鹊”《释文》：“郭音握，又音学，又才五反，《字林》乙竺反。”“才五反”一读很怪，但韵书没有收录。

“钺”字，喻三，2340页S.2071《切韵·月韵》“户伐反”，反映了喻三归匣。《说文系传》“虎会反”，《说文》大徐本“呼会切”，《广韵》《集韵》都没有收录。就声母说，反映了方言中喻三保持匣母读法，匣母变晓母了。就韵和声调说，“会”一等，去声，跟入声读法不同。

“匡”字，韵书一般只收它溪母平声读法，但190页“匡”《文选·郭璞〈江赋〉》“电往杳溟”李善注：“王逸《荔枝赋》曰：‘飞匡上下，电往景还。’匡，勤往切。”

有些异读反映了不同的音变层次，但丢失了其中一些异读，这就会丢失一些音变的中间环节。《古音》收字音较多，能在很大程度上弥补这些缺环。1440页“瞀”原有异读，其中一读可能是侯部三等去声，变到中古，应属宥韵。《广韵》《集韵》只收它的候韵读法；《集韵》遇韵有“亡遇切”一读，《释文》“莫住反”，引郭璞“音务”均可证，但《广韵》没有收此读；“亡遇切”应由宥韵变来，丢失了主元音，保留i介音和韵尾，变到遇韵。它有的异读丢失i介音，读成候韵，《释文》“莫豆反”，引徐邈“音茂”可证。“瞀”还有侯韵平声读法，《广韵》《集韵》都没有收，但《释文》"音谋"，尤韵，保留了i介音。《集韵》收虞韵"微夫切"，《汉书》孟康注"音无"，说明尤韵唇音很早开始脱落主元音；《集韵》侯韵"迷浮切"，将"浮"放到侯韵，表明写《集韵》之前"浮"已失去i介音，李贤《后汉书注》"亡沟反"，《列子释文》"莫侯反"，《文选》五臣注"莫侯（反）"同此。

古人给古书正文注音，所注的这些音《广韵》《集韵》等韵书不一定都收录下来，这启发我们：使用反切比较法研究语音史，要区别对比关系和对应关系。例如："嫪、毐"两字，"嫪"《广韵》只收鲁刀、郎到二切，"毐"只收乌开、於改二切，《集韵》等韵书也这样。但据444页，《汉书》颜师古注"嫪毐"："嫪或音居虬反"，《史记正义》有："上躬虬反，下酷改反。"碰到这种不合《广韵》《集韵》注音的情况，我们不能仅在《广韵》《集韵》中去找反切来硬性对比，因为鲁刀、郎到二切跟躬虬反没有可比性，乌开、於改二切跟酷改反没有可比性，九鱼切跟其居反没有可比性，它们在语音上没有历史同一性。

中古韵书，有些别义的异读没有收录下来。"羌"字，一般只收溪母，但句中语气词的"羌"可读群母，1701页《史记·屈原贾生列传》"夫党人之鄙妒兮，羌不知吾所臧"正义："音彊。"这个读音别的地方没有收录，《史记正义》的这个注音很珍贵。

既然《广韵》《集韵》都没有收这些音，那么它们跟《广韵》《集韵》就没有严格的对应关系。由此可见，光利用《广韵》《集韵》所收异读探讨语音史，在方法论上有缺陷。《古音》可以部分地弥补这一缺陷。

（五）可以利用它了解历代多音字哪个读音常见

有的字，今天甲音常见，但古代可能乙音常见。理解古代注音不能以今律古，首先要分离出古代多音字哪个音常见，哪个不常见。只有这样，才能真正理解和使用反切。比照《古音》所收相关诸音，很便于将某些常见读音分析出来。"屯"中古常见读音为"陟纶切"就是这情况。唐诗押韵，有的"屯"要处理为魂韵字入韵，例如寒山诗《以我》"论、昏、屯、暾"，更多的要处理为谆韵，例如王绩《游北山赋》"仁、屯、身、辰、臣、真、人、贫、辛"，杨炯《唐恒州刺史建昌公王公神道碑》

“新、屯、宾、獜、人、臣”，张蕴古《大宝箴》“屯、民、亲、人”等。在读古反切时，遇到上字或下字有异读，有人不知如何选择。其实应该选择制作反切时的常见读音。可见知道中古多音字哪个读音常见，是非常重要的，事关如何正确利用注音材料。

82页“伦”字，《广韵》力迍切，据《古音》，此字都用来母作切上字，但《说文·人部》“伦，辈也”的“伦”大徐本注“田屯切”，定母。“田”显为一个来母字的讹字，可能是“吕”字之讹。“伦”反切下字作“屯”，这个“屯”应取“陟纶切”，《宋本玉篇·屮部》“屯”只取“陟纶切”，说明“陟纶切”在中古是常见读音。“屯”取“陟纶切”一读，则反切上字不可能是“田”，因为它是定母，定母一般不拼三等韵。966页“椿”S.2071《切韵·真韵》、宋跋本《切韵·真韵》、《晋书音义》都有“敕屯反”，“屯”都应取“陟纶切”一读，也说明“屯”的三等读音是中古的常见读音。

843页“料”字，《说文系传》“梨桃反”，“桃”为“挑”之异体字，跟桃花的“桃”不同，二者是同形字。939页“桃”字《集韵·萧韵》他彫切：“长枋，可以持物于器中者。通作挑。”可见“桃、挑”异体。朱翱“梨桃反”，“桃”字没有错，取的是“桃”的四等一读，跟“料”注音。今天“桃”只有一等读法，人们读反切时，容易以今律古。

1361页至1362页“界”字，去声字。但《说文系传》“苟差反”，这个“差”应取去声一读，说明当时“差”的去声一读很常见。

2613页“鸯”字，《广韵》有“於良切”和“乌郎切”二读，都是鸳鸯的“鸯”，不别义。《说文系传》“殷光反”，取唐韵读音；大徐本“於良反”，取阳韵读音。说明直到五代，“鸯”的两个读音都很常见。

“泠”字，今常见读音来自中古“鲁打切”，二等。但中古常见读音是“力鼎切”，四等，两读不别义。《宋本玉篇·仌部》“泠”下注：“力顶切，寒也。又力丁切。”顶、丁，都是四等，没有收二等读法。2480页“顶”《释文》“丁泠反”，引徐邈“都泠反”。745页“挺”《文选》集注引《音诀》“徒泠反”。“泠”都取四等读法作切下字。可见南北朝至隋唐，“泠”四等读法是常见音。因此，唐陈子昂《酬晖上人秋夜山亭有赠》“静、屏、泠、整”应处理为静迥相押，不是梗静相押；是三四等相押，不是二三等相押。可能至中唐以后，“冷”才开始以二等读法为常见。717页S.2071《切韵·梗韵》“打，德冷反，又都定反。冷，鲁打反，又鲁定反。”“冷”取二等读法做切下字。“打”读二等，是北方读音，《慧琳音义》卷三“捶打”注音：“德梗反，江外音都挺反。”打，还注“都行反”，庚韵二等，宋跋本《切韵·梗韵》：“打，德冷反，又都行反。”均可为证。

“崖”字，《广韵》有“五佳切”和“鱼羁切”二读，不别义。515页“崖”《文选·左思〈蜀都赋〉》“菌桂临崖”、《江淹〈杂体诗〉》“君行在天崖”集注引《音诀》并为“协韵音宜”；《文选》五臣注，逢“崖”需要注音的场合，只注“音宜”，没有注佳韵。这说明，隋唐时期，“崖”的佳韵读音是常见音。

这样的例子还有不少。最难处理的是一个字的几个读音都是常见读音，遇到这种情况，一定要搜集材料加以分析，不能遽定一个音，去理解古人的注音。例如“解”的常见读音似乎只是见母上声，事实上这是片面的。1079页“沆”《说文系传·水部》“沆”朱翱注音“解党反”。“解”常见读音是见母，但是朱翱这里却取它的匣母一读来注音，否则“沆”的读音难以理解。

确定多音字在古代不同时期的常见读音，是正确理解古代注音的基本前提。有的研究者由于不能正确理解古注音材料，遽定常见读音去研究音变，因此得出的很多结论不太可靠。《古音》荟萃群音，极便于人们分离出历代的常见读音，从而准确地理解古人的注音。

（六）可以利用它理解古人注音习惯，不至于误读反切

注音习惯，除了包括反切结构对注音的影响，还包括音系基础是泥古还是趋新，是遵循旧音系还是更多反映当代口语等。中晚唐以后，随着审音水平的提高，人们在反切的创制上有更多的讲究，有的学者注音形成自己的一套习惯。要懂得他们的反切，需要归纳出他们的特殊注音习惯。

《古音》中，《蒙古字韵》和《中原音韵》往往紧挨在一起。比较起来，它们收音有同有异，其相异处，反映《蒙古字韵》比《中原音韵》保守一些，《中原音韵》反映北方口语的色彩很浓，但口语化色彩太浓的音《中原音韵》也不收。这从它们的

不同收音可以看出来。例如：

635页“怖”字，本滂母，《中原音韵·鱼模韵·去声》中，已经跟“布佈部簿步”等帮母字混了，帮母；《蒙古字韵·鱼部·去声》跟读去声的“铺”同音。

705页“戊”字，本候韵字，宋张淏《云谷杂记》卷四：“予按温曾祖名茂琳，戊正其讳耳。今绍兴府城隍庙有梁开平二年所刻庙记，称城隍曰墙隍，岁次曰武辰，城、戊皆以朱氏正讳而易。”五代梁太祖朱温曾祖名茂琳，“茂戊”跟“茂袤贸”等同音，故讳“茂”，将“袤贸戊”等字读成别的音。《中原音韵·鱼模韵·去声》“戊”跟“务雾鹜”同音，反映了避讳后的新读，但《蒙古字韵·尤部·去声》“戊”跟“茂贸楙袤懋”同音，保留了避讳前的对应。

“沿”字，原是合口，何时变成开口？1089页，《中原音韵》已跟“延言研焉”等字同音，而《蒙古字韵》仍然只读合口。

有时候，某一个字《蒙古字韵》和《中原音韵》跟中古都不同，它们之间也很不相同，可能是基础方言不尽相同。“芡”群母，例外变成送气声母，1817页《蒙古字韵》归上声，跟“俭”同音，保留上声，没有反映全浊上声变去声；《中原音韵》跟“欠歉”同音，去声，今天的读音就来自这个音。

有时候，不同的注音人在注音上表现出他们不同的注音倾向和特色，反映了注家对反切的理解。这里以《说文系传》朱翱反切为例：

先看开合口。朱翱的反切，被切字的开合口有时不由切下字来体现，似乎由切上字来反映。早期的韵书中已有相当多用例，但朱翱数量庞大。值得注意的是，朱翱反切中，反切上字和下字有时都不反映开合口。被切字是合口字，朱翱用开口字作切下字，但切上字合口，似乎可以凭上字决定开合。牙喉音声母“旷”合口，888页朱翱“困盎反”，“困”合口，“盎”开口，“困”跟“旷”开合同。“洫、淢”合口，1103页、1121页朱翱“况色反”，“色”开口，“况”合口。舌齿音声母“沦”合口，1126页朱翱“吕辰反”，“吕”此时变成合口，“辰”开口。“盾”合口，1421页朱翱“树忍反”，“忍”开口，“树”合口。有些被切字开口，切下字合口，但切上字是开口。“眄”开口，1419页朱翱“弭钏反”，“钏”合口，“弭”开口。“涅”开口，1110页朱翱“祢穴反”，“涅、穴”开合不同，“祢”开口。“溧”开口，1153页朱翱“力出反”，“出”合口，“力”开口。“澶”开口，1191页朱翱“示川反”，“川”合口，“示”开口。“姗”开口，1286页朱翱“史患反”，“患”合口，“史”开口。“畛”开口，1363页朱翱“支允反”，“允”合口，“支”开口。“禋”开口，1498页朱翱“伊伦反”，“伦”合口，“伊”开口。“禅”开口，1501页朱翱“时绢反”，“绢”合口，“时”开口。

朱翱的反切，有时候被切字是开口，但整个反切上下字都是合口字；或者被切字是合口，整个反切上下字都是开口字。“潒”开口，1170页朱翱“徒广反”，“徒、广”合口，跟“潒”都不同。“沧”在朱翱时是开口，1157页朱翱“初况反”，“初、况”合口，跟“沧”都不同。“竱”合口，1550页朱翱“职件反”；“甏、碝”合口，1349页、1469页朱翱“爾件反”；“洼”合口，1096页朱翱“恩崖反”。“职、件、爾、恩、崖”都是开口，都跟反切上下字不同。

推测起来，这样的反切，人们之所以能够拼出正确读音，是因为被切字相应的位置或者没有开合的对立，如“潒、沧”；或者有对立，但可通过形声字的声旁等手段知道它对立面彼此的开合，因此跟对立面的读音区隔开，如“竱”和“譱”对立，“竱”从“叀”声，合口；“譱”从“善”声，开口。这样，人们可以结合声旁的开合趋势确定字音的开合，朱翱可能是假定了人们具有一定的分别开合口的能力，借此训练人们分别开合口的能力。

朱翱在等第方面也有类似的反切行为。他的反切，有时候切下字跟被切字等第不同。其中有些切上字跟被切字同等，“圃”一等，322页朱翱“不雨反。”雨，三等。“滂”一等，1158页朱翱“坡良反”，“良”三等。但人们不会拼成三等，因为朱翱时这些字都是重唇音，重唇音当时不拼三等，只能拼一等。“王”三等，1312页朱翱“于光切”，“光”一等；2442页朱翱“于补反”，“补”一等，但“于”三等。有的甚至切上字、切下字都跟被切字不同等，这恐怕是由形声字的声旁在等第方面的犹读音趋势决定。“仓、苍”，73页、1879页朱翱都是“切阳反”；“匼”朱翱“窃阳反”。“切、窃”四等，“阳”三等，“仓、苍、匼”一等，后二字都是从“仓”声，“仓”声的字多为一等。“沟、篝”一等，1151页、1576页朱翱“梗尤反”，“梗”二等，“尤”三等字。但是“沟、篝”不可能跟“鸠”同音，“鸠”朱翱是“饥酬反”，看来“梗”提示“沟、篝”不能按照“尤”的等第拼切。“磅”一等，1525页朱翱“白良反”，“白”

二等，“良”三等，重唇音阳韵二三等无字。“蓬”一等，1880页朱翱“贫容反”，“贫、容”都是三等；“麻”二等，2651页朱翱“门车反”，“门”一等，“车”三等。看来重唇音“贫”提示“蓬”不可能是三等，“门”提示“麻”不能拼读为三等，而且重唇音东韵、麻韵字不拼三等。“泓”合口，二等，1094页朱翱“乌亭反”，“亭”开口，四等。这应是朱翱的注音跟《广韵》《集韵》不同。按《广韵》《集韵》，跟“泓”同音的“竑”朱翱“乎萌反”，这个音相当于《广韵》“乌宏切”。“謍”朱翱“玄经反”，“玄经反”跟“乌亭反”同音，朱翱虽然想将影母和喻母区别开，但偶尔相混。据王力先生《朱翱反切考》，朱翱“蔫”为焉反，“鄢”于乾反，“嫙”抑延反，“漹”殷焉反，“佚”秧七反，等等。朱翱反切，还有喻三四跟匣母相混的，“晛”易显反，“易”喻四。[①]

朱翱注音时，舌头舌上早已分化了。但他受前代反切影响，仍然注成舌头舌上相混的反切，2570页“髩”朱翱注音“直坐反”，直，澄母。[②]所以，我们不能看见某人反切，有类隔切，就以为这两类声母没有分化，古人用反切注音，常常是存古与趋新并存。就一般情况看，存古往往是注音的主流，趋新常常是不经意间偶尔流露出来的。我们根据古人注音研究音变，特别应该重视这些偶尔流露出来语音新变的材料。这时候，根据那些存古的读音占比多而忽视趋新的读音，仅仅看作是例外，是不可取的研究方法。

凡此，都说明朱翱的反切在用字方面有它的特别之处，这给我们利用反切考证当时的语音变化带来新问题，需要仔细研究。有人研究语音史，囿于一些特殊注音现象，特别是一些存古的注音下结论，其结论不免走样，应注意这种种现象。

《释文》荟萃众家音义，它对14部儒道经典及其旧注注音，写作时间比较长，大约花了四十年的时间，[③]因此同一部经典内部的注音有很多用字相同，而不同的经典的反切注音用字有时却不同。例如《尔雅音义》《庄子音义》注音用字常常就跟其他经典的注音不同，“盛”平声其他经典注音多是“音成”，但《尔雅音义》用“时征

---

① 王力《王力全集》卷19《龙虫并雕斋文集》(三)，第958—960页。
② 王力《王力全集》卷19《龙虫并雕斋文集》(三)，第951—953页。
③ 孙玉文《经典释文成书年代新考》，《字学咀华集》，北京：北京大学出版社，2020年，第180—185页。

反”;“好”去声其他经典注音多注反切，但《尔雅音义》除了反切注音，还用“音耗”。这也是必须注意的注音趋势。

由此看来，人们说反切上字跟被切字同声母，反切下字跟被切字同韵母和声调，这是就一般情况来说的。但是古人在创制反切时，还有其他方面的考虑，不完全是这样。据朱翱的反切以推，可以说明：我们利用古人的反切研究历代语音，要考虑有人在创制反切时的这些不同的注音倾向和特色，有经有权，不能一刀切。

（七）可以利用它理解反切的规律及它在证音上的作用

分析《古音》按顺序排列的注音，结合业已证明了的历代铁定出现的某种语音现象，能让我们看出一些注音反映历代口语的忠实度如何，利于人们正确使用这些注音研究历代语音。反切注音出现于东汉中期，古代一直沿用，尽管后来语音发生剧烈的变化，但是原来的一些注音规则仍然在顽强地起着作用，并没有随着语音的变化而变化。这是必须加以注意的一种现象。例如：

至晚唐代开始，平分阴阳，《中原音韵》明确将原来的平声分别纳入平声阴、平声阳。但明清人的反切，反切下字跟被切字很多时候不同阴阳平。换句话说，新起的反切没有及时反映出阴阳平的分化。第 1 页“丁”字在平分阴阳后，《中州全韵·庚亭韵·阴平声》《度曲须知·北曲正讹考·庚青》《中州音韵辑要·庚亭韵·阳平》都注“低零切”；13 页“丸”字《中州全韵·欢桓韵·阳平声》《度曲须知·同声异字考·桓欢》《中州音韵辑要·欢桓韵·阳平》都注“吴官切”；71 页“信”字有“伸”的读音，《集韵》是“升人切”，这容易理解，因为《集韵》平声没有分阴阳，但《中州音韵辑要·真文韵·阴平》是“奢人切”，阳平字“人”做阴平字“信”的切下字。这样的例子不胜枚举。

这说明，后代反切受到前代平声不分阴阳的旧反切的影响，即使当时已平分阴阳，但在制作反切时，仍然可以沿用旧习惯，不按照实际语音，在切下字中分出阴阳平声。因此，早先的反切注音反映了当时平声不分阴阳。但后来平分阴阳了，反切却常常没有反映新起的声调变化。研究汉语史上何时平分阴阳，不能仅仅根据被切字跟反切下字是否同阴平或阳平来论证它。

反切上下字的用字规则具有传承性，因此即使语音发生了变化，人们在注反切时既可以采用未变以前的语音情况来注音，也可以采用变化以后的语音情况来注音，形成混注的反切。我们不能因为采用了未变以前的读音就认为某人的注音没有反映某种音变，应该就他所采用的新读音来观察他所反映的音变，要全面掌握材料，做综合的音系研究。在唐代，舌上早已从舌头音分化出来，但唐人仍然可以采用未分化时的反切，这在上文已涉及，这里进一步举些例子加以讨论：

1. 2073 页“诛”字《玄应音义》“丁于反”，李贤《后汉书注》“协韵音（《古音》删去此 3 字，应加上）丁注反”，不能据此证明玄应和李贤时舌上归舌头。

2.《说文系传》朱翱反切，本来反映了全浊上声变去声，但他多采用全浊上声变去声以前的声调（即上声）作注音字来给其他字注音。“牝”是浊上字，朱翱给上声的“箟”注音“迷牝反”。但朱翱偶尔会受时音影响，用某字新变后的全浊上声变去声的那个去声读音给其他字注音。“朓”字去声，1753 页朱翱“丑兆反”，“兆”浊上字，读成去声了，所以可以做读去声的“朓”的切下字。“𩌏”字去声，2161 页朱翱“胡旱反”，“旱”浊上字，跟“朓”的注音情况相同。

《慧琳音义》也这样，“荷”字有平上二读，上声读法有时用上声字作切下字，卷二十七引大乘基《法华音训》“何可反，又胡歌反”，“可”上声；卷八注成“恒饿反”，卷十注成“胡歌反，又音贺”，“音何，又音贺”，卷九十八注成“和箇反”。被注音字“荷”的这些切下字都是去声，或者径直注去声直音，反映“荷”读成去声。可见《慧琳音义》中“荷”的上声注音是新旧读音共存，它的注音反映了浊上变去。

司马贞《史记索隐》有时采取注异读的方式存旧读、取新读，“诞”字上声，2073 页《史记索隐》“诞，田烂反，一音并如字”，如字，就是读上声。

古人给古书同一上下文某字注异读，是不是所有的异读都是读音不一样呢？不是的，至少《释文》是例外。《释文》注异读跟其他古书注异读不同。《释文》旨在收录各家不同的注音，有时候看似异读，实则只是字面不同，切出来的音一样。例如 1141 页“滑”《礼记 · 内则》“以滑之”《释文》：“胡八反，又于八反。”《左传 · 隐公元年》“公孙滑出奔卫”《释文》：“于八反，又乎八反。”《庄公三年》“公次于滑”《释文》：“乎八、于八二反。”《昭公九年》“王亦使宾滑执甘大夫襄以说于晋”《释文》：

"乎八反，又于八反。"这里"滑"字的几个注音读音完全相同。王力先生《〈经典释文〉反切考》说："有些字音，《经典释文》所用的反切是统一的……但是，更多的情况是反切用字不统一……甚至各家异读也只是字面不同，切出来的音并没有什么两样……当《释文》一字两读的时候，到底是读成两音呢，还是一音？就要求我们参考他处，作出判断了。"① 这个意见是正确的。

当《切韵》系韵书分韵细密，而实际语音A、B二韵合流为A韵且反映到古书注音中去时，韵书编者要收这些注音，有时候既将这个字收入A韵，也将这个字收入B韵，结果造成某字似乎有A、B二韵的"异读"，其实这个字只有A韵一读，没有B韵的读音。这种情况也可以不算异读。

由此可见，我们利用注音材料研究语音史，要区分"实际音系""保留旧读""反映新读"这几个术语，"实际音系""保留旧读""反映新读"看似矛盾，但是在一个注家那里可以同时并存。《释文》等注音采自多家，这三个方面的情况都有反映，就是鲜活的例子。我们不能因为其中有保留旧读的情况，就随便将本该分开的音位合并起来；不能因为要探求实际音系，就将反映新读的材料忽略了。

（八）可以利用排在一起的异读分离出注音时的音系现象

既往利用反切研究语音，对于排在一起的真正的异读在证音时的作用重视不够。人们多抽出单个的字音，进行反切比较，忽视排在一起的只有一项音素对立的一字异读，不仅丢失了不少重要的语音信息，而且光靠反切比较进行推理，难免在做语音分析时夹杂推测，结论有时候是不可靠的。《古音》常常将一字异读按照所引注音的原文排在一起，很方便分离出注音的音系现象。

声母方面，例如：1.尽管唐代影匣诸声母有相混的迹象，但仍可看出当时影匣二母有别。521页"㟪"字下收了《史记正义》的"乌罪反"，顺着这个线索去查，《史记·司马相如列传》"崴磈㟪瘣"正义："崴，於鬼反。磈，鱼鬼反。㟪，乌罪反。瘣，胡罪反。皆高峻貌。"反映出影匣疑不同。2. 601页"彗"字收《释文》几则排在

① 王力《王力全集》卷19《龙虫并雕斋文集》(三)，北京：中华书局，2015年，第852—853页。

一起的异读:“徐虽醉反，又囚岁反”，“穟似岁反，一音虽遂反”，“似岁反，又息遂反”，“似锐、息遂二反”，“息遂反，又囚岁反”，“囚岁反，又息遂反”，“似锐反，又音遂”。又收了《玄应音义》“囚芮、苏醉二反”；宋跋本《切韵·至韵》“虽遂反”，“又囚岁反”;《唐韵·祭韵》“详岁反”，“又音遂”，等等，都可以证明南北朝至唐代心母和邪母是不同的声母。3.1651 页“緅”字引《龙龛手镜》“字由、似由二反”，1654 页“緧”字注音相同，可见《龙龛手镜》从、邪二母有别。

韵及韵基方面，例如：1. 1553 页“笫”字引郭璞《方言注》“音滓，又音姊”，说明郭璞的正音中之脂有别；既然“笫”来自脂部，将它注成“音滓”，说明东西晋之交时有方言将有些脂韵字读成之韵字。2. 1161 页“漦”字引曹宪《博雅音》“士宜、士疑、敕之反”，可见隋代正音中支之有别。3. 1216 页“炎”字引《释文》“于廉、于凡二反”，这里当然都取开口，“廉、凡”韵母不同音，反映陆德明时，盐韵、凡韵除了开合口的分别，主要元音也不同。4. 601 页“彗”字收《晋书音义》有“似岁反，又似醉反”，声母都用“似”字;《广韵》来自《唐韵》，至韵“详岁切”，“又音岁，又囚芮切”，“芮”祭韵，可见不同在韵基上，“岁”祭韵，“醉”至韵，所以祭韵、至韵唐代有别。5.“梨”字，948 页引《玄应音义》卷二“颇梨”注音“力私反，又作黎，力奚反”，“私”是脂韵，“奚”是齐韵，可见玄应时脂韵和齐韵不混，三四等有别。6.“狧”字，1287 页引《龙龛手镜》“吐盍、他合二切”，可见《龙龛手镜》合盍二韵有别，《龙龛手镜》是袭用旧反切，当时合盍二韵已混。7.“獑”字，1300 页引《龙龛手镜》“士咸、士衔二切”，可见《龙龛手镜》咸衔有别，这也是袭用旧反切，当时咸衔二韵已混。8.“獠”字，1302 页《文选》集注引《文选音诀》“力吊、力召二反”，可见《文选音诀》萧宵有别。

南北朝至唐代有些同摄、同开合、同等的韵不混。例如：1. 1481 页“磼”字引原本《玉篇》和《玄应音义》“五合、五阖二反”，说明《玉篇》合盍有别，跟《切韵》分韵一致。2. 2211 页“轩”字引《史记·大宛列传》“北有奄蔡、黎轩”张守节正义：“(轩）巨言反，又巨连反。”其中“言”元开三，“连”仙开三，可见张守节时元仙主元音不同。这跟唐诗押韵的情况一致。3. 1897 页“蒉”字引《慧琳音义》“苦夬、枯怪反”，可见夬怪有别。

有的异读表明注音者注意到南北方音读音不同，他在南北方音之外，心中悬着一个正音，既不同于南，也不同于北；他有时站在正音的立场上观察另外的方音，这就要求该正音必各方言的音系复杂，否则无法用汉字记录方音。例如：

1825页“茆”字，《释文》“音卯，北人音柳”，这两个读音，并不是同一个读音的不同的地方形式，因此不能证明南方话的明母，北方话读来母；南方话的肴韵，北方话读尤韵。陆德明注异读，是因为他有一个正音，在正音中，南方话被折合为“音卯”，北方话被折合为“音柳”。《释文》在别的地方注“茆”：“音卯，又力首反”，只是换一个说法而已。关于“音柳”，《释文》还说“徐（邈）音柳”；关于“音卯”，郑玄注《周礼》，说“杜子春读茆为卯”，郭璞《山海经注》“音卯”，《释文》多处直接注“音卯”，可见北方话原来也可以“音卯”。

2444页“雷”字，本灰韵字，清《正音咀华》：“正音卢回切，北音拉微切”，《正音咀华》“微”是“袜衣切”，合口放到声母上了。这是说，北音“雷”读开口，跟正音开合不同。

841页“文”字，《度曲须知·方音洗冤考》：“忘、无、文、万诸字，中土呼为王、吴、浑、患，吴下音同房、扶、焚、范。”如果站在共同语的立场上，说中土呼“文”为浑、呼“万”为患，就很难看懂这句话，沈宠绥是吴江人，他站在吴语立场上说北音所产生的读法。

个别时候，排在一起的异读似乎在读音上没有分别。《释文》因为兼取各家注音，连反切用字都反映进来，所以排在一起的不一定读音不同。但其他各家排在一起的不同注音则应有所不同。之所以读音相同，要么注音字出现了讹误，要么有别的原因，需继续研究。例如“茌”字，1824页《晋书音义》“士之反，又仕疑反”，“士、仕”是床母，“之、疑”都是之韵，区别在哪里，很难说清楚，需要加以探讨。

962页“棓”字引曹宪《博雅音》注音：“步讲、步项（反）。”这两切语切出来的音是一样的。《博雅音》收异读跟《释文》不一样，《释文》要荟萃各家注音，因此有些字看似异读，实则切出来的音相同。但《博雅音》没有这个目的，一字注异读，读音是不相同的。那么“步讲、步项（反）”的异读该如何解释？张冰《〈经典释文〉〈博雅音〉音系研究与〈切韵〉的比较》（北京大学2010年博士学位论文）第119页提供了一种解释："'步讲'的'讲'应该是'谋'的讹写。"据《古音》所收，这样的疑难注音还有若干，都需要做进一步研究。

（九）可以利用它发现一些跟中古韵书、韵图不一样的声韵配合现象

我们知道，任何音系都是对称、整齐，和不对称、不整齐的对立统一，对称、整齐是相对的，不对称、不整齐是绝对的；不同时期音系的对称、整齐和不对称、不整齐的格局会有不同。早期反切反映的汉语声韵配合跟中古韵书反映出来的声韵配合有不尽相同的地方。

既往研究中古韵书，可能由于机械理解声韵配合规律，喜欢求整齐，往往将一些配合得比较特殊的现象排除在外，采取不闻不问的态度，这是不科学的。例如章组、日母除了拼三等，还拼一等。有些特殊的声韵配合，人们即使注意到了，也只是作为例外来处理，不追问为什么是例外，为什么会造成这种例外，例如对来母拼二等的处理。有时候也分析了原因，但理由不充足，原因分析不一定到位。例如韵书中精组不拼二等，有人以为反映了精组和庄组上古不分，属于"类隔"的范围，他们不管早期异读中精、庄二组明显对立的事实，也不问它们在早期注音中为什么形成异读。这是以为上古跟中古声韵配合的韵等格局一样，这种想法没有科学道理，是缺乏足够的历史眼光所致，也是受二十世纪以来片面理解"语音是一个系统"而导致的简单化地求整齐的消极影响所致。通过《古音》，我们可以看到这种声韵配合的例外远多于中古韵书。例如：

1. 照三中古韵书一般只拼三等，但少数反切不是这样，照三还可以拼别的等的字。这主要是沿用了旧反切。"犞"字，1278页S.2071、宋跋本、裴务齐《切韵·豪韵》"又昌来、充牢二反"，《广韵》《集韵》的《咍韵》都有"昌来切"。"硳"字，1465页《汉书》"硳石"颜师古注引齐恭音"赤坐反"，《史记》"硳石"索隐引晋灼音"赤座反"。"紞"字，1645页原本《玉篇》"充甘反"，《说文·糸部》大徐本注音"充三切"，《广韵·敢韵》"《说文》充三切"，《集韵·覃韵》"充含切"，《谈韵》"充甘切"。"茝"字，1840页郭璞《山海经注》"昌代反"，《史记索隐》引《字林》"昌亥反"，《释文》"昌改反""昌在反""昌败反"，还有相当多的注音材料都拿一等字作切下字。

这是章组拼一等的实实在在的证据。合理的推断只能是：早期照三偶尔也拼一等，后来因为章组拼一等字少，常用字更少，于是这些拼章组的一等字变到三等。这也说明章组字上古不能归到端组。

2. 日母中古韵书一般只拼三等，但是早期韵书表明，它不一定只拼三等。可以拼二等："穛"字，1529页《玉篇·禾部》"日角反"，"角"二等字。也可以拼一等："耏"字，1723页《史记索隐》注《集解》"《汉书·年表》云'芒侯耏跖'"："耏跖，音而隻二音，耏又音人才反。"《集韵·咍韵》"汝来切"，"才、来"都是一等。"耳"字，1727页《集韵·魂韵》"儒昆切"，"昆"一等。"茸"三等，1829页颜师古《汉书注》给"茏茸"的"茸"注音"而孔反"，"孔"一等。"茏茸"叠韵，韵母和声调相同，它们都是一等字，因此这个"茸"铁定是一等字。1830页"荋"《集韵·咍韵》"汝来切"。2688页"䶲"《玉篇·龟部》注音："而三切。"还可以拼四等："腝"字，1766—1767页《释文》及所引《字林》"人兮反"，《集韵·齐韵》"人移切"，《说文·肉部》大徐本移到三等，注音"人移切"。"臡"字，1783页《释文》引徐邈"耳齐反"，《字林》"人兮反"，《释文》"人齐反""人兮反""如黎反"，S.2071、宋跋本《切韵·齐韵》"人兮反"，等等，切下字都是四等。这些也都是日母上古不能归并到泥母的一种证据。

这类的例子相当多，很难真正加以否定。因此，片面理解"语音是一个系统"想法已经不能适应研究工作的进展了，必须放弃这种简单地追求音系搭配对称、整齐的做法，尊重事实，承认音系中有溢出一般搭配格局的超常搭配。

（十）可以利用它研究语音系统及音变源流

《古音》在这方面的作用特别明显，只要善于利用它，就能使研究工作减少一些不必要的误差。例如唐代古体诗，删山是一类，元先仙是一类，两类似乎有交涉的押韵。交涉的例子中主要是"山"字。"山"《广韵》所间切，二等；《集韵》还读所旃切，三等字。二读不别义，《广韵》收的是中古常见读音，没有收三等读法。据505页至506页，西晋至南北朝韵文中，《文选·左思〈蜀都赋〉》"夹江傍山"、《左思〈吴都赋〉》"首冠灵山"、《刘琨〈扶风歌〉》"暮宿丹水山"、《鲍照〈学刘公干体〉》"千里度龙山”集注引《音诀》并为“协韵所连反”。《蜀都赋》“山、连、园”相押，《吴都赋》“然、山、天、渊、原”相押，《扶风歌》“山、渊、轩、泉”相押，《学刘公干体》“山、前、天、妍”相押，都是三四等。这说明，一直到隋唐，山韵都跟先仙韵韵母主元音相差甚远，基本不能押韵，所以唐朝人注叶音。有人将唐代这些“山”字处理为山韵跟先仙相押，处理为山先仙相押不合适，应取“山”的仙韵读法，处理为先仙相押。

《古音》由于收音多，很便于我们审视人们所确定的读音例外是否属于真正的例外。“腐”原是全浊声母，今天的共同语中，它没有变成去声，而是读上声。有人以为这是全浊上声变去声时的例外。看来没有那么简单，它在浊上变去之前，声母例外变成了敷母，今天“腐”读上声不直接源于奉母，而是来自非敷母。1760页至1761页，“腐”字至晚唐就有非母、敷母读音，应该是声母方面先发生例外，不是全浊上声变去声时发生的例外。《文选·嵇康〈与山巨源绝交书〉》“自以嗜臭腐”、《王褒〈四子讲德论〉》“恻隐身死之腐人”集注引《音诀》并为“芳宇反”；唐代非敷相混，所以又注非母，S.6204《字宝·上声字》“腐烂”、S.619《白家碎金》“腐烂”注并为“方武切”，后来“腐”读上声应是这个音变来的，合乎音变通例，例外发生在全浊声母清音化之前。

有些时候，我们可以借助《古音》帮助确定读音例外产生的大致时代。“不”原是阴声韵，何时开始变成入声？6页P.2012《切韵法·辩声韵相似归处不同·不》“分勿反”，可见“不”字至晚晚唐五代已开始变成入声，跟“不”字今天的常见读音还不是一脉相承的关系。从理论上说，在轻重唇分化的时候，“不”一直没有变成轻唇音，例外在那个时期就已经开始了，因为它没有变成轻唇音，于是变成了一等字。至于这种舒声促化现象，可能南北朝晚期已出现，1613页“紑”《诗·周颂·丝衣》“丝衣其紑”《释文》“匹尤反，又音培，又‘弗’音”。《集韵》分物切：“紑，鲜洁皃。”这也说明“不”后来读入声不是受“弗”字影响，只是其内部的一种促化现象，“紑”也有相同的演变，它不可能受“弗”字影响。

我们还可以借助《古音》确定不合系统的读音最晚是何时产生某种音变的。唐代不同入声的韵尾已开始相混。“葉”本p尾，1865页P.2833《文选音》“失藥反”，

"藥"k尾。入声至晚在宋代已经开始失去k尾。"肉"入声，1737页《集韵·遇韵》"儒遇切"，"肌肉也"，既然字义是"肌肉也"，那么这个"肉"不是取它的滋生词的字义，"遇"去声，这个读音不是来自破读音的那个去声，而是入声脱落塞音尾现象。

有时候，古今读音的不同，不是由音变引起的，而是后代有误读。1139页"汤"字下，叠音词"汤汤"原来读书母阳韵。但是《史记·五帝本纪》"汤汤洪水滔天"正义："汤，音商。今读如字。"读如字，也就是按照"汤"字的通常读音去读。

有少数韵的三等字逢庄组字很早就丢失i介音，变成二等字，南北朝时已经开始这种演变了。例如：

"生"字，原来是三等字，1355页《释文》平声没有注反切，但是去声既注三等（"刘（昌宗）色敬反"），也注二等，《论语·微子》"周有八士"注"周时四乳生八子"《释文》："生，所幸反，又如字。"其中"所幸反"应是《释文》采用了当时人注的破读音。"生"是去声字，之所以用"幸"作切下字，应反映了陆德明注音时，全浊上声字开始变成全浊去声。"幸"还是二等字，反映了"生"此时已经开始丢失i介音。早期《切韵》系韵书，"生"平声只收三等读法（"所京反"），去声有的收三等读法（《唐韵·敬韵》"所敬反"），有的收二等读法（宋跋本《切韵·敬韵》"生更反"，邵荣芬《切韵研究》以为反切上下字都是错字[①]，根据不足，用"生"作切上字，是取平声的"生"）。到后来，有些字书"生"的平声以读二等为常或只取二等读音了，例如《龙龛手镜》、《说文》大徐本"所庚反"，《说文系传》"色庚反"。《广韵》"生"的去声保留了三等，但是平声则只收二等读法。

"省"字，《释文》一般是所景反，《广韵》是所景切，它的异读有息井切，三等；《集韵》收了息浅切，也是三等。后来变成二等，这种变化最晚东晋已经开始。1419页《礼记·月令》"省囹圄"、《左传·昭公元年》"大国省穑""有省犹可"《释文》引徐邈，《史记·吴王濞列传》"由父省也"南朝宋裴骃《集解》并音"所幸反"，《礼记·乡饮酒义》"省矣"《释文》引徐邈注音："疏幸反。"P.3383《毛诗音》注音"生耿

① 邵荣芬《切韵研究》，北京：中国社会科学出版社，1982年，第83—86页。

（反）”，其中“幸、耿”都是二等字。

“眚”字，原来是三等，1425页“眚”下，《释文》有注音为三等的（“生领反、所景反、所领反、生景反、色景反”），也有注为二等的（“徐所幸反、色耿反”）。二等读法当是东晋以后出现的新变。这种演变，可能既跟庄组字音值发生变化后，拼庚等韵时与i介音不相容有关，也跟音节结构的调整有关。

（十一）可以利用它全面了解一个字字音的复杂变化

由于占有的材料有一定局限性，因此人们对某些音变现象的认识不一定很全面，有些音变的途径难以发掘出来。《古音》收集的材料在相当程度上能弥补这一缺憾，便于全面了解一个字字音的复杂变化，避免片面。例如：

1. 第一人称代词“俺”本是“我们”的合音，今天读零声母，符合中古部分疑母字变零声母的规律。但是也有一些疑母字变成n。“俺”在历史上也有这种变化。76页至77页“俺”字，它除了用零声母的字作切上字，还有古书用读n声母的字作切上字，《韵学集成·覃韵》：“俺，中原雅音女敢切，次商次浊音，我也”，《韵略汇通·山寒韵·暖纽·上声》说：“俺，音赧，我也。俗音揞。”可见“俺”在一些北方方言里面还有读n声母的。邵永海教授见告：他的家乡话山东德州就有管“俺”读n声母的。

2. 633页“怒”字除读暮韵，在方言中还有其他读法，《中州全韵·歌罗韵·阳去声》读囊剁切：“恼也。”这说明，明清时期，中原地区有的方言将模韵字读同歌戈韵。

一些字的读音例外产生的时间、原因等根据《古音》的材料可以更容易发现。例如：

1.“泯”字的读音受到避讳的影响，以前关注得不够。1093页《释文》“音民”，《玄应音义》“弥宾反”，《文选》五臣注和《晋书音义》“彌隣反”“平声”，S.2071、宋跋本、裴务齐《切韵》“弥鄰反”，P.3383“（音）民，名宾（反）”。这是真韵字，跟“民”同音，《文选·陆机〈挽歌诗〉》“妍姿永夷泯”集注引《音诀》：“泯，避讳亡巾反，又泯之去声。”看来注“亡巾反”是避唐太宗李世民的讳所致，“巾”也是真韵字。据《音诀》注音，这应该反映了唐代真韵重纽三四等有对立，“亡巾反”重纽三等，跟“民”字重纽四等读法不同。

2.“纪”本来读上声，今天除了姓纪的“纪”还有人读上声，其他各义都读去声。这种读音例外产生于何时？查1611页，“纪”直到明清的韵书还是读上声，由此可以推定，“纪”读去声是很晚的事，最晚明代还是读上声。

3.“溪”原来读溪母，何时产生例外，读成x声母？查1157页，“溪”在《合并字学集韵》中已经有“兴梯切”的读音。

4.“畿”原来读群母，何时读音例外，变成见母？查1371页，S.2053《礼记音》注音“姜厘反”，“姜”见母。

5.“豆蔻”的“蔻”本来读晓母，何时读成“寇”的音？查1892页，《中原音韵·尤侯部·去声》已经跟“扣寇”同音。

利用《古音》所收读音研究一个字字音的复杂变化，必须放在语音的共时系统中加以考察，不能看见一个材料跟后代某种音变现象似乎能凑上，就武断地跟这种音变勾连起来。唐代，重唇变轻唇后不久，轻唇音开始合流。有人想利用异读将这种变化的时间往前挪。但异读复杂，相当多的异读不是新旧读音形成的异读。在轻重唇还没有分化时，帮滂之间也可以形成异读，这两个异读在轻重唇分化时，可能就是非敷二母的对立。所以，非敷二母的异读不能推导出非敷合流。“弣”《广韵》芳武切，敷母。还有一读是非母，《广韵》《集韵》都没有收录。据592页，《经典释文》引刘昌宗“方辅反”，徐邈“音甫”，《文选·王褒〈四子讲德论〉》集注引《文选音诀》“方宇反”。可见“弣”有非敷异读，它们不是非敷相混的证据。这些材料都是隋代以前的，当时轻唇还没有从重唇分化出来。《经典释文》还给“弣”注异读说：“芳甫反，或方武反。”可见两读对立。有的读音对立是新旧读音的对立，例如“洏”字，1099页《合并字学集韵·慈韵·影（洪）母》收入“敖慈切”，是新读音，零声母；《稔（洪）母》收录“然直切”，保留旧读，日母。所以异读是否反映新旧读音的对立，应该放到系统中进行考察，进行可信的推断，不能想当然。

我们研究不同时期的语音对应关系，不能简单化地处理问题。既往研究上古音跟中古音的对应，掌握的材料有限，凭有限的字下结论说：上古某部只变到中古某某韵、某某韵，并由此上推古音，这种古音归部的办法是有很大的漏洞的。例如上古支部字一般不变到中古鱼韵。但个别字音可能会这样变。2325页“釃”下《诗·小雅·伐木》“釃酒有藇”《释文》：“釃，徐所宜反，又所佘反，葛洪所寄反。”宋跋本《切韵·鱼韵》“釃”读“色鱼反”：“下酒。又所宜反。亦作丽。”《广韵》“所葅切”，《集韵》“山於切”。

上古之前及以后，汉字反映的一些特殊的通转现象很不容易解释。有些通转现象可以找到类似的反映通转的材料加以证实，它们尽管特殊，但是有相同通转现象的其他材料支持，这能帮助我们做某些推断。例如早期古文字中，“萬”本是为“蠆”造的字，后来假借为千万的“萬”。蠆，上古透母；萬，上古明母，相隔很远。但2546页“騞”的异读反映出类似的通转现象。《庄子·养生主》“奏刀騞然”《释文》：“騞，徐许擘反，向他亦反，又音麦。”可见“萬”的这种通转现象并非不可理解。

（十二）可以利用它发现历代方言的字音情况

汉语古籍材料表明，时代越往后，古人注方音的资料越多。《古音》收录了一些反映方音的资料，对了解历代方音有帮助。例如：

一些日母字在后代方言中有变为疑母及其他声母的，跟今天普通话不一致。861页“日”字下，《中州切音谱赘论》：“（吴人土音）呼日如疑，如日作逆。”《古今中外音韵通例·方音十三条》：“（闽音）日为立。”又有：“（崇明）日字必读为实，或读为匿。”1737页“肉”字下引《中州切音谱赘论》：“（吴人土音）呼日如疑，如肉作玉。”

8页“丢”字下，《字学元元·方语呼音之谬》：“江右音或以朝为刁，以昼为丢去声，盖误知于端也。”344页“坚”字下《度曲须知·鼻音抉隐续篇》：“吴兴土俗以坚读娟。”《顾误录·南北方音论》：“南于馒蛮、剜弯、官关、毡詀、潘攀、般班、坚艰、贤闲、延颜等字分之甚清，北或合二为一。”509页“冈”字下《字学元元·方语呼声之谬》：“徽东读冈如干，盖谬阳韵于寒韵也。”可见至晚明代，徽东方言“冈”的后鼻音尾巴已经变成前鼻音尾巴了。620页“微”字下《度曲须知·方音洗冤考》：

"北人微字必读围。"《中州切音谱赘论》:"(北人)呼微如喻,如微作为。(吴人土音)呼微如明,如微作迷。"《中外古今音韵通例·方音十三条》:"(闽音)微为縻。"反映了明清时北方话微母读成零声母,吴地土音保留明母,但非土音则受到官话影响,丢失 m 声母;闽地则完整保留了明母读法。721 页"承"字下杜预给《左传·哀公四年》"诸大夫恐其又迁也,承"所作的注:"承,音惩,盖楚言。"惩,上古定母蒸部;承,禅母蒸部。这样的资料在《古音》中收录了不少。

"疼"本冬韵字,1379 页《玄应音义》卷 14"疼痛"下注音"下里间音腾"。可见,即使是方言,读音也有雅俗之别,俗读大概相当于今人所说"白读"。有些止摄字,有的方言跟遇摄同音。"翅"字,寘韵,1709 页 P.2578《开蒙要训》"(音)鼠","鼠"语韵字。"髓"字,纸韵,2562 页 p.2578《开蒙要训》"(音)需"。"经"字,阳声韵,1634 页《老学庵笔记》卷 6"秦人谓经为稽"。稽,阴声韵。这种音类的变化,宋代已经不是个别现象,而是聚族而居,陆游的上下文是:"四方之音有讹者,则一韵尽讹。如闽人讹高字,则谓高为歌,谓劳为罗;秦人讹青字,则谓青为萋,谓经为稽;蜀人讹登字,则一韵皆合口;吴人讹点字,则一韵皆开口。""季"字,本合口字,458 页《中原音韵》已读开口,跟"计记"等字同音,《洪武正韵》《韵略易通》《中州全韵》《合并字学集韵》等反映北音的韵书同之。但《蒙古字韵》仍跟"桂"同音。《韵学·四声分韵》:"瓯闽之间以季为桂。"美中不足的是,《古音》没有说"韵学"是哪本书的简称。

"堡"今天普通话有 bǎo、bǔ、pù 三个读音。读 bǎo 指碉堡;读 bǔ 指堡子,多用于地名,如"吴堡(在陕西)、柴沟堡(在河北)"等;读 pù 也多用于地名,如"五里铺、十里铺"等,有的将"铺"写作"堡"。看来,读 pù 可能是"铺"的训读。bǎo、bǔ 二读是什么关系?读 bǔ 应该是 bǎo 的方言读法吸收进普通话所致。352 页引钱大昕《十驾斋养新录》卷五《声相近而讹》:"李匡文(原作'文',也作'乂')《资暇集》,今人谓帽为慕,保为补,褒(原作'褎',当作'褒')为逋,暴为步,此由豪韵转入模韵也。"

"檜"字,去声,1531 页裴务齐《切韵·泰韵》"秦音苦活反",读入声。秦音肯定有去声,"檜"读入声,也许反映了秦音保留了它读入声的异读,也许是很多方言中的舒声促化现象。这种现象不能作为陆法言《切韵序》“秦陇则去声为入”的证据，因为由“稽”读入声，不能必然证明反映了秦陇一带“去声为入”的现象，正因为是这是个别字的读音，所以就记录下来；如果所有的去声字都读入声，则不可胜记。“枇”《广韵》《集韵》均未见入声读法，可能是因为太俗，所以不收。但王楙《野客丛书》卷十九《司字作去声》：“白诗多犯鄙俗语，又如枇杷之枇、蒲萄之蒲，亦协入声……其诗句有曰‘况对东溪野枇杷’……是协入声者也……仆又考之，不特白诗为然，唐人之诗多有如是者，如张祜曰‘生摘枇杷酸’……是皆随其律而用之。”《康熙字典》也有反映。914页“枇”字，《玄应音义》卷十二“枇那”音“扶迷、蒲蔑二反”，《慧琳音义》卷四十七“枇尼”注音“频蜜反”，卷八十“栉枇”注音“频毕反”，“蜜、毕”都是重纽四等字。因此，“枇”在唐代佛教的一些词的用字中是拿“枇”去翻译，大概是因为有方言“枇”读入声，枇杷的“枇”就读入声，于是拿它去翻译佛教的用词。

在唐五代，西北地区有些方言止遇摄的字相混，实际上是遇摄字读成止摄字。1380页“痍”字下引P.2578《开蒙要训》“疮痍痈疖”注：“痍，(音)馀。”痍，脂韵；馀，鱼韵。1709页“翅”字下引P.2578《开蒙要训》“翅翮翱翔”注：“翅，(音)鼠。”翅，寘韵；鼠，语韵。但“翅”去声，“鼠”上声。1940页“蚩”字下引S.2821《大般涅槃经音》“蚩”注：“蚩，(音)初。”蚩，昌母之韵；初，初母鱼韵。2358页“锯”字下引P.2578《开蒙要训》“镰钐钩锯”注：“锯，(音)己。”锯，见母御韵；己，见母止韵。2490页“颐”字下引P.2578《开蒙要训》“头额颊颐”注：“颐，(音)餘。”颐，之韵；餘，鱼韵。2547页“骓”字下引P.2578《开蒙要训》“騟骝骓駮”注：“骓，(音)朱。”骓，脂韵；朱，虞韵。2562页“髓”字下引P.2578《开蒙要训》“髓脑筋骨”注：“髓，(音)须。”髓，纸韵；朱，虞韵。值得注意的是，有些去声字用上声字注音，有些上声字用平声字注音，可能反映当时敦煌一带部分平上声字相混，部分上去声相混，声调的简化在晚唐五代已经开始，今天甘肃有的方言只有两个单字调，与此可能是一脉相承的关系。有人据敦煌一带的注音材料说，当时当地声调很混乱。这是不合语音演变规律的说法，敦煌一带不同声调的字，跟北方共同语的对应关系复杂，但应当是有规律可循的，绝不可能是杂乱无章的。

朱翱的注音，不但有一些匣母三四等字注喻三，而且注成喻四，这应该也反映了方音：751页“挟”字引《说文系传·手部》朱翱注音：“羊帖反。”949页“椵”字引《说文系传·木部》朱翱注音：“与辟反。”1086页“泂”字引《说文系传·水部》朱翱注音：“余请反。”1091页“泫”字引《说文系传·水部》朱翱注音：“豫显反。”与、余、豫，喻四。1158页“滈”字朱翱注音：“矣抱反。”矣，喻三。1403页“皛”字引《说文系传·白部》朱翱注音：“易杳反。”易，喻四。朱翱反切中，喻三喻四是混的，可见中古有一批匣母字在朱翱所采方音中变成了喻母（包括喻三喻四），比共同语匣母三等变喻三范围要广；或者喻四也变入匣母，具有吴语的一些特征。因此，“页”《说文系传》朱翱注音“羊截反”，这个反切不是今天一页书两页书的“页”那个读音的源头，“颉”也注了“羊截反”。

共同语中，某些字音发生了特殊变化，但是方音中仍然保留了原来的读音特色。例如“季”字本合口字，在北方话中，至晚元朝就已经变成开口，跟“计记”等字同音。458页“季”字下引《蒙古字韵·支部·去声》还保留合口，跟“桂”同音。但据所引《韵学·四声分韵》，福建有方言保留了合口：“瓯闽之间以季为贵。”据《汉语方音字汇》（第二版重排本）89页，今广州、阳江、厦门、潮州都保留了合口，建瓯读ky（去声）。

有些读音的特殊变化，可能先发生在方言中，再传播到共同语。例如“翅、翨”字，有的方言读送气声母，至晚五代已如此，1709页、1715页《说文系传》均为“叱智反”。“叱”昌母。今天翅膀的“翅”读送气音，《说文系传》反映了其早期来源。

有些新起的语音变化在古人的注音中有所反映。例如止蟹二摄相混至晚在唐颜师古时期已开始了。“貤”本喻四、寘韵。但2138页“貤”子下引《匡谬正俗·貤》：“貤，俗音舛讹，故转为曳，亦犹轻易之易。鄙俗或为曳音。”貤、易同音，但是“曳”喻四、祭韵，这是“鄙俗”止蟹二摄开始混同的铁证。有人仅据诗文用韵研究止蟹二摄相混的时间，有一定说服力，但证据还是单薄了一些；有了注音材料，无疑会大大增强结论的可靠性。

有些误读现象是从方言开始的。例如“汜”字，1068页《汉书·高帝纪上》“渡兵汜水”引颜师古注：“汜，此水旧读音凡，今彼乡人呼之音祀。”可见，地名的误读有时候不是从外地人开始的，而是从当地人开始的。“祠”字1493页引《颜氏家训·书证》：“或问曰：‘《东宫旧事》何以呼鸱尾为祠尾？’答曰：‘张敞者，吴人，不甚稽古，随宜记注，逐乡俗讹谬，造作书字耳。吴人呼祠祀为鸱祀，故以祠代鸱字。’”应该这样理解：“祠祀”和“鸱祀”是两个不同的方言用词，“祠祀”指立祠堂祭神或祭祖，《史记·孝文本纪》：“（今崩）毋禁取妇、嫁女、祠祀、饮酒食肉者。”这个用法吴地人用“鸱祀”一词。于是吴地的张敞在“祠”和“鸱”之间建立联系，将“祠尾”写作“鸱尾”。因此，这样的例子不能作为吴地将“祠”读成“鸱”的证据。

研究音系的性质，必须重视方音。有些方音的特殊读音变化，古人有所记录。例如2490页“颐”字引《集韵》音“曳来切”：“颔也。关中语。”这个读音《慧琳音义》注音为“音夷、音怡、以伊反”，因此有人说《慧琳音义》的整个音系反映的是唐代关中音系，这是颇可怀疑的，可能《慧琳音义》采用当时关中一带的音多一些而已，无法推出《慧琳音义》完全反映关中音系。2052页“解”字，原来读见母蟹韵、匣母蟹韵，但据《慧琳音义》记录，当时有人读同“贾、下、夏”字音，也就是读同马、祃韵。卷1“无缚无解”注音：“解，皆买反，今俗用音为贾者，非也。”卷10“解曰”注音：“解，皆駭反，呼为假者，非也。”卷15“为解”注音：“解，皆骇反，音为贾者，非也。”卷15“节节解”注音：“解，革买反，音贾者，非也。”卷10“信解”注音：“解，谐戒反，音夏者，非也。”卷13“易解”注音：“解，行卖反，有音下者，非也。”卷51“不解”注音：“解，鞋界反，音夏者，非也。”可见《慧琳音义》以为“解”音“贾（假）、音下（夏）”，是不符合其审音标准的。但不同的注家有不同的取舍，P.2172《大般涅槃经音》注音：“解，（音）假。”这是采用慧琳所不取的音为正音。所以，探讨古代音系的性质是很复杂的研究工作。

有些字古人注了方言异读，但是注方言“异读”的，不一定是同一个字音在不同方言的语音对应形式，而是不同的词，其中一些可以是同源词。即使算作同词异读，也没有关系，它们都是个别字的方言读法，是个别字的特殊读音变化，不是系统对应关系带来的异读。因此，研究语音史时，遇到这种材料，要具体问题具体分析，不能随意扩大这种材料在音系研究中的作用。例如：

1. 1146页“湔”字，《玄应音义》卷16“污湔”注：“湔，子见反，山东音也。江南曰濽，音子旦反。又音子千反。”这里应该理解为表示“湔洗”的概念，“山东”一带用“湔”这个词，读子见反；“江南”一带用“濽”这个词，读子旦反。不能理解为一个词在不同方言的不同读法，并由此证明“山东”音的先韵字，在“江南”音中对应的是寒韵，“湔、濽”应是方言同源词。

2. 1286页“狖”字，《玄应音义》卷6“狖狸”注：“狖，古文蜼，《字林》余绣反，江东名也。又音余秀反，建平名也。”《慧琳音义》卷27引大乘基《法华音训》“狖”注：“狖，《字林》余绣反，江东名也。又余秀反，建平名也。”这里的“秀”应该是“季”之讹，因为“余秀、余绣”同音。《玄应音义》卷6“狖狸”注：“狖，古文蜼，又音馀季反，建平名也。《字林》余绣反，江东名也。”这一例不能用来证明江东话尤韵，建平话读脂韵。

3. 2682页“齩”字，《玄应音义》卷1“狗齩”注音：“齩……五狡反，中国音也。又下狡反，江南音也。”(《慧琳音义》卷42引《玄应音义》‘狗齩’条，将‘江南’写作‘淮南’。) 卷25“齹足”注音：“齹，又作齩，同，五狡反，齹啮也，关中行此音。又下狡反，江南行此音。”这一例不能证明“中国、关中”没有匣母，“江南”没有疑母；“中国、关中”的疑母“江南”读成匣母。

4. 2347页“铫”字，《玄应音义》卷14“须铫”：“余招反，山东行此音。又徒吊反，江南行此音。”这里不能证明“山东”的馀母，江南读定；“山东”读三等，江南读四等；“山东”读平声，江南读去声。同理，2466页“鞘”引《玄应音义》卷9“江南音啸，中国音笑”，卷17“江南音啸，关中音笑也”，这不能证明江南地区的萧韵字，关中一带读宵韵。更不能推论江南一带宵韵混入萧韵和关中一带宵韵混入萧韵。因为存在着两种可能：一是个别字的演变，二是系统性的变化。既然不能排除前一种可能性，因此也就不能证明只存在后一种可能性了。

5. 2561页“髀”字，《慧琳音义》卷26引云公《大般涅槃经音义》“以柱髀”注音：“髀，蒲米反，北人用此音。又必尔反，江南行此音。”这不能证明北方保留並母，南方並母变成帮母，也不能证明北方的齐韵，江南读成脂韵。

这类材料中反映出来的复杂情况，是我们在研究语音史时必须要加以注意的，以免误判。其中有一些算不上语音问题，而是方言同源词的问题，甚至是表示同一个概念不同方言之间的同义词（即代语），不能全部看作是同一字在不同方言间的语音上的系统而严整的对应关系，必须一一加以研究。

（十三）可以利用它了解古人在具体字音变分析中导出的一些具体理论

《古音》收录了古人一些研究古音的资料，古人在分析这些具体材料时，顺势谈到若干理论问题，反映了古人的一些理论认识，这对于了解汉语语音史、汉语音韵学史有帮助。

古人有时研究了具体字音变发生的时代。例如中古尤韵有些字《诗经》时代归之部，后来变到幽部。段玉裁注意到其演变的时间是汉代。8页“丘”字下段玉裁给《说文》“丘”所作的注：“古音在一部，读如欺，汉时读入今之尤韵。故《礼记》嫌名注曰：‘宇与禹、丘与区’之类，汉时区亦去鸠切也。”

唐代人已经注意到避讳改音，形成某些字的读音例外。1093页“泯”字下，《文选·陆机〈挽歌诗〉》“妍姿永夷泯”集注引《音决》：“泯，避讳亡巾反，又泯之去声。”据此，“泯”读平声，原来应该读弥邻切，跟李世民的“民”同音，但是为了避讳，改成亡巾切，跟“珉”同音。这点出了避讳改音。

反切的产生，前人有认为来自分音词的。例如494页“就”字下引《宋景文笔记》卷上：“孙炎作反切，语本出于俚俗常言，尚数百种。故谓就为鲫溜，凡人不慧者，即曰不鲫溜，谓团曰突栾，谓精曰鲫令，谓孔曰窟笼，不可胜举。而唐卢仝诗云：‘不鲫溜钝汉。’国朝林逋诗云：‘团栾空绕百千回。’是不晓俚人反语。逋虽变突为团，亦其谬也。”尽管宋祁所举例子不太妥帖，像“就”分音为鲫溜，“团”分音为“突栾”，“精”分音为“鲫令”，“孔”分音为“窟笼”，都是唐宋时期新产生的分音词，而反切形成于东汉，但反映了宋祁认识到反切的拼音原理受早期分音词的影响，这有其根据，因为分音词在先秦已经出现，“不律”就是“笔”的分音词。

前人的注音留下一些疑难问题，值得我们进一步研究。例如1925页“蕒”，《方言》卷三："蘴，芜菁也。"郭璞注："旧音蜂，今江东音嵩，字作菘也。"据郭璞注，"蘴"有"嵩"音，这没有问题。《广雅·释草》："蘴，芜菁也。"曹宪《博雅音》："蘴，(音)豐，又(音)嵩。""蘴"的"嵩"音是语音的演变还是一种训读音?《说文·艸部》："葑，须从也。"段玉裁注："《邶风》'采葑采菲'，毛传曰：葑，须也。《释草》曰：须，葑蓯。《说文》曰：葑，须从也。三家互异而皆不误。葑、须为双声，葑、从为叠韵。单呼之为葑。累呼之为之葑从。单呼之为须，累呼之为须从，语言之不同也，或许所据《尔雅》与今本异矣。《坊记》注云：葑，蔓菁也，陈宋之间谓之葑。《方言》云：蘴、蕘，芜菁也。陈楚之郊谓之蘴。郭注：蘴，旧音蜂，今江东音嵩，字作菘也。玉裁按：蘴、菘皆即葑字，音读稍异耳，须从正切菘字。"据此，段玉裁可能以为"蘴"跟"嵩"音之间有语音变转关系。但段说可疑：前人有时候混淆概念和语词，这在古人的相关叙述中可以见到。"蘴"和"菘"为什么不是表示同一概念的没有语音变转关系的不同的方言用词呢?如果"菘"和"蘴"之间有语音变转关系，那么为什么不找到其他一些平行的实例呢?因此，此例绝非"蘴、菘"语音变转的可靠例证，但前人注音材料留下了问题。

2115页"譣"字《玄应音义》卷2"寱言"注："譣，案诸字书，字与谄同，佞言也。今多以是盐、以占二反，此或俗语假借耳，未详何证。"卷19"譣语"注："譣，是盐反，又音盐，世俗间语耳。"这种不同读法的成因，值得研究。

前人注意到一些具体字的异读反映了方音之间的互相影响，并对影响的过程、原因以及反映出来的文化心理做了较为细致的阐述。2421页"隄"字下颜师古《匡谬正俗·隄》对"隄"字的讨论就是一个典型的例子："又隄防之隄字并音丁奚反。江南末俗往往读为大奚反，以为风流，耻作低音，不知何所凭据，转相放习。此弊渐行于关中。其提封本取提挈之义，例作低音，而呼堤防之字即为蹄音，两失其义。"

根据以上的证据，我们可以看到，《古音》在汉语语音史研究中具有重要价值，是研究汉语语音史的学者必须参考的工具书。

三、《古音汇纂》可进一步完善之处

《古音》作为一部皇皇巨著，难免有若干偶疏。今就浏览所及，就发现的偶疏，归纳为四个方面的问题，希望再版时加以改进：

（一）有些注音，按照《古音》要求，应收录而有遗漏。《古音》收王弼《周易注》注音，但遗漏了不少。《十三经注疏》本《大过》“大过”下脱去王弼注“音相过之过”，孔颖达《周易正义》有“注‘音相过之过’”诸字，表明王弼注有这个注音，然后解释王弼注音的含义；《遯》下“象曰：君子好遯，小人否也”王弼注：“音臧否之否。”《井》下“象曰：巽乎水而上水，井”王弼注：“音举上之上。”《丰》下“象曰：丰，大也”王弼注：“音阐大之大也。”这些注音《古音》都没有收录。

《古音》收三国吴韦昭的《国语解》注音，收了“怼、瘅”，但遗漏不少，例如《周语上》“顺时覛土”韦昭注“音脉”，“王乃淳”韦昭注“之纯反”，“王耕一墢”韦昭注“钵、伐二音”，“省功”韦昭注“息井反”，“镇”韦昭注“镇，为阴所镇笮也。笮，庄百反”，“聆隧”韦昭注“音禽”，“大夫、士日恪位著以儆其官”韦昭注“音宁”，“艾人必丰”韦昭注“音刈”，《周语下》“厚味实腊毒”韦昭注“腊，亟也，读若广”，《鲁语下》“夫苦匏不材于人”韦昭注“材，读若裁也”，“木石之怪曰夔、魍魉”韦昭注“或云：夔，一足，越人谓之山缫，音骚”，《晋语二》“暇豫之吾吾”韦昭注“吾，读如鱼”等，都没有收录，其中“读若广”的“广”应是讹字。

下面这些字音也都在《古音》收录范围之内，也失收了。《左传·昭公十九年》“及老，托于纪鄣，纺焉以度而去之”孔颖达正义：“去即藏也。字书去作弆，羌莒反，谓掌物也。今关西仍呼为弆。东人轻言为去，音莒。”这则注音216页至218页没有收录。《史记·司马相如列传》“弯繁弱”张守节正义给“弯”字的注音“乌繁反”，600页没有收录。《史记·司马相如列传》“崴磈嵔瘣”正义：“崴，於鬼反。磈，鱼鬼反。嵔，乌罪反。瘣，胡罪反。皆高峻貌。”1471页“磈”字没有收此音。“檝”字作地名用字，1000页《史记正义》有“庄洽反”一读，但《史记索隐》也注了“庄洽反”,《古音》却失收,《广韵》《集韵》都没有收录“檝”的此音。2112页“譟”字下引宋跋本《切韵·号韵》注音“七到反”:“持。又七刀反。”查宋跋本,这是给“操”字的注音、释义,“譟”的注音是“苏到反”,释义是“群呼”,807页“操”之下反而没有收宋跋本《切韵·号韵》的注音、释义。个别地方不应该注中古音却注了,2242页“辩”《集韵》“悲检切”,《集韵》没有给“辩”注此音,“悲检切”是给“辨”注音。这种遗漏还有一些。有的书在《古音》正文中列了,但是后面的引用书目没有列出来,不便查找,1033页“武”引了《南园漫录·发音》的“北方士大夫不能唇音,如以武为五”,后面主要参考书目没有注明《南园漫录》的出处。

有一件事情值得提出来讨论。《广韵》收异读是有所选择的,非常生僻的异读不收进各小韵,不像《集韵》那样“以桦群说”,大量收异读,多有见必录。有时候《广韵》在释义中碰到这些字生僻的异读组成的词语,就在这个词语出现的注释文字中随文注音,这也可以算是《广韵》注异读的一种方式,这种异读《古音》该不该收?这些异读《古音》没有收录。例如“古”有一个读音,跟“枯”同音,《广韵》“枯”小韵没有收,但是“成”小韵“成”说到复姓“古成”:“汉有广汉太守古成云。古音枯。”可见复姓“古成”的“古”读“枯”,《广韵》收录了,《古音》既然要收录《广韵》所有的注音,“古”这样的读音似乎应收录。

(二)出现个别校勘的错讹。例如:

26页“交”字:“交,文音汶。《后汉书·朱景王杜马刘傅坚马列传》‘击肥城、交阳’注。”《后汉书·王梁传》“交阳”作“文阳”,李贤注亦无“交”字。366页“壇”字第15音项“时掌反”应该是给《公羊传·庄公十二年》注语中“随庄公上壇”的“上”字的注音。811页“擩”字《周礼·春官·大祝》郑玄注“擩,读为虞芮之芮”,601页“彗”字《玄应音义》“囚芮、苏醉二反”,2153页“赘”字,引《慧琳音义》“佳芮反”,这些“芮”当作“芮”。620页“偏”字《集韵·霰韵》引《说文》“帀也”,“帀”讹作“币”。633页“怨”字下:“怨,馀战反。《玄应音义》卷六‘蔓莚’注引李洪范音。”此条注音宜置于“莚”下,“怨,馀战反”的“怨”当作“莚”。《玄应音义》原文是:“蔓莚,《西京》云:其形蔓莚。李洪范音亡怨、馀战反。”“怨”是“蔓”的切下字。923页“枰”字下引《慧琳音义》“弹斥”中的注音:“枰,普庚反。”这个“枰”为“抨”之讹。1065页“汏”字《释文》“他达及”，“及”为“反”之讹。1078页“沈”字引《庄子·外物》“慰暋沈屯”《释文》：“沈，张伦反。”这应该是《释文》给“屯”所作注音；引《文选·司马相如〈上林赋〉》“沈淫泛滥”五臣注音：“沈，音冯。”这应该是五臣给“泛”所作注音。1197页“滨”字《慧琳音义》卷二十七引大乘基《法华音训》“缤纷”注音“匹仁反”，卷三十二“缤纷”注音“疋宾反”，此二音置于“滨”下不当，当置于“缤”下。1198页“濯”字曹宪《博雅音》“直皃（反）”，“皃”为“皃”之讹。1252页“燎”、1428页“畇”、1445页“瞭”诸字，这几个字头下分别引《广韵》“卢乌切”、《集韵》“伊乌切”，“乌”当作“鸟”。1355页“生”字下“周时四乱”的“乱”当作“乳”。1445页“瞫”字《广韵》“式任切”，“任”当作“荏”。1890页“蕞”字《集韵》“租税切”，“税”当作“悦”。1760页“脧”字《集韵·旨韵》“津垂切”，按《集韵》“津垂切”属支韵；《旨韵》里面是“祖诔切”。《古音》丢失了“祖诔切”，将“津垂切”误置于上声，所引释义也不能对上榫。1774页“膠”字《广韵》乎刀切，“广韵”是“集韵”之讹。《广韵》“膠”三读，“口交切”下有“膠”，《古音》没有收，只收了《集韵》“丘交切”。1974页“蛲”字下《史记·扁鹊仓公列传》“臣意诊其脉，曰：‘蛲瘕。’”索隐：“音饶檟，旧音遶音遐。”第二个“音”是衍文。1998页“衰”字裴务齐《切韵·脂韵》“（牛）[千]肥反”，原注：“诫。又所追反。”按“衰”字在“狋”小韵下，共收两字，“狋”疑母，“牛”字不误，将“牛”改为“千”不确，所收二字都没有清母读音；“肥”微韵，不当作脂韵的切下字，细看原文，应作“肌”。“衰”没有“诫也”的意义，原字显然不是“衰”字，而是手民将“衰”字误抄在此，裴务齐《切韵》此类错讹甚多。2005页“袖”字下注中古音韵地位“去宥屑”，“屑”当为“邪”。2008页“袾”字下注中古音韵地位“平虞和”，“和”当为“知”。2068页“訑”字下给“弋支切”注拼音，取阴平，当取阳平。2261页“过”字引S.2071《切韵·歌韵》“胡过反”，但《歌韵》注“古和反”。2285页“那”字引《史记正义》注音，但是没有注明“正义”，索隐的注音失收。2481页“頄”字《易·夬》“壮于頄”的“頄”《释文》：“郑作頯，夹面也。”在“夹面”前还有一个“頯”，此脱。2469页“鞫”字下序号第12“鞫，呼紘（反）。《广雅·释训》‘輷輷，声也’曹宪音。”此当为误置，当置于“輷”字下。2496页“额”字下引《慧琳音义》卷13“稽颡”注“额”是“王格反”，查《慧琳音义》此条未见给“额”注音。

967页收了“楪”。“楪”用在县名“楪榆”中，读喻四，S.2071《切韵·葉韵》：“楪”读与涉反，“楪榆，县名，在云中”。但是《古音》引《唐韵·葉韵》注音“鱼怯反”，“楪榆，县在云中。”“怯”是业韵字，置于葉韵可疑；反切上字作“鱼”亦可疑，它是疑母字。经查，蒋藏本《唐韵·葉韵》未见此反切，这里可能有抄写的讹误。诸本“云中”当为“云南”之讹。云中郡在今内蒙古自治区托克托县，楪榆在今云南大理，不属云中郡。“中”是“南”之讹，后来宋跋本《切韵·葉韵》、裴务齐《切韵·葉韵》、几种《王仁昫刊谬补缺切韵·葉韵》均沿用此讹。《广韵》《集韵》等宋代韵书则删去“在云中”云云。云南郡为蜀汉时所置，历代沿袭，至隋废云南郡。

个别地方的标点值得改进。例如引《龙龛手镜》注音，没有将“俗”字和后面的注音断开，容易使人误会《龙龛手镜》大量收“俗音”，如1811页“芨”引《龙龛手镜》“又俗及、笈二音”，这是“负书箱也”的“笈”之俗写，不是说“芨”的“及、笈”二音是俗读。1638页“綨”字《玉篇·糸部》“巨箕切又巨记切”，“又”前应该打“，”号。

（三）校勘成果的吸收方面还可以改进。个别地方对有的校勘成果吸收得不够。2140页“贰”字，所收注音都是去声，只有第七个注音例外：“贰，女史（反）。《广雅·释言》‘贰，污也’曹宪音。”“史”显然是“吏”之讹，王念孙作《广雅疏证》，校勘《博雅音》时没有出校语，但《广雅·释言》“贰，污也”王念孙说：“贰，当作腻……曹宪音有‘女史’二字，即‘女吏’之讹。”这则校勘成果《古音》没有吸收。

个别校勘成果不一定可靠，《古音》却吸收了。例如2110页“谱”字第5个注音：“谱，（音）普。《广雅·释言》‘谱，牒也’曹宪音。”这里采用了王念孙对《博雅音》的校勘：“各本‘普’讹作‘谱’，今订正。”考“谱”《古音》收了不少注音，除这一例，只有《中原音韵》“谱”读滂母，跟“普溥”二字同音，其他注音，包括《中原音韵》以后韵书的注音，都是帮母。曹宪时，“谱”应该没有滂母读法，《中原音韵》反映了后起讹读，可能是受“谱”的声旁“普”影响形成的例外读音，沿用至今，王念孙的校勘有以今律古之嫌，没有版本依据。《博雅音》原作注音字为“谱”应该没有错误，可能《广雅》原文用“谱”的一个异体字“譜”，即“譜，牒也”，曹宪拿更习

见的“谱”字去给它注音，即“�，谱”。

（四）个别地方注音可商。上古出现的字，应注上古音，《古音》充分注意到这一点，但个别地方失检。例2183页“跢”，据下面提供的材料，此字上古已经出现，当注“歌部”。

有个别地方注音欠妥，82页“侑”注中古声母为“以”，应该注音为“于”或“匣”。2168页“趌”字上古音注之部，此字古代注音都是去入二调，《说文》“读若匐”应该注“职部”，《汉字古音手册》即注“职部”。2505页“颾”字上古微部，但是里面所收注音都是中古去入二声，当归物部。2561页“髂”字归歌部，应该归铎部，归到鱼部也不妥。2571页“鬘”字上古鱼部，但是里面所收注音都是中古去入二声，当归铎部。2628页“彀”上古侯部，但是里面所收注音都是中古去入二声，当归屋部。

（五）个别地方是否注音，取舍可商，有将一些出具异文者视作注音之嫌。4页“下”的第三项引《论语·乡党》“下如授”《释文》：“鲁读下为趋，今从古。”

总起来说，《古音》的校勘问题是极少的，大体可信。不过，从求真的角度说，我们在使用《古音》时，既要相信它提供了十分有益的线索，又应该依它注明的出处，核检原文，以便科学地使用该书研究语音史及相关学科。

四、期待进一步编纂《古书散见注音汇纂》

汉字有注音，至晚东西汉之交已开始。历代音注材料浩繁，要全面搜集它们，不可能毕其功于一役。尤其是那些散见于古文注释和笔记等资料的注音，常东鳞西爪，不易裒辑。正如《古音·前言》所说，《古音》是一部“筚路蓝缕，以启山林”的具有开创性的工具书，又受制于篇幅，没有办法将清代以前的注音都汇聚起来。我们希望今后能有《古书散见注音汇纂》之类的工具书，多收一些难以见到的古书注音。这些散见各处的注音，经史子集都有，有一些是作者自注，有一些是后人的注释。其中不少注音，读音往往有些特别，有的反映了读音新变化，所以要加注。例如《宋书·谢灵运传》载谢灵运《山居赋》自注有一些注音，《南齐书·张融传》载张融《海赋》也有一些注音，应该也是自注，这些材料对于研究汉语语音史都很有用，需要搜集。

再如唐人笔记、诗集中有相当多注音材料，有不少可能是作者自注。“稻”字，1525页收《集韵·晧韵》“土晧切”：“稻，秔也。关西语。”《集韵》此音义来自唐代，李肇《唐国史补》卷下：“今……关中人呼稻为讨。”再如《白居易集》“依”字，《白居易集》卷二十四《马坠强出，赠同座》“坐依桃叶妓，行呷地黄杯”，“依”下原注“乌皆反”，这是“挨靠”的“挨”的前身，跟“挨”同词，是“依”的同源词，“挨”字指“靠近，依靠”讲见于宋代以后；“夭”字，卷二十六《和〈春深〉二十首》之二十“扬州苏小小，人道最夭斜”，“夭”下原注“伊耶反”；“果”字，卷三十《夏日作》“饭讫盥漱已，扪腹方果然”，“果”下原注“音颗”，等等，这些材料相当多，也该收集起来。

“可汗”的“汗”读平声，《广韵》《集韵》都收录了，但“可”字今读作去声是怎么来的，何时见于记载，很难查到，中古韵书都没有反映。据226页，《元曲选·汉宫秋》楔子“单于可汗”注：“可，音克”；《中州音韵辑要·歌罗韵·上声》“可”：“又音克”，这是“可汗”的“可”。实际上这个读音不始于明代，但《古音》没有收录这个“可”更早的注音，《资治通鉴·魏纪九》“至可汗毛，始强大”胡三省注：“宋白曰：虏俗呼天为汗。可，读如渴。汗，何干翻。”可见“可”原来读入声。

“荸荠”是“凫茈”音变而成的一个词。《本草纲目·果部·乌芋》：“时珍曰：乌芋，其根如芋而色乌也。凫喜食之，故《尔雅》名凫茈，后遂讹为凫茨，又讹为荸荠。盖《切韵》凫、荸同一字母，音相近也。”这是认为“荸荠”是“凫茈”的音变，不过李时珍叫作“讹”。“荸荠”也写作“葧脐”，宋代有用例。南宋王质（1135—1189年）《绍陶录》卷下《山水友余辞·水芋头》：“葧脐叶搓牙，芥菹苗整齐。”明朱橚《救荒本草》卷七有“铁葧脐”，朱氏注：“葧音孛。”“葧、荸”二字出现，表明“荸荠”的“荸”读蒲没切。《篇海》旧题明宋濂撰，卷十《花木类》艸部：“荸，並浊。蒲没切，音孛。《碎金》云：一（按：‘一’代表的是‘荸’字）荠，古之蔦茈也，苗似龙须，根黑色，可食。”《广雅·释草》“葃菇、水芋，乌芋也”王念孙《广雅疏证》："凫茨，俗所谓蒲荠也，或谓之必荠。"将"荸荠"前一个字用入声字"必"来记录，表明荸荠的"荸"主元音先同化为i，然后才失去入声韵尾。王念孙是十八世纪中期到十九世纪早期的人，他拿"必"记录原来的"葧"，可见"葧"的主元音由o变为i，至晚在十八世纪中期或十九世纪早期已经完成。由此可见，《本草纲目》《救荒本草》《篇海》中这些散见注音对帮助人们了解"荸荠"读音的分化很有作用。①

"十"入声字，唐宋已有方言读平声。宋洪迈《容斋随笔》卷1《司字作入声》："白乐天诗……以'十'字作平声读，如云'在郡六百日，入山十二回'，'绿浪东西南北路，红栏三百九十桥'是也。"所引前两句出自《留题天竺灵隐两寺》，是一首五排，"十"读平声才能救"入"字，否则犯孤平；后两句出自《正月三日闲行》，是七律，"十"需读平声。王楙《野客丛书》卷十九《司字作去声》据此以为"白诗多犯鄙俗语"。陆游《老学庵笔记》卷五补充例子："故都里巷间人，言利之小者曰'八文十二'，谓十为谌，盖语急，故以平声呼之……宋文安公《宫词》曰：'三十六所春宫馆，一一香风送管弦。'晁以道诗亦云：'烦君一日殷勤意，示我十年感遇诗。'则诗家亦以十为谌矣。"宋白《宫词》是七绝，"十"平声；晁说之此诗，全诗已亡，仅存此二句。据陆游，是格律诗，"十"平声。陆游说平声的"十"读"谌"，可能是它收p尾，相配的只有阳声韵m，没有阴声韵，所以这样注音。《古音》195页都没有反映这些材料，但收了《词林正韵·发凡》："十，又有（入声）作三声而在句中者。如柳永……《望远行》：斗酒十千。十字叶绳知切。"其中"十"平声。洪迈、陆游的注音比《词林正韵》早，对认识入声消失很有意义。

附记：本文初稿撮要发表于《古籍整理出版情况简报》2010年第11期，这里发表的是全文的修改定稿。李广宽教授提出了宝贵的修改意见，文章的注释请唐琪同志帮我做了调整，在此一并表示感谢。

① 参看孙玉文《"芍、凫茈、荸荠"诸词形音义流变》，第174—187页。

唐吴彩鸾写本韵书体式流变例述*

华东师范大学中国语言文学系　郑　伟

内容提要：唐女仙吴彩鸾书《唐韵》在中国音韵学史、中国科举史上都是值得注意的一桩文化事件。文章指出增立移宣谆桓戈诸韵在《唐韵》《古文四声韵》及相关的敦煌韵学残卷中的具体表现。以先韵所在位置为例，指出吴彩鸾所书《唐韵》实有五卷本、四卷本之别。五卷本的《古文四声韵》《集古文韵》的韵次体例分别对应于《切韵》《唐韵》系与《广韵》《集韵》系韵书，而四卷本则至少有三种不同韵次的版本，其中先为第廿七韵、先为第三十韵的两种吴彩鸾书《唐韵》可分别溯至一九五韵的“开元本”和二〇六韵的“天宝本”《唐韵》。

关键词：吴彩鸾;《唐韵》；唐宋韵书；部目增减；韵次升降

一、引言

“唐人盛为诗赋，韵书当家置一部。故陆〔法言〕、孙〔愐〕二韵，当时写本当以

---

* 本文在修改过程中，承蒙编辑部与责任编辑多所指正，并费心核对文献信息。如尚存错漏，责任在于作者。

万计。”[①] 由于韵书在民间传抄流行，且因缺少严格的摹写标准，于是造成诸多版本差殊和文字异写，“不独书名互异，即各本卷帙详略亦不尽同。……传写既多，写者往往以意自为增损，固其所也”[②]。

《切韵》与《广韵》是同一系的韵书，此观点自宋代以后便有之。李焘《说文解字五音韵谱》叙云：“隋仁寿初，陆法言等所共纂次，而唐仪凤后，郭知玄等又附益之，时号《切韵》。天宝末，陈州司法孙愐者，以《切韵》为谬略，复加刊正，别为《唐韵》之名。在本朝太平兴国及雍熙、景德皆尝命官讨论，大中祥符元年改赐新名曰《广韵》。”[③] 清代学者戴震《声韵考·宋景德韵略》（卷二）也谈到了《切韵》与《广韵》间的名称与内容的沿革：“是时无《礼部韵略》之称。其书名《韵略》，与校定《切韵》同日颁行。‘独用’、‘同用’例不殊。明年，《切韵》改赐新名《广韵》，而《广韵》、《韵略》为景德、祥符间详、略二书。”[④]

王国维曾撰文说明，吴彩鸾所抄《唐韵》在当时被称为《切韵》《广韵》《广切韵》之类，都是于史有征，且都有内在关联：

> 孙〔愐〕韵传之后世，可考见者除鹤山所藏外，如欧阳公见吴彩鸾书叶子本（《归田录》），黄山谷所见凡六本（《山谷题跋》），鲜于伯机藏一卷（《云烟过眼录》）。传写既多，故名称部目不能尽同。《倭名钞》所引有《唐韵》，有孙愐《切韵》。辽希麟《续一切经音义》又引孙愐《广韵》，而唐段公路《北户录》（卷一）引《广韵》一条（据明影宋钞本。陆氏刊本作“《唐韵》”）。唐僧慧琳《一切经音义》（卷八十）引《广切韵》一条，并见于蒋氏所藏残本中。盖孙氏书本因法言《切韵》而广之，故亦名《广切韵》，略之则或称《切韵》，或称《广韵》，而据其《自序》则确名《唐韵》，是

① 王国维《书吴县蒋氏藏唐写本唐韵后》，《观堂集林》（上册），石家庄：河北教育出版社，2001年，第226页。

② 王国维《唐写本〈唐韵〉残卷校记·序》，《王国维遗书》（第五册），上海：上海书店出版社，1983年，第1页。

③ （宋）李焘《说文解字五音韵谱》，《全宋文》卷四六六三，上海：上海辞书出版社；合肥：安徽教育出版社，2006年，第207页。

④ 戴震研究会、徽州师范专科学校、戴震纪念馆编《戴震全集》（第五册），北京：清华大学出版社，1997年，第2271页。

其书名已自不同。[①]

项跋本《切韵》后有“唐女仙吴彩鸾小楷书《四声韵》项元汴真赏”字样。卞永誉《式古堂书画汇考》(卷八)也有“唐女仙吴彩鸾楷书《四声韵帖》”的说法。何以会把《唐韵》称作《四声韵》呢?如果考虑到《唐韵》将声调分作平上去入四类，那么称其为《四声韵》固无不可。但根据学界对《唐韵》各本的已有认识，我们知道该书有四卷、五卷两种版本(详下文)。《宣和书谱·吴彩鸾》(卷五)云:“今御府所藏正书一十有三:《唐韵》平声上、《唐韵》平声下、《唐韵》上声、《唐韵》去声、《唐韵》入声,《唐韵》上、下二,《唐韵》六。”[②]可见平声分上下两卷的《唐韵》版本确实是有的。柯九思《跋吴彩鸾书唐韵真迹》也说:“右女仙吴彩鸾书《唐韵》真迹。彩鸾之事，备载书史，小字能宽绰，此仙之妙于书也。况得五声具全，尤为可宝。”[③]这里所说的“五声”，应指平声分上、下两卷，再加上上去入三声。

清钱曾《读书敏求记·杂家》(卷三)云:“相传彩鸾所书《韵》，散落人间者甚多。予从延陵季氏曾睹其真迹，一先仍作一先，与达卿所藏者异。逐叶翻看，展转至末，仍合为一卷。”[④]“一先仍作一先”的意思，是平声分作上、下两卷，而“仍合为一卷”的，则大概是指四卷本。王国维《唐韵别本考》说:“孙愐一家之书，亦多别本。如魏鹤山藏《唐韵》，自东至乏皆注清浊，而蒋〔斧〕氏残本无之。又魏本上下平不分，当为四卷;而唐、宋二志著录及蒋氏残本皆五卷也。”[⑤]

另外我们不应忽略《唐韵》与北宋夏竦《古文四声韵》之间的特殊联系。原北京图书馆藏宋刻配抄本《古文四声韵·序》曰:“遂集前后所获古体文字，准《唐切韵》分为四声，庶令后学易于讨阅。”[⑥]可见，该书虽然从性质上说是一部文字学工具书，但却是“以韵分字、而以隶领篆”(《四库全书总目》语)，其分类标准依据的

---

① 王国维《书吴县蒋氏藏唐写本唐韵后》,《观堂集林》(上册)，第226页。

② 佚名撰，王群栗点校《宣和书谱》，杭州：浙江人民美术出版社，2019年，第48页。

③ (清)卞永誉纂辑《式古堂书画汇考》(书卷之八)，杭州：浙江人民美术出版社，2019年，第397页。

④ (清)钱曾著，管庭芬、章钰校证《读书敏求记校证》，上海：上海古籍出版社，2019年，第252页。

⑤ 王国维《观堂别集》(卷一),《观堂集林》(下册)，第769页。

⑥ (宋)夏竦《古文四声韵》,《全宋文》卷三五〇，第151页。

是《唐韵》系韵书[①]。《序》中还列出了该书所援引各家字书、韵书的名称，其中就包括了《祝尚丘韵》《义云切韵》《王存乂切韵》《玉篇》《籀韵》《唐韵》等。

清段玉裁《跋〈古文四声韵〉》也说："盖唐时诸家韵书，大致多本〔陆〕法言韵，亦各有微异，是以孙愐、颜元孙、李舟、徐锴取目不相同。世间有吴彩鸾所书《唐韵》，阎君百诗所见者，又与〔魏〕鹤山所见《唐韵》不合，〔夏〕英公盖或得《唐韵》别本，或厌常喜新，搜颜、李之书用其目，皆未可知也。"[②]

王国维《唐韵别本考》从各家韵书部首所标反切、称反切为"切"（而非"反"）等方面，指明《古文四声韵》与《唐（切）韵》之间的联系：

> 夏英公《四声韵》所据之《唐切韵》与《唐韵》相去尤近，即视为《唐韵》别本，为后人增加者，亦无不可。《古文四声韵》不独与《唐韵》近，其反切又与《广韵》近。《广韵》部首所用反切，与大徐本《说文》所用孙愐反切及二徐《篆韵谱》反切颇有异同，而与《古文四声韵》部首反切一字不异。疑修《广韵》时所用《唐韵》，即《古文四声韵》所本之《唐切韵》也。又《广韵》反切称"切"，《四声韵》亦称"切"，亦其一证。[③]

周祖谟先生曾从韵目次序的角度指出："《古文四声韵》在韵目的排列上，其次第与《切韵》《唐韵》仍然是一致的。如平声'覃''谈'两韵次于歌戈麻与阳唐之间，'蒸''登'两韵次于侵盐添与咸衔之间，其相承的上去入三声的韵部次第也一如平声。去声'泰'韵在暮韵与霁韵之间也与《唐韵》一致。但这些都与宋修《广韵》的韵次不同。"[④]

① 从《古文四声韵》的体例来看，"韵内诸字以圈记为隔（齐安郡学本则是将释文圈起），首字为释文，下为字样。一字兼收数体，其中既用古体，也有隶古定。这和《汉简》一字一体，不用隶古定是不同的。"参看李零《〈汗简〉〈古文四声韵〉》"出版后记"，北京：中华书局，1983年，第4页。

② （清）段玉裁撰，锺敬华校点《经韵楼集》，上海：上海古籍出版社，2008年，第117页。

③ 王国维《观堂别集》（卷一），《观堂集林》（下册），第769—770页。

④ 周祖谟《〈新集古文四声韵〉与〈集古文韵〉辨异》，《周祖谟语言学论文集》，北京：商务印书馆，2001年，第346页。

二、吴彩鸾《唐韵》与唐代韵书的部目增减

从部目增减和韵次升降两个方面，吴彩鸾书《唐韵》与隋唐以后在韵书体例方面存在若干异同，由此观之，可以看到《唐韵》在韵书沿革方面的特殊价值。

严格来说，唐写本《切韵》和孙愐《唐韵》及其传本并不是一回事。吴彩鸾书《唐韵》与孙愐《唐韵》之间，是不是有同一性关系，也值得讨论。清代纪容舒《重斠唐韵考》（卷一）就曾指明："《唐书·艺文志》萧钧有《韵音》，武元之有《韵诠》，明皇帝有《御撰韵英》，李舟有《切韵》，僧猷智有《辨体补修加字切韵》，卷数互有不同，鹤山所见，盖此五本中之一本。犹曰唐人之韵云尔，不定指孙氏书也。孙氏因《切韵》为《唐韵》，陈彭年等因《唐韵》为《广韵》，书皆五卷也。《广韵》既有上下平声，孙氏之书必分上下平声可知。"①用平声是否分上下两卷来判断是不是吴彩鸾书孙愐《唐韵》固有不妥（下文将指出，也有四卷本的吴彩鸾书《唐韵》存焉）。

另外，将孙愐《唐韵》与唐写本《切韵》区别对待，也是正确的。近人王国维在《唐写本〈唐韵〉残卷校勘记·自序》里也说道："是孙愐之书，唐时称名固不尽同。然谓孙愐之书，《唐韵》以外别有他名则可，谓《唐韵》非孙愐书则固不可也。韵书为唐时诗赋所需，当时迻写者当不下数万部，故不独书名互异，即各本卷帙详略亦不尽同。"②

（一）增立栘韵

魏了翁《吴彩鸾唐韵后序》云："此书别出栘、臡二字为一部，注云'陆与齐同，今别'。然则今韵从陆本，疑此本为是。"③蒋斧藏《唐韵》残本只见去、入二声字，无

① （清）纪容舒《重斠唐韵考》（钱熙祚元斠、钱恂重斠），上海：商务印书馆，1936年，第5—6页。
② 王国维《观堂集林》（下册），第883页。
③ （宋）魏鹤山《重校鹤山先生大全文集》（四部丛刊初编本）卷五十六，上海：商务印书馆，1922年，第3页。

从判断有没有移韵。唐武玄之《韵诠》“五十韵头”列有栘韵成西反，但有目无实。

宋刻配抄本《古文四声韵》平声第十三为栘韵，位于齐韵之后，但正文未列归字，只有存目，且误作“移”字，韵序也误作十二。

目前我们见到的《切韵》系韵书数据中，出现“栘”及同小韵字的有：

《切三·齐韵》(《伯二〇七一》/《斯二〇五五》)：“臡”人兮反，又奴兮反。“栘”字“成栖反，又今□以支二反”[①]。

《王三·齐韵》第十二：“臡”小韵有“臡，人兮反，又奴兮反。”“泥”小韵有“臡，奴低反，又人兮反。”“栘”小韵有“栘，成西反，又余氏、以支二反”[②]。

《伯二〇一四》：仅有“臡”字，且只读人兮反[③]。

《伯二〇一五》：“臡”人兮反，“栘”成西反。二字紧邻，为不同小韵[④]。

泽存堂本《广韵》：“臡”人兮切，又音泥。“栘”成臡切。又余氏、以支二切。

（二）增立宣（雪）韵

大部分的《切韵》系韵书只见仙韵，没有宣韵。出现宣韵及相关部目的韵书材料如：

《伯二〇一四》：第三十一为宣韵[⑤]，之前的一韵卷帙残缺，应为三十仙韵。唇音字仍在仙韵。

夏竦《古文四声韵》：下平声第三为宣韵（实为平声第三十二韵。先韵第一、仙韵第二，实为平声第三十、三十一韵），上声第二十九为选韵，无相应的去、入声。

徐铉《改定说文解字篆韵谱》：下平声第三为宣韵。须注意的是，虽然“唐人韵书，以部次观之可分为二系：陆法言《切韵》、孙愐《唐韵》及小徐《说文解字篆韵谱》、夏英公《古文四声韵》所据韵书为一系；大徐《改定篆韵谱》与《广韵》所

① 刘复、魏建功、罗常培等编著《十韵汇编》，北京：北京大学出版，1936年，第31页；姜亮夫《瀛涯敦煌韵书卷子考释》（卷三），杭州：浙江古籍出版社，1990年，第18页。
② 周祖谟《唐五代韵书集存》（上册），北京：中华书局，1983年，第446—447页。
③ 刘复、魏建功、罗常培等编著《十韵汇编》，第32页。
④ 周祖谟《唐五代韵书集存》（下册），第748页。
⑤ 刘复、魏建功、罗常培等编著《十韵汇编》，第61页。

据者为一系”[①]，但是增立宣韵，却是大徐本《改定篆韵谱》与《古文四声韵》是一样的，而不是小徐本《篆韵谱》。黄侃《声韵通例》云：“《篆韵谱》本用《切韵》，然与今《广韵》不同；其分仙、宣为二，亦非陆君之旧也。大徐所用切音，乃依《唐韵》，与《切韵》初无甚殊；特《切韵》今已不存，唯有取证《广韵》耳。”[②]

《守温韵学残卷·四等重轻例》：勬（宣韵）、免（选韵）[③]。

《伯五五三一》：雪韵（入声）第二十。根据周祖谟先生的考证：“第四种平入二声体制虽异，而一则平声有宣韵（二〇一四6），一则入声有雪韵（五五三一3），宣者仙之合口，雪者薛之合口，平入分类适能相应。考雪韵‘膬’纽下有‘絟’字，注云：‘细布。又至全反。’而宣韵‘诠’纽下之‘絟’字，训释既同，且正音‘至全反’。如此相合，当非无故，斯盖两种刻本同为一系之书也。”[④]

魏建功先生指出：“孙愐、李舟两书或相承属如所谓五代刻本所示，而孙书韵部之‘齐’后列‘移’，自其他材料推求，或是初本所分，后不复别。乃‘仙’后列‘宣’，‘狝’后列‘选’（依守温《字母》卷子及《古文四声韵》），‘薛’后列‘雪’（依《法五五三一》），又当视为孙系刊补之作，后之视为李舟特征者，亦不过《篆韵谱》有‘宣’韵一目故耳。”[⑤]

（三）增立谆、桓、戈等韵

魏鹤山本《唐韵》增谆、桓二韵。据王国维《书式古堂书画汇考所录唐韵后》的考察：“魏鹤山所藏《唐韵》删第廿八、山第廿九，盖已增谆、桓二韵，而齐韵后又有移韵，故陆《韵》平声上廿六者增为廿九。”[⑥]因蒋藏本仅存去、入两卷，平、上声所增的韵只能根据去、入类推，蒋藏本反映了与魏鹤山本《唐韵》相同的增韵情况，“去声别稕于震、别换于翰、别过于箇，入声别术于质、别曷于末，则平声有谆、桓、戈，上声有准、缓、果各三韵可知”[⑦]。

① 王国维《李舟切韵考》,《观堂集林》(上册)，第230页。
② 黄侃《声韵通例》,《黄侃国学文集》，北京：中华书局，2006年，第149页。
③ 周祖谟《唐五代韵书集存》(下册)，第803页。
④ 周祖谟《五代刻本〈切韵〉之韵目》,《周祖谟语言学论文集》，第255页。
⑤ 魏建功《读〈广韵校勘记〉》,《魏建功文集》(二)，南京：江苏教育出版社，2001年，第463页。
⑥ 王国维《观堂集林》(上册)，第221页。
⑦ 王国维《观堂集林》(上册)，第221页。

三、吴彩鸾《唐韵》与唐代韵书的韵次升降

再看不同版本的吴彩鸾书《唐韵》所反映韵次升降、韵目排序的问题。

（一）五卷本（平声分作上、下两卷）

据宋抄配本《古文四声韵》（或简称《四声韵》），先韵为平声下第一（实为平声第三十），仙韵为平声下第二（实为平声第三十一）。明项元汴藏《唐韵》（据卞永誉《式古堂书画汇考》）、延陵季氏藏《唐韵》（据《读书敏求记》）、柯九思《跋吴彩鸾书唐韵真迹》所述皆是此种情形。

值得注意的是，另据原北京图书馆藏宋绍兴乙丑（1145年）齐安郡学本《集古文韵》（或简称《文韵》）残卷（仅存卷三上声一卷，且中间缺姥、荠、蟹、骇四韵），其上声韵次与宋配抄本《古文四声韵》略有不同。具体来说，包括：

（一）《四声韵》覃谈在麻与阳唐之间，与《王三》同；《文韵》感（覃）敢（谈）在寝（侵）与盐添之间，与《广韵》同。

（二）前者蒸登在盐添与咸衔之间，与《王三》同；后者拯（蒸）等（登）在静（清）迥（青）与有（尤）厚（侯）之间，与同《广韵》。

具体细节请看表1：（括号内的数字表明其所在韵书的韵目次序，因《文韵》仅存上声，故据其推平声韵目）

表1 《王三》《四声韵》《文韵》与《广韵》部目次第比较表

《王三》	元（21）…先（30）仙（31）…麻（34）覃（35）谈（36）阳（37）唐（38）…尤（43）侯（44）幽（45）侵（46）盐（47）添（48）蒸（49）登（50）咸（51）衔（52）
《古文四声韵》	元（23）…先（30）仙（31）…麻（39）覃（40）谈（41）阳（42）唐（43）…清（46）青（47）尤（48）侯（49）幽（50）侵（51）盐（52）添（53）蒸（54）登（55）咸（56）衔（57）

续表

《集古文韵》	元（阮20）…先（铣27）仙（狝28）…麻（马35）阳（养36）唐（荡37）…清（静40）青（迥41）蒸（拯42）登（等43）尤（有44）侯（厚45）黝（幽46）侵（47）感（覃48）敢（谈49）琰（盐50）添（51）
宋本《广韵》	元（22）…先（29）仙（30）…麻（37）阳（38）唐（39）…清（42）青（43）蒸（44）登（45）尤（46）侯（47）幽（48）侵（49）覃（50）谈（51）盐（52）添（53）咸（54）衔（55）

可见，《古文四声韵》的韵次是《切韵》《唐韵》系韵书的次第，而《集古文韵》则是宋修《广韵》《集韵》的次序[①]。上文说过，孙愐《唐韵》和《说文解字篆韵谱》、《古文四声韵》属同一系韵书。相对来说，学界对《古文四声韵》的关注较多，至于残本《集古文韵》，则较少提及，且多有舛误，该书后附袁克文跋语说此书“即夏竦所著《古文四声韵》”，但两书从书名、版式、韵字数量及排列次序、韵目次序、反切等诸多方面都有较大差别，不能看作是同一本书。就本文所论韵目次第来说，它与《唐韵》《古文四声韵》一系韵书也不相同，是较晚起的李舟《切韵》的体例。

（二）四卷本（平声不分卷）

1. 先韵为第三十，仙韵为第三十一。

南宋王应麟《困学纪闻 · 小学》卷八：“鹤山魏氏云：‘《唐韵》于二十八删、二十九山之后，继之以三十先、三十一仙。今平声分上下，以一先、二仙为下平之首，不知“先”字盖自“真”字而来。’”[②] 参看表1，可知此种《唐韵》与《古文四声韵》是一脉相承的。

2. 先韵为第二十七，仙韵为第二十八。

纪容舒《重斠唐韵考》（卷一）：“又毛氏奇龄论吴韵云‘上平少十八谆、二十六桓，故删为二十五、山为二十六’，又云‘平上去三声各少三部，入声少二部，合得

---

① 周祖谟《〈新集古文四声韵〉与〈集古文韵〉辨异》，《周祖谟语言学论文集》，第348页。

② （宋）王应麟著，栾保群、田松青、吕宗力校点《困学纪闻》，上海：上海古籍出版社，2008年，第1065页。

一百九十五部'。"[1]照此推断，删、山之后为先、仙，故而先为第二十七韵，仙为第二十八韵。

第二种吴彩鸾书《唐韵》中先韵的次序，比魏鹤山本、《四声韵》往前排了三个韵次。巴黎图书馆藏笺注本《切韵》残卷二（即所谓《切三》）是最接近陆法言《切韵》原本的，其上平声有二十六韵，上平声第二十六为山韵，虽然下平声以后各卷残缺，但可以肯定下平声第一、第二即（第二十七、二十八）应分别为先、仙韵，可见纪容舒、毛奇龄所论吴《韵》就是《切三》一系的韵书，所谓"平上去三声各少三部，入声少二部"，所指无疑就是此类韵书平声缺戈、谆、桓三部，上声缺果、准、缓三部，去声缺过、稕、换三部，入声缺术、末二部。

王国维在《书式古堂书画汇考所录唐韵》一文首倡"《唐韵》有开元、天宝二本"之说，区分了项元汴跋本（"开元本"）与魏鹤山藏本（"天宝本"）之不同。其中项本"乃开元中初撰之本，其部目都数计平声上二十六韵，平声下廿八韵，上声五十二韵，去声五十七韵，入声卅二韵，与巴黎所藏陆法言《切韵》全同。……而魏鹤山所藏《唐韵》删第二十八、山第二十九，盖已增谆、桓二韵。……《唐韵》前后二本，部目不同，前者尚是陆《韵》支流，后者则孙氏自以己意分部者也"。[2]项本《唐韵》的韵目数量，"合得一百九十五部"，它与敦煌所出《切韵》残卷部目次序及总数均相一致，可见纪、毛诸氏所言符合事实，而项、魏二本也确实都是吴彩鸾所书《唐韵》。进而言之，《切三》所代表的应是吴彩鸾所书《唐韵》的前身，即属于王国维氏所谓的"陆《韵》支流"的一百九十五韵的项本，其产生早于后起的二百〇六韵的魏本，自在情理之中。

3. 先韵为第二十三，仙韵为第二十四。

这大概是目前所见先、仙韵排序最靠前的吴《韵》版本了。元陆友仁《研北杂志》卷下："其书一先为廿三先，廿四仙，不可晓。"[3]周密《云烟过眼录·鲜于伯

---

① （清）纪容舒《重斠唐韵考》，第5—6页。

② 王国维《观堂集林》（上册），第221页。

③ （元）陆友仁《研北杂志》（卷下），页二十九背。

几枢所藏》："吴彩鸾书《切韵》一卷，其书一先为廿三先、廿四仙。"[①] 钱曾《读书敏求記·杂家》卷三云："焦达卿有吴彩鸾书《切韵》一卷，其书一先为二十三先、二十四仙。"[②] 钱大昕《吴彩鸾书〈切韵〉跋》云："其书一先为二十三先二十四仙。"[③]

裴务齐正字本《(王仁昫)刊谬补缺切韵》(《王二》)有"平声江韵后列阳、唐两韵，佳韵次于歌麻之间，斤韵（殷韵）之后出登韵，魂痕之前列寒韵，删山元三韵列于先仙之后"[④]。这样一来，先、仙韵为第二十六、二十七，删、山、元韵为第二十八、二十九、三十，先韵的次序还是没有靠前到第二十三的地步。如何解释此种《唐韵》的韵次，还有待于将来。

① （宋）周密著，邓子勉点校《云烟过眼录》(唐宋史料笔记丛刊之一)，北京：中华书局，2018 年，第 242 页。

② （清）钱曾著，管庭芬、章钰校证《读书敏求记校证》，第 252 页。

③ 陈文和主编《嘉定钱大昕全集》(增订本，第 11 册)，南京：凤凰出版社，2017 年，第 423 页。

④ 周祖谟《论裴务齐正字本刊谬补缺切韵》，周祖谟《语言文史论集》，杭州：浙江古籍出版社，1988 年，第 242 页。

论《五音集韵》小韵的改并

武汉大学文学院　熊桂芬

内容提要：《五音集韵》是第一部等韵化韵书，它根据《广韵》的同用、独用例把206韵合并为160韵。《五音集韵》的小韵主要来自《广韵》和《集韵》，在合并韵部时，涉及《广韵》和《集韵》相关小韵的合并。《五音集韵》合并小韵的依据不是同音与否，决定小韵的合并、增减和转移的是韵图结构，《五音集韵》合并小韵时的主要考虑标准是等韵原理的符合与否，而实际语音只是一个辅助标准。

关键词：《集韵》；《五音集韵》；小韵；改并

金代韩道昭《改并五音集韵》（1208）是北宋以后首先突破《切韵》框架体系的一部韵书，在中国古代韵书史、语言学史中有着重要地位。《改并五音集韵》是在荆璞《五音集韵》的基础上改并重编的。荆璞的《五音集韵》又是将韵图的框架添入《广韵》或《集韵》改编而成。有关学者在邢准编修的金刻本字书《新修絫音引证群籍玉篇》（或称《新修玉篇》）的音义材料中，发现了已亡佚的金代韵书《广集韵》[①]，其以《广韵》为底本、《集韵》为补充，当为荆璞《五音集韵》与韩道昭《改并

① （金）邢准《新修絫音引证群籍玉篇》，《中华再造善本·金元编·经部》，北京：北京图书馆出版社，2005年。

五音集韵》的原始底本[①]。这几种著作的传承关系是这样的:《广韵》(1008)、《集韵》(1037)——[《广集韵》(1124—1141)]——荆璞《五音集韵》(1141—1149)——韩道昭《改并五音集韵》(1208)。由于荆璞《五音集韵》已亡佚,本文所论"《五音集韵》"实际指的是韩道昭《改并五音集韵》,以下称引不再赘述。

《五音集韵》对于《广韵》和《集韵》的改并、重编主要是在音韵方面,包括合并韵部、小韵、标明字母等第、重新排列小韵顺序等。宁忌浮、唐作藩等学者都认为,《五音集韵》的小韵基本来自《广韵》《集韵》[②],据宁忌浮统计,《五音集韵》不用《广韵》《集韵》的反切数是198例,占反切总数的5%[③]。不过,对于《广韵》《集韵》《广集韵》与《五音集韵》具体小韵的改并仍待细化研究。限于篇幅,本文主要讨论《五音集韵》对《集韵》小韵改并的几个特点。《集韵》的本子主要用的是《宋刻集韵》,并参校了述古堂本等。《五音集韵》用的是宁忌浮的《校订五音集韵》[④]。

一、小韵合并的基本原则

《五音集韵》韵部中小韵合并的原则是根据它们在《韵镜》或《七音略》等韵图中的位置,即根据它们的开合等第,把韵图中排列在同一位置的小韵合并,不同位置则予以保留,即小韵合并不以时音中是否同音为标准。在具体操作过程中还有些不同的原则,下面分几种情况予以说明。

---

① 可参考:王丽艳、赵晓庆《金代韵书〈广集韵〉考略》,《语文研究》,2017年第1期;赵晓庆《〈改并五音集韵〉特殊音切考》,《语文研究》,2019年第3期。

② 宁忌浮《金代汉语语言学述评》,《社会科学战线》,1987年第1期;宁忌浮《汉语韵书史》(金元卷),上海:上海人民出版社,2016年;唐作藩《〈校订五音集韵〉序》,《古汉语研究》,1992年第1期。

③ 宁忌浮《汉语韵书史》(金元卷),第40页。

④ (宋)丁度等《宋刻集韵》(北京图书馆藏宋刻本),北京:中华书局,2005年;《集韵》(上海图书馆藏述古堂影宋钞本),上海:上海古籍出版社,1985年;(金)韩道昭著、宁忌浮校订《校订五音集韵》,北京:中华书局,1992年。

（一）合流韵部之等位相同

对于等位相同的韵部，《五音集韵》按《广韵》和《集韵》韵目的顺序，尽量保留排在前面的韵部的小韵，例如：

覃韵系和谈韵系都是一等韵，《五音集韵》合并二者时，从覃韵收了15个小韵，从谈韵收了3个小韵，只收了覃韵没有的来母的“蓝鲁甘切”、明母的“姏武酣切”、以母的“佔与甘切”；上声从感韵收了13个小韵，从敢韵收了3个小韵。但是透母位置的小韵却收了《集韵》敢韵的“菼吐敢切”，没收《集韵》感韵的“襑他感切”，只把“襑”小韵下的13个字都并到“菼吐敢切”小韵下。不知道这个例外是不是因为“襑”字的声符属三等侵韵，不适合作一等韵的小韵代表字。感韵没有的明母小韵则收了敢韵的“媣谟感切”。去声从勘韵收了14个小韵，从阚韵收了3个小韵。但是心母位置的小韵却收了《集韵》阚韵的“三苏暂切”，没收《集韵》勘韵的“俕苏绀切”，只把“俕”小韵下的3个字都并到“三苏暂切”小韵下（不过“倸”字改成了“傺”，同《广韵》，从声符看改成“傺”是）。匣母小韵也没有收《集韵》勘韵匣母的“憾胡绀切”，而收了《集韵》阚韵匣母的“鉴胡暂切”，不知缘由，“憾胡绀切”小韵的15个韵字同样收入“鉴胡暂切”下。《集韵》勘韵没有从母小韵，《五音集韵》则收了阚韵的“暂昨滥切”作“暂藏滥切”。入声从合韵收了11个小韵，从盍（盇）韵收了4个小韵。但是匣母、疑母、泥母位置的小韵却分别收了《集韵》盍韵的“盇辖腊切”（《五音集韵》作“盍胡腊切”）、“礏五盍切”（《五音集韵》作“偈五盍切”）、“魶诺盍切”（《五音集韵》作“魶奴盍切”），没收《集韵》合韵的“合曷合切”“嗫鄂合切”“纳诺荅切”小韵，合韵这3个小韵的韵字全部合并进盍韵对应的小韵下。《五音集韵》合并后的小韵的韵字就是这两个韵的韵字的总和。《集韵》合韵没有透母小韵，《集韵》就只有盍韵的“榻托盍切”（《五音集韵》合韵作“榻吐盍切”）。[①]

尤韵系和幽韵系都是三等韵，《五音集韵》合并二者后，平声从尤韵收了31个小韵，从幽韵收了10个小韵。上声从有韵收了28个小韵，从黝韵收了4

① 参看（金）韩道昭著，宁忌浮校订《校订五音集韵》，第229页。

个小韵。去声从宥韵收了32个小韵，从幼韵收了6个小韵。幽韵系韵字放四等，但由于它与三等共享一套反切上字，因此邵荣芬等学者认为幽韵系属于三等韵[①]，但《五音集韵》在合并尤—幽时，显然是依照韵图把幽韵作为四等韵看待的，因此对于两韵中同声母的一些小韵并没有将它们合并，而是保持对立，如："不方鸠切"与"彪悲幽切"对立、"浮缚谋切"与"滮皮彪切"、"谋莫浮切"与"缪武彪切"、"鸠居求切"与"樛居虬切"、"丘去鸠切"与"区羌幽切"、"求巨鸠切"与"虬渠幽切"、"牛语求切"与"聱语虬切"、"忧於求切"与"幽於虬切"、"休许尤切"与"飍香幽切"、"刘力求切"与"镠力幽切"对立。这些声母相同，但小韵对立，而且这些小韵属唇牙喉音，情形跟对重纽韵的处理一样，但这也许说明《五音集韵》如邵荣芬所言，把尤—幽当作一种特殊的重纽。

（二）合流韵部之等位不相同

绝大部分不同等第小韵的位次是互补的，不相冲突，所以《五音集韵》在合并这些韵时绝大部分小韵都予以保留。但这又分两种情况：一是三四等韵的合流，这种情况合流比较简单，例如盐韵系与添韵系的合流：《集韵》盐韵是三等韵，添韵是四等韵，《五音集韵》把二者合并，位次冲突的很少，只有心母的位次重了，所以《五音集韵》把《集韵》的"鬑斯兼切"小韵的2个韵字合并进"铦思廉切"小韵。《集韵》艳韵的声母和㮇韵小韵的声母大部分都是互补的，所以都被《五音集韵》艳韵继承。只有几处例外：《集韵》㮇韵的"酓於年切"和"僣子念切"两个反切《五音集韵》艳韵未收，只收了《集韵》艳韵的"惏於赡切"和"嚽子艳切"两切，可知《五音集韵》在合并艳韵和㮇韵时，把四等㮇韵的部分小韵合并到三等的艳韵去了。另外，《五音集韵》多收了见组群母"鐱渠验切"小韵、疑母的"验鱼窆切"小韵、非母的"窆方占切"小韵，这几个小韵在《集韵》中收在验/酽韵，这是《五音集韵》补全位次的努力，也是它合并酽韵、艳韵和㮇韵的表现，因为《集韵》艳韵的"惏於赡切"小韵被《五音集韵》改成了"惏於验切"，"验"字属验/酽韵。总之，三等韵与四等韵合并，如果等位冲突，会把四等韵字并入三等韵中，有重纽的三等韵和四等韵合并亦如此。如：宵韵的溪

① 邵荣芬《切韵研究》，北京：中国社会科学出版社，1982年，第80页。

母和影母的重纽小韵已经把三四等的位置都占了，所以《五音集韵》就把萧韵的溪母“鄡牵幺切”和影母小韵就合并到重四的“趻去遥切”下，《集韵》萧韵影母的“幺伊尧切”合并到宵韵的影母重四的“要於宵切”下。同样，《五音集韵》把《集韵》筱韵见母的“皎吉了切”与宵韵见母重四的“叫吉小切”合并。

另一种是二三等韵的合流，这种合流往往需要离析韵部，比如明面上（从韵目上看）庚韵与耕韵合流，实际上是庚韵二等与耕韵合流，庚韵三等与清韵合流。庚韵三等并入清韵的小韵有：“惊居卿切”“卿丘京切”“擎渠京切”“迎语京切”“兵晡明切”“平蒲兵切”“玶旁经切”“兄呼荣切”“霙於惊切”“甇乙荣切”“荣於平切”。这些小韵都是唇牙喉音字，其中“卿丘京切”（《五音集韵》作“卿去京切”）—“轻去盈切”、“擎渠京切”—“颈巨成切”，形成邵荣芬所说的另类重纽，与《五音集韵》合并尤、幽两韵相似[①]。《集韵》庚韵影母本来有两个小韵“霙於惊切”和“甇乙荣切”（这是小韵重出，《广韵》只收了前一个小韵，《五音集韵》没有依惯例去掉一个），加上清韵本来也有影母“婴伊盈切”（《五音集韵》作“婴於盈切”），所以《五音集韵》清韵影母下就出现了收三个小韵的奇特现象，“霙於惊切”和“甇乙荣切”标注三等，“婴於盈切”标注四等，这是因为韵图里清韵排四等。梗韵三等并入静韵的小韵有：“警举影切”“憬俱永切”“憬孔永切”“丙补永切”“皿母梗切”“景於境切”“永於憬切”“令卢景切”。《集韵》映韵三等并入劲韵的小韵有：“敬居庆切”“庆丘正切”“寎丘咏切”“竞渠映切”“迎鱼庆切”“柄陂病切”“寎铺病切”“病皮命切”“寎况病切”“映於庆切”“咏为命切”。陌韵三等并入昔韵的小韵有：“隙乞逆切”“剧竭戟切”“逆仡戟切”“虩迄逆切”。

二、开合口小韵归韵的调整

《集韵》在开合分韵的韵部小韵的归部上做得不够精细，比如真、谆分韵的混乱在《集韵》中表现就很明显，如真韵字归到谆韵的小韵有：“颠，典因切”“天，铁因切”“田，地因切”“年，祢因切”“苓，戾因切”“巾，居银切”“堇，渠巾切”“银，鱼

① 邵荣芬《切韵研究》，第71—72页。

巾切”“矉，下珍切”“咽，於巾切”“寅，夷真切”。轸韵归到准韵的小韵有：“賰，是忍切”“䡅，丑忍切”“纼，文忍切”“嶙，里忍切”“笉，拟引切”“螓，阻引切”“䰰，楚引切”“涊，锄引切”“尽，在忍切”“囟，思忍切”。震韵归到稕韵的有：“榇，初觐切”“酳，士刃切”“镇，陟刃切”“疢，丑刃切”“𡂴，丑刃切”“陈，直刃切”“吝，良刃切”“晋，即刃切”“亲，七刃切”“信，思晋切”“烬，徐刃切”“胤，羊进切”“菣，去刃切”“印，伊刃切”“衅，许慎切”“螼，羌刃切”“仅，渠吝切”“抻，居觐切”“㶧，鱼仅切”“眒，式刃切”“阠，所阵切”“阠，于㶧切”。质韵归到术韵的有：“率，朔律切”“茁，厥律切”“绌，式聿切”“剢，楚律切”“祋，都律切”“屈，其述切”“驈，户橘切”“貀，女律切”“繘，其律切”，等等。对于《集韵》这个缺陷，《五音集韵》费了很大功夫进行刊谬和改编。

下面分别以《集韵》《五音集韵》山摄的上声旱韵、缓韵，去声翰韵、换韵，入声曷韵、末韵举例并列表说明（表中√表示该书所收与上列的反切相同）。

表1　《集韵》《五音集韵》旱韵、缓韵的小韵对比表

		旱 下罕	罕 许旱	侃 可旱	笴 古旱	缓 户管	盌 邬管	款 苦缓	管 古缓	满 母伴	坢 普伴	板 补满	伴 部满	散 颡旱	鬢 子罕	瓒 在坦	算 损管	纂 祖管	鄹 绪纂
旱韵	集韵	√	√	√	√														
	五音集韵	旱 胡笴	罕 呼旱	侃 空旱	√									散 苏旱	鬢 作旱	瓒 藏旱			
缓韵	集韵					√	√	√	√	√	√	√	√	√	√	√	√	√	√
	五音集韵					缓 胡管	椀 乌管	款 苦管	管 古满	满 莫管	√	板 博管	伴 蒲满				算 苏管	纂 作管	鄹 辝纂
旱韵	集韵	亶 党旱	坦 傥旱	但 荡旱	懒 鲁旱	虢 士懒	摊 乃坦	短 覩缓	疃 土[1]缓	断 杜管	毳 千短	卵 鲁管	侒 阿[2]侃	輐 五管	豢 胡满	濊 火管	烦 乃管	/	/
	五音集韵	亶 多旱	坦 他但	但 徒旱	懒 落旱		摊 奴但						√					/	/

① 明州本、钱钞注作“士”，误。潭州本、金州本、毛钞本作“土”。现依潭州本、金州本、毛钞。

② 明州本、钱钞注作“何”，误。嘉庆十九年顾广圻重修本作“阿”，现依顾氏重修本。

续表

缓韵	集韵	√	√	√	√	√	√	√	√	√	√	√	√	√	√	√		/	/
	五音集韵							短 都管	曈 吐缓	断 徒管	√	卵 卢管		√		√	√	/	/

《集韵》旱韵只收4个小韵，都是反切下字为“旱”的小韵。《五音集韵》旱韵收了13个小韵，把反切下字为“旱”及能与切下字为“旱”的反切系联的小韵都归开口旱韵。

表2 《集韵》和《五音集韵》翰韵对比表

		翰 侯旰	汉 虚旰	看 墟旰	干 居案	按 於旰	岸 鱼旰	换 胡玩	唤 呼玩	鏉 苦唤	贯 古玩	惋 乌贯	玩 五换	半 博漫	判 普半	畔 薄半	缦 莫半	伞 先旰	粲 苍案
翰韵	集韵	√	√	√	√	√	√												
	五音集韵	√	汉 呼旰	侃 苦旰	旰 古案	按 乌旰	岸 五旰											伞 苏旰	√
换韵	集韵							√	√	√	√	√	√	√	√	√	√	√	√
	五音集韵							√	唤 火玩	鑌 口唤	√	√	√	半 博慢	√	叛 薄半	√	√	

表3 《集韵》和《五音集韵》换韵对比表

翰韵	集韵	赞 则旰	攒 徂畔	巑 才赞	筭 苏贯	窜 取乱	钻 祖筭	旦 得案	炭 他案	惮 徒案	爤 郎旰	难 乃旦	锻 都玩	彖 吐玩	段 徒玩	乱 卢玩	偄 奴乱
	五音集韵	√		巑 徂赞				√	炭 他旦	√	烂 郎旰	摊 奴案					
换韵	集韵	√	√	√	√	√	√	√	√	√	√	√	√	√	√	√	√
	五音集韵		攒 徂玩		√	窜 七乱	穳 子筭						锻 丁贯	彖 通贯	√	乱 郎段	√

《集韵》翰韵只收了6个小韵，《五音集韵》收了15个小韵。《五音集韵》翰韵增加的9个小韵的反切都是能与《集韵》翰韵的6个小韵的反切系联的，可见本来应该在同一个韵的，但《集韵》把它们分散到开合两个韵去了。

表 4 《集韵》《五音集韵》曷韵所收小韵对比表

		曷 何葛	[口歇] 许葛	渴 丘葛	葛 居曷	遏 阿葛	嶭 牙葛	躠 桑葛	攃 七曷	鬢 子末	巀 才达	怛 当割	闼 他达	达 陁葛	剌 郎达	捺 乃曷	攡 矛割
曷韵	集韵	√	√	√	√	√	√	√	√	√	√	√	√	√	√	√	
	五音集韵	曷 胡葛	[曷页] 许葛	渴 苦曷	葛 古达	遏 乌割	嶭 五割	[艹躠] 桑割	√	鬢 子葛	巀 才割	√	√	闼 唐剌	剌 卢达	√	√

表 5 《集韵》《五音集韵》末韵所收小韵对比表

		末 莫葛	活 户括	[衤害] 呼括	阔 苦活	括 古活	斡 乌括	枂 五活	椊 攒活	拨 北①末	钹 普活	跋 蒲拨	撮 麤括	繓 宗括	掇 都括	侻② 他括	夺 徒活	捋 卢活	[雪刂] 先活
末韵	集韵	√	√	√	√	√	√	√	√	√	√	√	√	√	√	√	√	√	√
	五音集韵	末 莫拨	√	豁 呼括	阔 苦括	√	√	√	柮 藏活	√	√	√	撮 仓括	繓 子括	掇 丁括	√	√	捋 郎括	√

《集韵》曷韵“鬢子末切（《广韵》作“姊末切”）”小韵的切下字有问题，用的是末韵的字，因此《五音集韵》把它改成“鬢子葛切”，用的是本韵的字作切下字。《集韵》末韵的“末莫葛切”的切下字有问题，用的是曷韵的字作切下字，《五音集韵》把末小韵的反切改成“莫拨切”，用的是本韵的切下字。可见《集韵》的曷末两韵虽然在小韵的归韵上没问题，开合分得比较清楚，但是在切下字的使用上还是有开合混用的现象。

《五音集韵》除了调整这些在《集韵》中开合分韵的对应韵部中小韵的归部以外，还有一种情况是把开合合韵的合口韵部中的小韵离析出来，另外归到别的合口韵部中，这种情况与语音演变有关，如近代以后，时音中祭韵与废韵合流，所以《五音集韵》表面上（指韵目）祭韵与废韵都是独立的，但暗地里却离析了祭韵，把祭韵的合口小韵并入了废韵。

① 述古堂影宋钞本作“疪”。

② 述古堂影宋钞本作“悦”。

表6 《集韵》和《五音集韵》祭韵和废韵的小韵归韵对比表

祭韵	集韵	祭 子例	岁 须锐	脃 此芮	蕝 祖①芮	篲 旋②芮	世 始制	呭③ 呼世	掣 尺制	制 征例	誓 时制	税 输芮	毳 充芮	赘 朱芮	啜 称芮	汭 儒税
	五音集韵	√	岁 相锐	毳 此芮	蕝 子芮	篲 祥岁	世 舒制	歇 虚乂	√	√	逝 时制	税 舒芮 废韵	毳 充税 废韵	赘 之芮 废韵	毳 充税 废韵	汭 而锐 废韵
	集韵	⿸疒带 竹例④	⿰山祭 所例	⿱竹毳 初芮	⿰口率 山芮	跇 丑例	褐 于例	愒 去例	猘 居例	瘵 侧例	偈 其例	卫 于⑤岁	刿 姑卫	憩 去例⑥	惙 丑芮	潎 毗祭
	五音集韵	√				√	褐 于厠	愒 去猘	√	瘵 征例	偈 其憩	卫 于刿 废韵	刿 居卫 废韵	憩 去猘	√ 废韵	獘 毗祭
	集韵	刵 才⑦芮	滞 直例	例 力制	缀 株卫	錣 除芮	瘈 吉曳	曳 以制	叡 俞芮	埶 倪祭	劂 九芮	劓 牛例	蔽 必袂	潎 匹曳	袂 弥敝	
	五音集韵	刵 牛吠 废韵	√	√	缀 陟卫 废韵	√ 废韵	√	曳 余制	叡 以芮	埶 鱼祭		劓 牛猘	√	潎 匹蔽	袂 弥獘	艺 鱼祭
	集韵															
	五音集韵	婂 女世	挈 示势⑧													

由表6可见，《五音集韵》把《集韵》中大部分合口小韵都转入废韵去了，如切下字为“芮、税、卫、吠、刿”的11个小韵，但《五音集韵》做得并不完善，还有一些合口小韵没有并入废韵，如“岁相锐切”毳此芮切”“蕝子芮切”“篲祥岁切”这4个小韵，遗漏达到36%。还有《集韵》有几个庄组合口小韵“⿱竹毳初芮切”“⿰口率山芮切”没收，因为祭韵是重纽三等韵，在等韵图上只放在三四等，不放二等庄组字。可见，在反映时

① “祖”字述古堂影宋钞本脱。
② “旋”字述古堂影宋钞本脱。
③ “呭”字右半边述古堂影宋钞本脱。
④ “例”述古堂影宋钞本作“列”，应为“例”字之误。
⑤ “于”述古堂影宋钞本作“干”。
⑥ “去例切”述古堂影宋钞本作“诈厠切”。
⑦ “才”字应为“牛”字之讹。
⑧ “示势切”述古堂影宋钞本作“呈势切”。

音和韵图结构发生冲突时，《五音集韵》更加倾向于忠实韵图。《集韵》祭韵有2个合口小韵“劂九芮切”和“劌居卫切”，是祭韵见母重纽，《韵镜》祭韵合口见母下亦有重纽：“劌”小韵和“瀱”小韵。《五音集韵》废韵把它们加以合并了。

三、根据等韵学理增减和调整小韵

《五音集韵》以四声、一百六十韵、三十六字母、一二三四等作为全书的结构框架，可以说它其实是一部以声纽为经、以等呼为纬的特殊等韵图。因此《五音集韵》特别注重语音的系统性，如果系统有缺口，会尽量补齐，如果有重出或与等韵原理不合者，则会删掉或把该小韵移到合适的地方。

（一）补齐等位

《五音集韵》东韵比《五音集韵》多收“齈奴东切”，这是为了补齐端组的位置而设。上声董韵比《集韵》多收3个小韵：“鞼古孔切”“孔康董切”“貜奴动切”，这是补充牙音和舌音的位次。去声用韵《集韵》知组只收了彻母的“憃丑用切”和澄母的“重储用切”，《五音集韵》补了一个知母的小韵“湩知用切”。入声屋韵比《集韵》屋韵多收一个小韵“簇仕六切”。《集韵》屋韵庄组字只收了庄、初、生这几个声母的小韵，缺一个崇母小韵，《五音集韵》补上。

《五音集韵》绛韵比《集韵》多收一个小韵“嶊巨角切”，这是补齐见组的群母之位。

《五音集韵》语韵比《集韵》语韵多收两个小韵“杵昌与切”“纾神与切”，这是《五音集韵》补上昌母和船母之位。

《五音集韵》虞韵比《集韵》虞韵多收三个小韵：“区岂俱切”“毹山刍切”“于羽俱切”，这是补上溪母、生母和云母之位。上声麌韵比《集韵》噳韵多收两个小韵“蝸丑主切”、“偪尺主切”，这两个小韵都只收一个韵字，是为了补彻和昌母之位而加。模韵比《集韵》模韵多收一个小韵“瑹他胡切”，这是为了补上透母之位。

《五音集韵》把《集韵》的侯韵的“谋莫浮切”放到尤韵了，就增加了一个“呣亡侯切”补明母之缺，《韵学集成》收此小韵作“呣莫侯切”。

《五音集韵》霁韵比《集韵》多收一个小韵“賢羊闭切”，这是补上喻四的位次。

《五音集韵》祭韵比《集韵》祭韵增加了三个小韵：“婂女世切”“挈呈势切”“挈示势切”，这是补足知组的位置。“艺鱼祭切”是补足疑母开口的位置。

《集韵》只有恨韵有影母小韵“揾乌困切”，慁韵没有影母。《五音集韵》把“揾乌困切”放到慁韵，恨韵另收一个影母小韵“饐乌恨切”，这样《五音集韵》的恨韵和慁韵都有影母了。但《五音集韵》混韵比《集韵》多收一个小韵，“崸丁本切”，此小韵只收“崸”这一个字，这是补齐舌头音端透定的做法。《五音集韵》在痕、魂分部上大体继承了《集韵》的做法，只在痕韵添加了两个小韵，一个是溪母的“䫀口恩切”小韵，这个小韵只收了这一个非常生僻的字，显然是为了补齐溪母而作；还有一个是把《集韵》魂韵的“垠五根切”小韵转到痕韵来了，因为“根”是开口痕韵的切下字，转到合口魂韵是正确的，当然，这也有这除了补齐疑母目的。

《五音集韵》缓韵比《集韵》多收了一个泥母小韵“煗乃管切”，这是为了补齐端透定泥四母。末韵比《集韵》多收一个“枂五活切”，这是为了补喉音疑母之位。

《五音集韵》侵韵比《集韵》多收两个小韵：“鮗才鸩切”和“谶楚谮切”，这是补齐精组所缺的从母和庄组所缺的初母之位。

（二）删掉或移动不符合等韵学理的小韵

有些改动，韩道昭在《五音集韵》注文中明确指出，如：

《五音集韵》艳韵“七艳切”下：“佥，皆也。此字元在酽韵中，昌黎子为第四等中唯有一字，故改于艳韵之中。”[①]《集韵》验韵“七剑切”下：“佥，皆也。”《集韵》的验韵即《广韵》的酽韵，酽韵是独立三等韵，只应在唇牙喉音下有字，因此韩道昭把“七艳切”的“佥”字改到艳韵。

《五音集韵》艳韵“而艳切”下：“媣，淮南呼母曰媣也，此字元在勘韵中，辱绀

① （金）韩道昭著、宁忌浮校订《校订五音集韵》，第187页。

切，昌黎子为勘韵唯收第一，故改于艳韵为正矣。"《集韵》勘韵"辱绀切"下："媣，淮南呼母。"勘韵是一等韵，不该有日母字，因此韩道昭把"媣"改入三等的艳韵。此例亦是根据等韵学理而改。

《五音集韵》昔韵"于臭切"下："棫，木名，白桵也。此一字，元在锡韵，昌黎子改于昔韵。"[①]《集韵》锡韵"于臭切"下："棫，木名。"锡韵是四等韵，不该有云母字，因此韩道昭把"棫"改入三等的昔韵。此例亦是据等韵学理而改。

《五音集韵》洽韵"士洽切"下："磼，习磼，破物声。元在业韵收之，昌黎子改于洽韵为正。"《集韵》业韵"士劫切"下："磼，习磼，破物声。"[②]业韵是独立三等韵，只应有唇牙喉音，不该有齿音字，因此韩道昭把崇母的"磼"改入二等韵洽韵。此例亦是据等韵学理而改。

《五音集韵》没韵"博没切"下："不，未许也，非也。此一字勿字匀（按：即韵字）中分勿切，昌黎子为俗用及多，故刱立帮母安于没字匀中，与普没切誖，蒲没切勃，莫勃切没，岂不顺哉，后进详之，知不谬矣。"[③]《集韵》勿韵"分勿切"下："不，无也。"韩道昭把勿韵非母的"不"字改成帮母没韵的根据一是俗音，即时音，二是等韵学理，可以与没韵的滂母、並母和明母凑齐唇音四母。

《集韵》钟韵有三个小韵"夆匹逢切""𧓎匹匈切""莑蒲恭切"，属重唇音，钟韵属于三等合口有轻唇音的韵，这几个重唇小韵，不合等韵学理，且小韵都只收一个韵字，《五音集韵》没收。《集韵》烛韵有一个小韵"䩷逋玉切"，属帮母，不该出现在三等的烛韵，因此《五音集韵》未收。

《集韵》"腜茫归切"小韵的反切上字是明母，不应出现在独立三等韵的微韵，因此《五音集韵》未收。《五音集韵》根据《玉篇》收了"倕直韦切"小韵，属澄母。微韵应该只有唇牙喉音，《五音集韵》收此小韵不合音理。《集韵》的"嶉子尾切"小韵属精母，不该在尾韵，因此《五音集韵》没收。《集韵》的"壝欲鬼切"属以母，韵图放四等，也不该出现在尾韵，《五音集韵》也没收。但《五音集韵》比《集韵》多收

① （金）韩道昭著、宁忌浮校订《校订五音集韵》，第222页。
② （金）韩道昭著、宁忌浮校订《校订五音集韵》，第233页。
③ （金）韩道昭著、宁忌浮校订《校订五音集韵》，第202页。

2个小韵，一个是“魄於鬼切”，补齐影母合口。有一个小韵“垒良斐切”，属来母，是半舌音，不该出现在尾韵，但《集韵》收了，不知来源，《五音集韵》也没有照惯例去掉。“猵铺胃切”是重唇滂母，不该出现在独立三等韵的未韵里，因此《五音集韵》没收。

《集韵》莫韵“写伤故切”，属书母，不该出现在一等的莫韵，注文中标明此读乃“刘昌宗读”，可见是个前代经师音，且该小韵只收一个韵字，因此《五音集韵》不予收录。《集韵》莫韵“跖於故切”属影母细音，不该出现在莫韵。另，该小韵只收一个韵字，且位于韵末，可见是后起增加的小韵，《五音集韵》亦不予收录。

《集韵》齐韵的“堤直兮切”属澄母，不该出现在四等的齐韵，注文中说此音出自南北朝吴兴沈文阿，是前代经师音，且该小韵只收一个韵字，《五音集韵》未收。《集韵》荠韵的“洒时礼切”属常母，“茝揫睨切”属昌母，不该出现在四等的荠韵，《五音集韵》未收。《集韵》霁韵的“筡丑戾切”属彻母，不该出现在四等的霁韵，《五音集韵》未收。

《集韵》祭韵庄组小韵“嵥所例切”《五音集韵》没收，因为祭韵是重纽三等韵，在等韵图上只放在三四等，不放二等庄组字。

《集韵》根韵有一个小韵“鎠王根切”，用的是云母字做切上字，根韵是一等韵，不该有云母，因此《五音集韵》改成“鎠疑一·五根切”，这就符合音理了。

《五音集韵》混韵比《集韵》少一个小韵“芚治本切”，“治本切”属澄母，混韵是一等韵，不该有澄母字，因此《五音集韵》没收。

《集韵》寒韵“蠠知干切”小韵《五音集韵》未收，因为寒韵为一等韵，“知干切”放寒韵不合等韵学理。《集韵》缓韵的“虥士懒”小韵，《五音集韵》未收，因为缓韵是一等韵，收崇母小韵不合等韵学理。

《集韵》的“氉丁日切”小韵属端母，不该出现在三等职韵，《五音集韵》未收。

《集韵》侯韵的“谋迷浮切”小韵在《五音集韵》中作“谋莫浮切”，置于尤韵下，应该是切下字“浮”字属尤韵的原因。《集韵》错置其可能表现的是轻唇音的 -i- 介音在时音中已经失落。“恒匹九切”小韵属滂母，不该出现在三等的有韵和黝韵，《五音集韵》未收。《集韵》厚韵的“齺初主切”小韵属初母，不该出现在一等的厚韵，《五音集韵》未收。

《集韵》寝韵的“咕当审切”小韵属端母，不该出现在三等的寝韵，且只有“咕”一个韵字，《五音集韵》没收这个小韵，并把“咕”字合并到了知母的“戡”小韵。

《集韵》覃韵和谈韵的“沈长含切”“颗常含切”“蓻市甘切”“緂充含切”“緂充甘切”“蚦汝甘切”6个小韵分别属于澄母、禅母、昌母和日母，不该出现在一等韵，《五音集韵》未收。《集韵》勘韵的“蹔俎绀切”“媣辱绀切”“黸叉滥切”“涔仕滥切”4个小韵分别属于庄母、日母、初母和崇母，不该出现在一等的勘韵，《五音集韵》未收。《集韵》盍韵的“啑所荅切”“谵章盍切”两个小韵分别属于庄母和章母，不该出现在一等韵，《五音集韵》未收。

《集韵》盐韵的“襳师炎切”属生母，按韵图不该出现在盐韵，《五音集韵》未收。

《集韵》帖韵是四等韵，书母的“挟尸牒切”不合音理，《五音集韵》未收。叶韵在韵图上没有庄组字，所以《集韵》叶韵的“庿庄辄切”、初母“臿磣歃切”、生母“歃色辄切”《五音集韵》没收。

韵图上业韵排在三等，没有以母和崇母的位置，因此《集韵》的“殜余业切”小韵和“磼士劫切”小韵《五音集韵》未收。

《集韵》洽韵的“蓮实洽切”小韵的反切上字“实”字属船母，不该出现在二等韵，《五音集韵》改成“箑士洽切”。《集韵》狎韵的“挟子洽切”属精母，不该出现在二等韵，《五音集韵》未收。

《集韵》宵韵“旚稍妖切”和笑韵“捎梢峤切”属生母，不该出现在宵韵和笑韵，《五音集韵》未收。

总之，与《集韵》相比，《五音集韵》未收的小韵，大部分是由于与等韵图上位置发生冲突所导致的。

（三）去掉《集韵》重出小韵

《集韵》有些小韵的等位重出，除了重纽，这些重出的小韵可能跟《集韵》大量收录早期反切有关，这些反切跟《集韵》音系不是一个共时的系统，但《集韵》没有做仔细的审音筛查，造成重出。如：

《集韵》东韵的“鲱蚩工切”小韵《五音集韵》未收，因为前面已收“忡敕中切”小韵，“鲱蚩工切”小韵与之重位，且“鲱蚩工切”以一等的“工”子作切下字，不合音理。

《集韵》冬韵的“炵他冬切”小韵与“浵统冬切”重位，浵小韵只收了“浵”一个字。《五音集韵》未收。《集韵》沃韵的“毒徒沃切”与“儥地笃切”重位，且“儥地笃切”小韵只有一个韵字，《五音集韵》不收“儥地笃切”小韵。《集韵》用韵有两个小韵重位“搣戎用切”和“鞲而用切”，《五音集韵》只收后面一个。

《集韵》绛韵有两个小韵重位“巷赫巷切”、“赣呼降切”，《五音集韵》没收后者。

“凭部孕切”和“冰逋孕切”两个小韵都属並母，重位，《五音集韵》只收一个。

《集韵》未韵的“倪五未切”与“魏虞贵切”都是疑母合口，重位，因此《五音集韵》只收了“倪五未切”这个小韵。

《集韵》慁韵的“惛呼困切”小韵与恨韵的“䫴昏困切”小韵同音，因此《五音集韵》只在慁韵收了“惛晓一·呼闷切”，恨韵没收晓母字。

《集韵》萧韵的“赵起了切”与“硗轻皎切”重位，《五音集韵》只收了“硗轻皎切”，“赵起了切”是《诗经》“其镈斯赵”沈重读。《集韵》啸韵晓母的“歊馨叫切”与“獟火吊切”重位，“獟火吊切”放在韵末，且只收1字，《五音集韵》未收。

《集韵》幼韵的“朻己幼切”与“赳古幼切”都属见母，重位，《五音集韵》只收后者。

《集韵》的“蕈慈荏切”小韵与“簪集荏切”都属从母，重位，后者只收“簪”一个韵字，《五音集韵》只收了“蕈慈荏切”小韵，并把“簪”字合并了进去。

《集韵》合韵的“合葛合切”与“鞈记合切”都是属见母，重位，《五音集韵》只收了前者作“合古沓切”。

《集韵》盐韵的“针巨盐切”与“箝其淹切”都属群母，重位，《五音集韵》只收了前者。

《集韵》叶韵溪母“瘱去涉切”与“抾去笈切”重位，《五音集韵》只收前者。《集韵》叶韵的“锸敕涉切”与“婳丑聂切”重位，《五音集韵》只收了前面者（“锸丑辄切”）。

《集韵》恰韵疑母有两个小韵“睚仡甲切”和“譺五洽切”，重位，《五音集韵》把它们合并了。

《集韵》支韵的“跬却垂切”与“窥去规切”（重四），《五音集韵》未收。《集韵》支韵“訑香支切”与“牺虚宜切”重位，《五音集韵》只收了后者。《集韵》支韵“宜鱼羁切”（重三）与“狋牛肌切”（重三）重位，《五音集韵》只收后者。

由上面的分析可见,《五音集韵》的编撰主要是依照韵图的体系和原理，有些做法教条过头，都不做音理的思考。比如《五音集韵》艳韵和㮇韵已合并，同声母的四等㮇韵的小韵会合并到三等的艳韵去，但来母却同时并收了三等的“殓力验切”和四等“稴力店切”，并没有合并。效摄萧宵两韵的合并也是这种情况，如:“聊络萧切”与“燎力昭切”、“了卢鸟切”与“缭力表切”[①]、“顤力吊切”与“尞力峤切”对立。流摄尤韵与幽韵合并后也有对立的来母小韵，如:“刘力求切”与“镠力幽切”。来母这种声韵皆同，但仍小韵分立的情况不属于重纽，现代方言中没有，显然也不是中古或近代时音的体现。这种现象亦见于《四声等子》，宁忌浮认为《五音集韵》与《四声等子》关系很密切[②]，所以不管《四声等子》的做法有什么根据或深意，估计《五音集韵》只是照搬了《四声等子》的做法。

四、不合等韵原理之处

尽管《五音集韵》的核心价值就在于它把韵书等韵化的创举，但在一些地方,《五音集韵》的编撰也会出现不合等韵原理的矛盾之处。比如群母只配三等韵，但《五音集韵》东韵群母下却收了一等和三等两个小韵，为了尽量挽回，一等的“𩒖渠公切”以一等的“公”作切下字（该小韵只收此一字，不知来源）。有些韵下不该出现某类声母，如:《五音集韵》覃韵把“䄰与甘切”标注为“喻一”，这是为了与覃韵的等位相匹配而改的，但覃韵不该有喻母字。《五音集韵》勘韵把“黔其闇切”标注为“群一”，这是为了与勘韵的等位相匹配而改的，但勘韵不该有群母。

又比如《五音集韵》的“怎子吽切”小韵和“吽呼怎切”两个小韵《集韵》未收。“怎”是一个后起的语辞用字，据《古音汇纂》“怎”的最早的反切注音见于《五音集韵》,《五音集韵》把“怎”字放在寝韵，并为它弄来“吽”这个字作切下字。“吽”这个字在《广韵》中作“呼厚切”,《龙龛手镜·口部》“吽，音吼，川韵又乎音

① 参看（金）韩道昭著、宁忌浮校订,《校订五音集韵》, 第36页。
② 宁忌浮《金代汉语语言学述评》,《社会科学战线》, 1987年第1期。

反。”“吽”字的深摄的读音是后起的。“吽”的寝韵注音也始见于《五音集韵》，应该是纯粹为了给“怎”作切下字拉过来的。因为“吽”一直以来的厚韵读音属一等，所以“怎子吽切”小韵和“吽呼怎切”小韵在《五音集韵》中都注一等，但这与寝韵的等位是不吻合的，这也是《五音集韵》中少数一些不合等韵音理的地方。

五、从小韵改并看《五音集韵》的语音史价值

有些学者认为《五音集韵》多半沿袭故纸堆，脱离实际语音，如麦耘就认为《五音集韵》在语音史上未必有多大的意义①。从韵目大类上看，《五音集韵》的并韵的确大体就是把《广韵》注明“同用”的一些韵合并了，但具体到一些小韵的增删，还是可以看出其中反映出来的现实语音信息，值得进一步仔细研究。除了前面谈到的《五音集韵》暗地里离析庚韵和祭韵，把庚二与韵运合并，梗三与清韵合并；把祭韵的合口小韵并入废韵等一些大的改动反映了时音外，一些个别小韵的增删也反映了语音演变的实际。比如《集韵》的清韵系和青韵系在《五音集韵》中是独立的，但静韵的“悜吁请切”小韵被《五音集韵》合并到迥韵去声“悜吁颎切”（颎在迥韵），锡韵的“棫于狊切”小韵被《五音集韵》并入昔韵等。又如《集韵》稕韵“歏渠吝切”小韵，《五音集韵》改作“歏渠墐切”，“歏”为重纽三等B类，《集韵》与《广韵》切下字“遴”“吝”均为重纽四等A类字，但《五音集韵》改为重纽B类的“墐”字。宁忌浮认为它们是“‘重纽’假象”，在韩道昭时代重纽“早成为历史陈迹”，他们“根本无法分辨出三四等字的差异”②，不过《五音集韵》改良切下字的举动，以重纽B类

① 麦耘《从〈五音集韵〉的并韵看其韵系的性质》，中国音韵学研究会第七次学术研讨会（1994，天津）论文，载《语言研究》（增刊），1994年。

② 宁忌浮《〈五音集韵〉的“重纽”假象》，胡竹安、杨耐思、蒋绍愚编《近代汉语研究》，北京：商务印书馆，1992年。

切下字去切重纽B类字，A类亦然，似与日本学者所称的“类相关”相仿[①]，确实比《集韵》混切的情况更为谐和。另外，赵晓庆通过比对《五音集韵》、佚书《广集韵》与《广韵》《集韵》的一些音切，也发现了某些特殊音切中包含着诸如浊音清化、唇音开合等语音信息[②]。总之，《五音集韵》特殊音切实质上仍是包含了丰富的语音史信息的，不少改并都是当时实际语音情况的反映。

① 周法高《三等重唇音反切上字研究》,《“中央研究院”历史语言研究所集刊》，1952年20上。上田正《全本王仁煦切韻について》,《中国语学》，1957年（69辑），第7—8页。（日）平山久雄《切韻に於 ける蒸職韻と之韻の音価》，载《东洋学报》，1966年第1期（49辑）；（日）平山久雄《切韻に於 ける蒸職韻開口牙喉音の音価》，载《东洋学报》，1972年第2期（55辑）；又见《重纽问题在日本》,《平山久雄语言学论文集》，北京：商务印书馆，2005年，第34—35页。

② 赵晓庆《〈改并五音集韵〉特殊音切考》,《语文研究》，2019年第3期。

正经正注成立考

北京大学中国古文献研究中心　顾永新

内容提要：儒家经典的正经（“十三经”）在先秦、秦汉时期俱已成书，正注则出现在汉、魏、晋时期（唐玄宗《孝经》御注除外），这是经过历史选择的静态结果，而历史选择的动态过程则是漫长而复杂的。无论是正经还是正注都是历史的，不是一成不变的，不同时代乃至不同地域的正经及其正注容有不同，即便是同一时代的同一正经的正注也可能不止一个。正经由五经、七经、九经至唐宋九经三传、宋代十一经和十三经，渐次成立。正注则从多元的汉魏晋古注中披沙拣金，经过历史的选择，直至唐宋始最终确立。由疏（《正义》）所确立的正经及其正注都是渊源有自的，符合学术发展的内在理路和规律性。而在这个历史选择的动态过程中具有标志性的事件是南北朝义疏之学的兴起、陈隋之际陆德明《经典释文》的编纂、唐开成石经的雕镌、五代监本九经（经注本）的刊行以及唐宋九经三传疏（《正义》）的纂修。

关键词：正经；正注；疏（《正义》）；注疏；十三经

“正经正注”语出清张之洞《书目答问》，为经部类目之名称，兼指列为科举程式的通行本“十三经注疏”（经、注文）和程朱系统新注“五经四书”，可以理解为广义的范畴。事实上，古人更为通行的用法是狭义的，系指“十三经”及其相应的汉、魏以降古注，相当于张之洞原概念外延的一部分[①]。正经——“十三经”在先秦、秦汉时期俱已成书，正注则出现在汉、魏、晋时期（唐开元以降《孝经》通行玄宗御注除外），分别是《周易》魏王弼和晋韩康伯注、《尚书》伪汉孔安国传、《毛诗》汉毛苌传、郑玄笺、《周礼》郑玄注、《仪礼》郑玄注、《礼记》郑玄注、《春秋左传》晋杜预集解、《春秋公羊传》汉何休解诂、《春秋穀梁传》晋范宁集解、《论语》魏何晏集解、《孝经》唐玄宗御注、《尔雅》晋郭璞注、《孟子》汉赵岐章句。无论是正经还是正注都是历史的，不是一成不变的，不同时代乃至不同地域的正经及其正注容有不同，即便是同一时代的同一正经的正注也可能不止一个。上述正经正注是在唐宋时期最终定型的，延续至今，这是经过历史选择的静态结果。本文着重考察的是历史选择的动态过程本身，亦即正经是如何从五经、七经、九经到十二经（九经三传）、十三经渐次形成的。前揭汉魏晋古注之所以最终能够成为正注，又经历了怎样的历史选择过程。为什么如《周易》《尚书》《论语》郑玄注、《周易》《尚书》《毛诗》《论语》、“三礼”、《左传》王肃注、《左传》服虔注、《孝经》所谓古文“孔（安国）传”和今文“郑（玄）注”等在特定历史时期内也曾颇为通行但终究未能成为正注呢？本文拟探究并尝试解决这些问题，亦即正经正注的成立。

一、正经名实考

“正经”这个范畴，不仅不同时代、不同人的认知不尽相同，即便是同一时代不同人的认知也未必相同。我们大体上以时代先后为次，略事剖判。东汉桓谭《新论》有“正经”篇，论及“三易”、《古文尚书》《礼记》《古论语》《古孝经》《左传》及扬雄《太玄经》等[②]。《新论》所谓“正经”，当为述宾结构词组（《新论》其他篇目如

① 详参拙作《经学文献的衍生和通俗化——以近古时代的传刻为中心》，《北京大学学报》（哲学社会科学版）2013年第3期，第112页。后收入同名专著《经学文献的衍生和通俗化——以近古时代的传刻为中心》“绪论”，北京：北京大学出版社，2014年，第1页。

② 桓谭《新论》久佚，清人有辑本，此据朱谦之先生校辑《新辑本桓谭新论》卷九，北京：中华书局，2009年，第38—42页。

《遣非》《祛蔽》《离事》《辨惑》等亦多为述宾结构），意谓諟正、正定经书，与后世普遍理解的偏正结构不同。荀爽著有《尚书正经》[①]，其书已佚，但从书名来看，当亦为述宾结构。郑玄传承《毛诗》之正变说，将与变风、变雅相对的正《诗》称之为"正经"，曰："文武之德……及成王，周公致太平……谓之《诗》之'正经'。……故孔子录懿王、夷王时诗，讫于陈灵公淫乱之事，谓之'变风''变雅'"[②]。郑氏还引用"传曰'故《大雅》十八篇、《小雅》十六为正经'"云云，孔颖达《正义》释曰："凡书非'正经'者谓之传，未知此传在何书也。"[③]依照孔疏的解释，传所谓"正经"系指六（五）经，意义与后世正经之义已颇为接近，为郑氏所称引，则此说之提出必不晚于郑氏。此外，汉人亦有专称某经为正经者，如孔颖达《礼记正义》卷首题解备述"《周礼》见于经籍，其名异者，见有七处"，或称礼经，或称经礼，或称礼仪，或称周官（经），"《礼说》云'有正经三百'"[④]，《礼说》系汉代纬书，所谓"正经"代指《周礼》，似与纬书相对。

汉代刘向、刘歆父子校书编目，始创七分法的目录学分类体系，六艺略与诸子略并列，魏晋以降四部分类更有经部和子部之别。所以有以正经别于诸子者，如晋葛洪曰"正经为道义之渊海，子书为增深之川流"[⑤]；唐人所修《晋书》称"谯周以司马迁《史记》书周秦以上，或采俗语百家之言，不专据正经"[⑥]。此处"正经"乃泛指经书，以与子书相对。或具体专指某一部类经书，如西晋武帝太康十年（289）诏"往者众议除明堂五帝位，考之礼文正经不通"[⑦]；或与纬书相对，如南朝梁许懋

① （南朝宋）范晔撰《后汉书》卷六二《荀爽传》，北京：中华书局，2003年重印1965年第1版，第2057页。
② （清）阮元校刻《附释音毛诗注疏》卷首《诗谱序》，北京：中华书局，2013年重印2009年影印嘉庆刻本，第555—556页。
③ （清）阮元校刻《附释音毛诗注疏》卷九郑玄《小大雅谱》及孔疏，第859页。孔疏意在解释何为"传"，以为除"正经"以外的群书皆可谓广义的"传"。
④ （清）阮元校刻《附释音礼记注疏》卷首，第2655页。
⑤ （晋）葛洪著，杨明照校笺《抱朴子外篇校笺》卷三二《尚博》，北京：中华书局，2007年重印1991年版，第98页。该书卷四四《百家》重出，第441页。
⑥ （唐）房玄龄等撰《晋书》卷八二《司马彪传》，北京：中华书局，2003年重印1974年版，第2142页。
⑦ （南朝梁）沈约撰《宋书》卷一六《礼志三》，北京：中华书局，2003年重印1974年第1版，第423页。《晋书》卷一九《礼志上》次句引作"考之礼文不正"。见（唐）房玄龄等撰《晋书》卷一九，第584页，《通典》卷四二礼二沿革二吉礼一"郊天"上引作"考之于礼不正"。见（唐）杜佑《通典》，北京：中华书局，1996年重印1988年第1版，第1174页。

《封禅议》称郑玄引《孝经钩命决》云云"此纬书之曲说，非正经之通义也"，"夫封禅者，不出正经，惟《左传》云云"，批评郑玄"不能推寻正经，专信纬候之书"[①]。值得注意的是，其所谓正经当指狭义的五经，不包括《春秋》三传等传记。他如北魏刘芳《陈终德为祖母持重又议》先后引《易》《书》《诗》及《论语》，"斯皆正经及《论语》士已上世位之明证也，士皆世禄也"[②]，知其所谓"正经"亦指五经，并不包括《论语》等传记。但同时亦有用以泛指经书者，如北魏孝文帝《皇太子冠礼有三失诏》"《家语》虽非正经，孔子之言，与正经何异"[③]，当包括《论语》在内。

唐朝明确规定了科举取士的正经为九经三传，并且明确使用"正经"这个范畴，如开元中纂修的《唐六典》既已如此。又如高宗永徽二年（651）长孙无忌奏议"而今从郑之说，分为两祭，圜丘之外，别有南郊，违弃正经，理深未允"[④]；永隆二年（681）《条流明经进士诏》"如闻明经射策，不读正经，抄撮义条，才有数卷"[⑤]。再如玄宗开元中司马贞《孝经老子注易传议》以为《子夏易传》"旨趣非远，无益后学，不可将帖正经"[⑥]。王维《奉敕详帝皇龟镜图状》称龟镜图"又多不出于正经，或取诸子之说，又取曹植《飞龙篇》、挚虞《庖牺赞》等，是一时文章之语，非正经本传之事"[⑦]。相应地，也已出现了正经正史的提法，如武宗会昌六年（846）郑遂等奏议"正经正史，两都之庙可征"，顾德章奏议"则立庙东都，正经、史无据"，张荐等奏议"辄敢征据正经，考论旧史"[⑧]。所谓正经，还多具体指称某经之文本，如孔颖达等《周易》坤初六《小象·正义》曰："夫子所作象辞，元在六爻经辞之后，以自

① （清）严可均《全上古三代秦汉三国六朝文·全梁文》卷五八，北京：中华书局，1958年，第6590页。

② （清）严可均《全上古三代秦汉三国六朝文·全后魏文》卷三八，第3706页。

③ （清）严可均《全上古三代秦汉三国六朝文·全后魏文》卷六，第3542页。《魏书》卷一〇八之四《礼志四》之四引"与"下无"正"字。见（北齐）魏收撰《魏书》，北京：中华书局，2003年重印1974年第1版，第2811页。《通典》卷五六礼十六沿革十六嘉礼"皇太子冠"引无"虽非正经"四字。见（唐）杜佑《通典》，第1577页。

④ （唐）杜佑《通典》卷四三礼三沿革三吉礼二，第1194页。

⑤ （宋）宋敏求编《唐大诏令集》卷一〇六"政事贡举"，北京：中华书局，2008年，第549页。

⑥ （清）董诰等编《全唐文》卷四〇二，北京：中华书局，1982年影印嘉庆十九年内府刊本，第4107页。

⑦ （唐）王维著，陈铁民校注《王维集校注》卷一一，北京：中华书局，2013年重印1997年第1版，第1017页。

⑧ （后晋）刘昫等撰《旧唐书》卷二六《礼仪志六》，北京：中华书局，2002年重印1975年第1版，第987页、994页、1006页。

卑退，不敢干乱先圣正经之辞。”[①]《尚书序·正义》“作序者不敢厕于正经，故谦而聚于下”[②]。《礼记·乐记·正义》引马昭云：“《家语》，王肃所增加，非郑所见；又尸子杂说，不可取证正经，故言未闻也。”[③]武后圣历初（698）张柬之著论驳斥王元感，列举“四验”（《春秋》及三传、《尚书》《礼记》《仪礼》）“并礼经正文”，“宣帝时少傅后苍因淹中孔壁所得五十六篇著《曲台记》，以授弟子戴德、戴圣、庆溥三人，合以正经及孙卿所述，并相符会”[④]。穆宗长庆元年（821）诏称“孤竹管是祭天之乐，出于《周礼》正经”[⑤]。上述诸例盖分别指代《易》《书》《礼记》《仪礼》《周礼》经文。此外，唐人亦有泛指经书，与子、史书相对者，如《汉书·王莽传》“其文尔雅依托”颜师古注：“尔雅，近正也。谓近于正经，依古义而为之说。”[⑥]司马贞《史记索隐》曰：“《五帝德》《帝系姓》皆《大戴礼》及《孔子家语》篇名。以二者皆非正经，故汉时儒者以为非圣人之言，故多不传学也。”[⑦]又曰：“东方朔亦多博观外家之语，则外家非正经，即史传杂说之书也。”[⑧]王颜《追树十八代祖晋司空太原王公神道碑铭》“今于正经揭道字为志，于子史揭道字为翼”[⑨]。五代沿袭唐制，亦以九经三传为正经，如后唐明宗敕令国子监校刻“监本九经”（经注本）称“朕以正经事大，不同诸书”[⑩]，童子“仍所念书，并须是部帙正经，不得以诸杂零碎文书，虚成卷数”[⑪]。

北宋朝廷藏书主要在三馆，宫中如玉宸殿亦有藏书八千余卷，真宗曰：“此唯正经、正史，屡经校雠，他小说不与。”[⑫]知其亦采用正经、正史的类目划分方法。真宗为纪念太宗而兴建的龙图阁亦有藏书，下设经典阁、史传阁、子书阁、文集

① （清）阮元校刻《周易兼义》卷一，第32页。
② （清）阮元校刻《附释音尚书注疏》卷一，第242页。
③ （清）阮元校刻《附释音礼记注疏》卷三八，第3325页。
④ （后晋）刘昫等撰《旧唐书》卷九一《张柬之传》，第2936—2938页。
⑤ （后晋）刘昫等撰《旧唐书》卷一六《穆宗本纪》，第488页。
⑥ （汉）班固撰《汉书》卷九九中，中华书局，2002年重印1962年第1版，第4114页。
⑦ （汉）司马迁撰《史记》卷一《五帝本纪》，中华书局，2003年重印1982年第2版，第47页。
⑧ （汉）司马迁撰《史记》卷一二六《滑稽列传》，第3203页。
⑨ （清）董诰等编《全唐文》卷五四五，第5531页。
⑩ （清）董诰等编《全唐文》卷一一一《委马缟等勘诸经敕》，第1135页。
⑪ （清）董诰等编《全唐文》卷一一〇《童子科出身不得遽授亲人官敕》，第1124页。
⑫ （宋）王应麟《玉海》卷五二书目“景德玉宸殿藏书”，武秀成、赵庶洋校证（下略）《玉海艺文校证》卷一八，南京：凤凰出版社，2013年，第871页。

阁、天文阁、图画阁六阁[①]。其中经典阁总三千三百四十一卷，目录三十卷，正经三百一十四卷，经解千三十五卷，训诂四百九十五卷[②]，此外还有小学、仪注、乐书三类[③]。所谓正经三百一十四卷颇难索解，既与经解相对，则可以理解为仅包括正经注疏，其余历代注解属于经解类。截至景德二年（1005），九经三传全部单疏本已由国子监校定、刊行完毕，卷数之和为三百四十五，而前此五代监本九经经注本卷数之和为一百六十，所以如果是包括全套九经三传的经注本和单疏本的话，当有五百零五卷；如果仅为经注本（甚至可能包括白文本），则不当有三百一十四卷之多。因此，我们倾向于认为，"龙阁书屡经雠校，最为精详"（真宗语）[④]，其藏书当只注重其精而不在乎其全，所以正经注疏（经注本和单疏本）仅有三百余卷。

较之唐人，宋人对于正经这个范畴的运用更加多元，并不统一。或指代六经，如欧阳修《读书》诗有曰"正经首唐虞，伪说起秦汉"[⑤]。朱子议贡举云"今乐经亡而礼经阙，二戴之礼已非正经，而又废其一"[⑥]。或指代经注本，元祐中，鉴于"学者至不诵正经，唯窃安石之书以干进"，所以吕公著改革科举，"经义参用古今诸儒说，毋得专取王氏"[⑦]，正经当指不同于王氏新学之"三经新义"的正经正注。或指代《春秋》经，与三传相对而言，如程颐称"《春秋》有三传及三本正经，共是六本"[⑧]。绍兴五年（1135）礼部议，"盖以《春秋》正经载十二公二百四十二年之事，解语简约，比之五经为略；立之学官，历时滋久，问目所在，易于周遍"，所以《春秋》义题仍

① （宋）王应麟《玉海》卷五二书目"景德六阁图书"引《实录》，《玉海艺文校证》卷一八，第871页。又见于（宋）李焘《续资治通鉴长编》卷五九景德二年四月戊戌，北京：中华书局，2004年，第1329页。

② （宋）王应麟《玉海》卷四二经解"咸平校定七经疏义"，《玉海艺文校证》卷八，第388页。

③ （宋）王应麟《玉海》卷五二书目"景德六阁图书"引《实录》，《玉海艺文校证》卷一八，第871页。

④ （宋）王应麟《玉海》卷五二书目"景德六阁图书"引《实录》，《玉海艺文校证》卷一八，第872页。

⑤ （宋）欧阳修著，李逸安点校《欧阳修全集·居士集》卷九，北京：中华书局，2009年重印2001年版，第139页。

⑥ （元）脱脱等撰《宋史》卷一五六《选举志二》，北京：中华书局，2004年重印1985年第1版，第3634页。

⑦ （元）脱脱等撰《宋史》卷三三六《吕公著传》，北京：第10775—10776页。

⑧ （宋）程颢、程颐著，王孝鱼点校《二程集·河南程氏外书》卷七《胡氏本拾遗》，北京：中华书局，2004年重印1980年第1版，第394页。

听于三传解经处相兼出题[①]。十三年，高闶上《乞贡举试〈春秋〉只于正经出题奏》，认为“此法殊失尊经之意。今欲只于《春秋》正经出题，庶使学者专意经术”[②]。马端临还对《春秋》正经做出明确界定，“按《春秋古经》，虽《汉艺文志》有之，然夫子所修之《春秋》，其本文世所不见。而自汉以来所编《古经》，则俱自三《传》中取出经文，名之曰正经耳”[③]。或指代《周易》经文（上、下经六十四卦卦爻辞），如程迥指出“若纳甲、卦气之类，皆出纬书，不能合于正经，今不取”[④]。朱子谈“读《易》之法，先读正经，不晓则将《彖》《象》《系辞》来解”[⑤]。俞琰大德十年（1306）题《易学启蒙小传》识语称“此书系借陈笑闲写本抄录，其正经二篇并‘十翼’与晦庵无异，其注‘十翼’即晦庵本，故不复录”[⑥]。或指代经书白文本，以与注或注疏相对，如《中兴馆阁书目》著录五代后蜀《周易揲蓍法》一卷，引序言云“广政壬戌岁（962），青山人以阛阓揲蓍法鄙俚乖违，故依正经及注疏集出”[⑦]，此处正经则兼指《周易》经传文。《通志·艺文略》经类《论语》类分为正经、注解等类目，其中正经仅有蔡邕《今文石经论语》二卷[⑧]，实即熹平石经，为《论语》白文本，何晏等诸家注则属于注解类。马端临曾引其父马廷鸾《仪礼注疏序》描述《仪礼》单疏本“正经、注语，皆标起止，而疏文列其下”[⑨]，所谓正经，与注相对，系指《仪礼》白文。

① （宋）佚名《附释文互注礼部韵略》附贡举条式，《四部丛刊续编》影印瞿氏铁琴铜剑楼旧藏宋刊本。
② 曾枣庄、刘琳主编《全宋文》卷四一三八，上海：上海辞书出版社，2006 年，第 188 册，第 158 页。辑自《宋会要辑稿》选举四之二七。
③ （元）马端临《文献通考》卷一八二《经籍考》九，北京：中华书局，2011 年，第 5374 页。
④ （宋）程迥撰《周易古占法·占说第八》，明嘉靖中范钦校、范氏天一阁刊《范氏二十种奇书》本。
⑤ （宋）朱熹著，（宋）黎靖德编，王星贤点校《朱子语类》卷六七《易》三“纲领下·读《易》之法”，北京：中华书局，2011 年重印 1986 年版，第 1661 页。
⑥ （宋）税与权《易学启蒙小传·朱文公晁吕二氏〈古易〉得失辨》，《景印文渊阁四库全书》第 19 册，台北：台湾商务印书馆，1986 年，第 24 页。
⑦ （宋）冯椅《厚斋易学》附录二“先儒著述”下，《景印文渊阁四库全书》第 16 册，第 839 页。
⑧ （宋）郑樵著，王树民点校《通志二十略·艺文略第一》经类第一，北京：中华书局，1995 年，第 1479 页。
⑨ （元）马端临《文献通考》卷一八〇《经籍考》七《仪礼疏》五十卷引，第 5332 页。

元、明、清三代对于正经的理解大体沿袭宋人，也是多元的[①]。至清末张之洞则把列为科举程式的"十三经注疏"（经、注文）和程朱等宋元人新注五经皆视作正经、正注，其文有曰：

> "十三经注疏"及相台岳氏本"五经"，皆古注。（原注：《易》，王弼、韩康伯注。《书》，孔安国传。《诗》，郑康成注。《春秋左传》，杜预《集解》。《礼记》，郑康成注。）沿明制通行之"五经"皆宋、元注。（原注：《易》，朱子《本义》，程《传》。《书》，蔡沈《传》。《诗》，朱子《集传》。《春秋》，旧用胡《传》，今废，仍用《左传》杜注。《礼记》，陈灏（当作澔）《集说》。）此为正经正注。[②]

其《书目答问》也正好践行了这种理念。卷首目录"正经正注第一"，（原注："十三经""五经四书"合刻本、诸经分刻本，附诸经读本。）卷一经部"正经正注第一"，（原注：此为诵读定本，程试功令，说经根柢。注疏本与明监本"五经"功令并重。）尾题"以上正经正注分刻本"。（原注：注疏乃钦定颁发学官者；宋元注乃沿明制通行者；《四书》文必用朱注；"五经"文及经解，古注仍可采用。不知古注者，不得为经学。）[③] 如上所述，本文对于正经正注采用狭义的界定方式，即指"十三经"及其特定古注，"五经四书"系统不与焉[④]。

---

① 古人对于"正经"的认定，当然不仅仅局限于儒家经典。他如道藏三洞经典亦有称正经者，如薛幽栖《太上洞玄灵宝无量度人上品妙经叙》"以三洞正经居前，三大副经居后，《道德》二篇为辅弼"。见（清）董诰等编《全唐文》卷九二八，第 9674 页。中医针灸经络"正经十二，别络走三百余支"。见（清）张金吾编《金文最》卷一二〇附录窦杰《针经标幽赋》，北京：中华书局，1990 年，第 1720 页。

② （清）张之洞《辖轩语·语学第二·通经》，《张文襄公全集》卷二〇四，1928 年（民国十七年）新城王氏北平文华斋刊本，第 14 页 a。

③ 以上引文分别见于（清）张之洞著，范希曾补正《书目答问补正》，上海：上海古籍出版社，1983 年，相应部分（目录第 1 页，正文第 1 页、7 页）。

④ 我们认为，近古时代"五经四书"系统从正经注疏系统中独立出来，并一跃而成与之分庭抗礼的另一主干系统。说详拙作《经学文献与经学文献学刍议》，《北京大学学报》（哲学社会科学版），2019 年第 4 期。

二、正经成立考

正经不是一成不变的，而是历史的，具有鲜明的时代性，不同时代的正经容有不同。宋代甫告成立的“十三经”的构成颇为复杂，如龚自珍所云，六经（《易》《书》《诗》《礼》《乐》《春秋》）由来已久，余者或以传为经，如《左传》《公羊传》《穀梁传》；或以记为经，如《礼记》；或以传记为经，如《论语》《孝经》；或以群书为经，如《周礼》；或以子为经，如《孟子》；或以经之舆儓为经，如《尔雅》[①]。不管《乐》本有经还是《乐》本无经，至少到汉代，“六经”就只剩下“五经”。自文、景帝始立《诗》《书》《春秋》等经博士，至武帝时立《易》《书》《诗》《礼》《春秋》五经博士，这是汉代的正经。《春秋》“三传”、《礼记》以及《论语》《孝经》《孟子》《尔雅》都是传记。据赵岐《孟子题辞》，“孝文皇帝欲广游学之路，《论语》《孝经》《孟子》《尔雅》皆置博士。后罢传记博士，独立五经而已”[②]。钱大昕以为，传记博士之罢当在武帝建元五年（前136）立五经博士之时[③]。东汉又有“七经”之名[④]，一般认为是五经加《论语》《孝经》。在汉代，孔子被神化，地位被拔高，行事罩上了神异光环，故《论语》成为学习和尊奉的圣经。汉朝重视孝道，提倡“以孝治天下”。所以《论语》《孝经》虽非正经，却得以跻身于经书序列[⑤]。此外，汉代其他经书如《大戴礼记》原本是与《礼记》并行的儒家经典，后以郑玄注“三礼”（《周礼》《仪礼》《礼

---

① （清）龚自珍《龚自珍全集》第一辑《六经正名》（清光绪二十三年万本书堂刻本《定盦全集·文集·补编》卷三），上海：上海人民出版社，1975年，第36—38页。

② （清）阮元校刻《孟子注疏解经》卷首，第5793页。

③ （清）钱大昕撰，吕友仁校点《潜研堂集》（上册）卷九答问六，上海：上海古籍出版社，2009年，第135页。

④ 《后汉书》卷二七《赵典传》注引谢承《（后汉）书》曰：“（赵）典学孔子七经、河图、洛书，内外艺术，靡不贯综，受业者百有余人。”见（南朝宋）范晔撰《后汉书》，第947页。《三国志·蜀志·秦宓传》卷三八《蜀书八·秦宓传》：“蜀本无学士，文翁遣相如东受七经，还教吏民，于是蜀学比于齐、鲁。”见（晋）陈寿撰，陈乃乾校点《三国志》，北京：中华书局，1982年，第973页。

⑤ 据刘歆《七略》删取其要而成的《汉书·艺文志》，其“六艺略”类目除六经外尚有《论语》《孝经》和小学三种。

记》),《礼记》逐渐成为正经，其书遂至湮没无闻，从属于《礼记》类。董仲舒《春秋繁露》虽非经书，盖其书多主《公羊》以立论，故后世多从属于《公羊》类。

汉代无论是西汉五经博士还是东汉十四博士，其为正经则一也，即五经。至魏晋时期，则有十九博士，据王国维先生研究，分别归属正经《易》《书》《诗》及“三礼”“三传”之不同家法[①]。东晋以降已有变化，“魏及晋西朝置十九人，江左初减为九人，皆不知掌何经。元帝末，增《仪礼》《春秋公羊》博士各一人，合为十一人。后又增为十六人，不复分掌五经，而谓之太学博士也”。至南朝沿袭东晋制，“国子祭酒一人，国子博士二人，国子助教十人。《周易》《尚书》《毛诗》《礼记》《周官》《仪礼》《春秋左氏传》《公羊》《穀梁》各为一经，《论语》《孝经》为一经，合十经。助教分掌”[②]。知其实为十一经，博士不复分经，助教各掌一经。

至有唐一代，号称九经，《易》《书》《诗》外“三礼”“三传”分而习之，是为狭义的九经，广义的九经则另包括《论语》《孝经》《尔雅》，所谓九经三传，实为十二经。值得注意的是，较之汉代，唐代“五经”颇有异同，《易》非今文施、孟、梁丘、京氏而是费氏《易》，《书》非今文欧阳和大小夏侯而是伪古文，《诗》非今文鲁、齐、韩三家而是古文《毛诗》，《礼》非《礼经》(《仪礼》) 而是《礼记》，《春秋》非《春秋》经而是兼有经传的《春秋左传》。朝廷明确规定“正经有九”为国子监“教授之经”[③]和科举取士“明经各试所习业”，其中《礼记》《左传》为大经，《毛诗》《周礼》《仪礼》为中经，《周易》《尚书》《公羊传》《穀梁传》为小经[④]。《孝经》《论语》并须

① 王国维《汉魏博士考》,《王国维手定观堂集林》卷四，杭州：浙江教育出版社，2014年，第94—96页。

② 以上（南朝梁）沈约撰《宋书》卷三九《百官志》上，第1228页。

③ （唐）李林甫等《唐六典》“国子监”卷二十一，北京：中华书局，2008重印1992年版，第558页。

④ 虽然正经有九，但因为各经字数及难易程度等原因，至唐代中叶，《周礼》《仪礼》《公羊》《穀梁》乃至《左传》已少人问津。开元八年（720）七月，国子司业李元瓘上言：“三礼、三传及《毛诗》《尚书》《周易》等，并圣贤微旨，生人教业，必事资经远，则斯道不坠。今明经所习，务在出身，咸以《礼记》文少，人皆竞读。《周礼》经邦之轨则，《仪礼》庄敬之楷模，《公羊》《穀梁》历代崇习，今两监及州县，以独学无友，四经殆绝。事资训诱，不可因循。”(《通典》卷一五选举三“历代制”下，第355页）十六年（728）国子祭酒杨玚奏：“今之明经，习《左传》者十无二三，若此久行，臣恐左氏之学，废无日矣。……又《周礼》《仪礼》及《公羊》《穀梁》殆将废绝，若无甄异，恐后代便弃。望请能通《周》《仪礼》《公羊》《穀梁》者，亦量加优奖。”见（后晋）刘昫等撰《旧唐书》卷一八五下《良吏传下》，第4820页。

兼习。明经试两经，进士一经，每经十帖，《孝经》二帖，《论语》八帖[①]。天宝元年（742），“明经停《老子》，加习《尔雅》”。十一载（752），“明经所试一大经及《孝经》《论语》《尔雅》，帖各有差”，“进士所试一大经及《尔雅》”[②]。国子博士掌教授“五分其经以为之业，习《周礼》《仪礼》《礼记》《毛诗》《春秋左氏传》”。对于“其习经有暇者，命习隶书并《国语》《说文》《字林》、“三苍”、《尔雅》。每旬前一日，则试其所习业”[③]。自魏晋直至唐代，汉人所谓传记已渐次包含在经的范围之内。唐代朝廷颇为重视正定经书文本的工作，贞观七年（633）十一月，颁新定五经[④]。董其事者为颜师古，《旧唐书》本传记其事云：

> 太宗以经籍去圣久远，文字讹谬，令师古于秘书省考定五经，师古多所厘正，既成，奏之。太宗复遣诸儒重加详议，于时诸儒传习已久，皆共非之。师古辄引晋、宋已来古今本，随言晓答，援据详明，皆出其意表，诸儒莫不叹服。于是兼通直郎、散骑常侍，颁其所定之书于天下，令学者习焉。[⑤]

十二年（638），太宗“又以儒学多门，章句繁杂，诏国子祭酒孔颖达与诸儒撰定‘五经义疏’”[⑥]，初名曰“义赞”，有诏改为“五经正义”[⑦]。后又经反复审定，至高宗永徽四年（653），“太尉（长孙）无忌、左仆射张行成、侍中高季辅及国子监官，先受诏修改‘五经正义’，至是功毕，进之，诏颁于天下，每年明经依此考试”[⑧]。代宗大历

---

① （唐）李林甫等《唐六典》“尚书吏部”卷二，第45页。“尚书礼部”卷第四所记相同。见（唐）李林甫等《唐六典》，第109页。
② （唐）杜佑《通典》卷一五选举三“历代制”下，第356页。
③ （唐）李林甫等《唐六典》“国子监”卷二十一，第559页。
④ （后晋）刘昫等撰《旧唐书》卷三《太宗本纪》下，第43页。
⑤ （后晋）刘昫等撰《旧唐书》卷七三，第2594页。详见（唐）吴兢《贞观政要》（明刊本）卷七《崇儒学》第二十七。
⑥ （后晋）刘昫等撰《旧唐书》卷一八九上《儒学列传》上，第4941页。
⑦ （宋）欧阳修、宋祁撰《新唐书》卷一九八《儒学列传》上，北京：中华书局，2003年重印1975年版，第5644页。
⑧ 以上（宋）王溥《唐会要》卷七七《论经义》，北京：中华书局，1998年重印1955年版，第1405页。“五经正义”颁行天下，明经依此考试，又见于（后晋）刘昫等撰《旧唐书》卷四《高宗本纪上》，第71页。

十年（775）国子司业张参承诏再次校定经书文本，这也是开成石经雕镌的直接动因。经过校定的文本“初书于屋壁，其后易以木版，至开成间乃易以石刻也”[①]。文宗大和七年（833）至开成二年（837），雕镌九经三传十二经，在长安国子监讲论堂两廊立石，是为开成石经，成为士人传习和科举考试的官学定本。

五代后唐至后周历经四朝二十余年刊刻完成的“监本九经”亦即九经三传经注本，经文所从出之底本即开成石经，这是儒家经典首次雕版印刷。北宋国子监校定刊行群经的工作持续了六十余年，先后校刊“五经正义”“七经疏义”单疏本，并重刊经注本，这是中国历史上规模最大、延时最久的儒家经典整理、刊行工程[②]。于是，九经三传经注本和单疏本尽皆俱全。《孟子》除汉代一度列为传记博士外，由汉至唐皆作为子部儒家类著作。随着唐代后期儒学复兴运动和北宋时期道学的兴起，《孟子》地位日隆，逐渐进入经书序列，于是有所谓“十三经”。尤其是南宋孝宗淳熙中朱熹编撰《四书章句集注》，《孟子》成为《四书》之一，地位进一步提升。宋初科举犹仍唐制，熙宁变法，进士罢废诗赋，以经义取士，“士各占治《易》《诗》《书》《周礼》《礼记》一经，兼《论语》《孟子》”[③]。《论》《孟》被当作兼经，列为科举考试的科目。元祐四年（1089），立经义、诗赋两科，凡专经进士，须习两经，“以《诗》《礼记》《周礼》《左氏春秋》为大经，《书》《易》《公羊》《穀梁》《仪礼》为中经”[④]；凡诗赋进士，“于《易》《诗》《书》《周礼》《礼记》《春秋左传》内听习一经”，是为宋人所谓六经，如八行本《礼记正义》黄唐跋提及的“六经疏义”即此六经，南宋早期浙东刊行的八行本亦即此六经；《春秋》三传分别言之则为“六经三传”，魏了翁《毛义甫六经正误序》称“尽取六经三传诸本”[⑤]。六经以外“又以《孟子》升经，《论语》《孝经》为三小经，今所谓‘九经’也”[⑥]；《春秋》三传分别言之则为“九经三传”

① （清）永瑢等《四库全书总目》卷四一经部四十一小学类二《五经文字》提要，北京：中华书局，影印清乾隆六十年浙江杭州刻本，1965年，第348页。

② 拙作《经学文献的衍生和通俗化——以近古时代的传刻为中心》第一章“正经注疏的衍生和传刻”第二节“北宋国子监校刻群经考”，第45—68页。

③ （元）脱脱等撰《宋史》卷一五五《选举志》一，第3618页。

④ （元）脱脱等撰《宋史》卷一五五《选举志》一，第3620—3621页。

⑤ 曾枣庄、刘琳主编《全宋文》卷七〇八〇，第310册，第43页。

⑥ （宋）王应麟《玉海》卷四二“经解/总六经”，《玉海艺文校证》卷八，第342页。

（十一经），如抚州公使库本“旧板惟六经三传，今用监本添刊《论语》《孟子》《孝经》，以足‘九经’之数”[①]，实为九经三传，他如余仁仲万卷堂刊“建本十一经”亦然；南宋末廖莹中世彩堂刊九经，元岳浚翻刻时增刻《公》《穀》二传，亦为九经三传，凡十一经。近古时代最为通行的十行本有宋刻、元刻之别，宋刻亦为十一经[②]，至元刻十行本则凑齐十三经之数[③]，嗣后明清汇刻“十三经注疏”亦均为十三经。

三、正注成立考

汉代立于学官的五经博士，“初，《书》唯有欧阳（高），《礼》后（苍），《易》杨（何，王先谦《补注》以为杨（何）乃田（何）字之误），春秋《公羊》而已。至孝宣世，复立大小夏侯《尚书》，大小戴《礼》，施、孟、梁丘《易》，穀梁《春秋》。至元帝世，复立京氏《易》”。以上皆为今文学，只有平帝朝古文经一度立于学官，“又立《左氏春秋》《毛诗》《逸礼》《古文尚书》，所以罔罗遗失，兼而存之，是在其中矣”[④]。至东汉初《易》施、孟、梁丘、京氏，《尚书》欧阳、大小夏侯，《诗》齐、鲁、韩，《礼》大小戴，《春秋》严、颜，号称十四博士[⑤]。而民间古文学的发展势不可当，影响力逐渐超越今文学，于是三国之际今、古文学代谢，“古文学之立于学官，盖在黄初之际”，魏和西晋博士皆为十九人，“除《左传》杜注未成、《尚书》孔传未出外，《易》有郑氏、王氏，《书》有贾、马、郑、王氏，《诗》及《三礼》郑氏、王氏，《春

① （宋）黄震《慈溪黄氏日抄分类》卷九二《修抚州六经跋》，《中华再造善本》影印上海图书馆藏明洪武翻刻本（郭立暄《中国古籍原刻翻刻与初印后印研究·通论编》，上海：中西书局，2015年，第58页）。除此之外另刻《仪礼》（同卷《修抚州仪礼跋》）。

② 张丽娟《宋代经书注疏刊刻研究》第六章“建阳坊刻十行注疏本及其他宋刻注疏本”第一节“南宋建阳坊刻十行注疏本”，北京：北京大学出版社，2013年，第385—386页。

③ 其中《仪礼》是白文本及杨复《仪礼图》《旁通图》，并非注疏合刻本。当然，宋人已有“十三经”之称，不过并不多见，如袁本《郡斋读书志·（赵希弁）读书附志》经类著录五代后蜀广政石经为“石室十三经”（其中《孟子》系北宋补刻）。

④ （汉）班固撰《汉书》卷八八《儒林传赞》，第3620—3621页。

⑤ （南朝宋）范晔撰《后汉书》卷七九上《儒林列传序》，第9册，第2545页。王国维先生认为东汉初曾置庆氏《礼》博士。参见王国维《汉魏博士考》，《王国维手定观堂集林》卷四，第94页。

秋左传》服氏、王氏,《公羊》颜氏、何氏,《穀梁》尹氏,适得十九家,与博士十九人之数相当"[①],其中"惟《礼记》《公》《穀》三家为今学,余皆古学"。蜀、吴亦置博士,虽员数无考,而风尚略同。所以,王国维先生说"学术变迁之在上者,莫剧于三国之际"[②]。经、注原本各自别行,王国维先生认为六朝以后行世者,只有经注本而无单经本[③]。《三国志·魏书》记载高贵乡公和博士淳于俊的问答,其文略曰:

> 帝又问曰:"孔子作《彖》《象》,郑玄作注,虽圣贤不同,其所释经义一也。今《彖》《象》不与经文相连,而注连之,何也?"俊对曰:"郑玄合《彖》《象》于经者,欲使学者寻省易了也。"[④]

可见,至少魏立于学官的《周易》郑注已是经注本,也就是说,经注本出现的时间当更早,魏晋时期盖已通行。

至东晋元帝大兴元年(318)所立正经数目缩减,博士员数亦削减,"议欲修立学校,唯《周易》王氏、《尚书》郑氏、古文孔氏、《毛诗》《周官》《礼记》《论语》《孝经》郑氏、《春秋左传》杜氏、服氏,各置博士一人。其《仪礼》《公羊》《穀梁》及郑《易》,皆省不置博士"[⑤]。于是有荀崧于四年(321)上疏,建议"宜为郑《易》置博士一人,郑《仪礼》博士一人,《春秋公羊》博士一人,《穀梁》博士一人"[⑥]。有

① 余嘉锡先生认为,王国维先生所谓"王氏","其意以指王肃。愚谓王弼所注,魏时诚未必立学,至于东晋,博士九人,《周易》唯有王氏。观陆澄言,泰元立王肃《易》,以其在玄、弼之间。则元帝时所立,实是弼注。西晋初年,清谈盛行,疑弼注已立博士。王静安所考十九人家法,出于意测,恐未足为据也"。见余嘉锡《四库提要辨证》卷一经部一《周易正义》十卷,北京:中华书局,2012 年重印 2007 年第 2 版,第 6—7 页。

② 以上王国维《汉魏博士考》,《王国维手定观堂集林》卷四,第 94—96 页。

③ 王国维《五代两宋监本考》卷上,贾贵荣、王冠辑《宋元版书目题跋辑刊》影印本,第 3 册,北京:北京图书馆出版社,2003 年,第 525 页。

④ (晋)陈寿撰,陈乃乾校点《三国志》卷四《魏书四·三少帝纪》,第 136 页。

⑤ (南朝梁)沈约撰《宋书》卷一四《礼志》一,第 360 页。《晋书》卷七五《荀崧传》记载略同,唯揭示背景曰"时方修学校,简省博士"。见(唐)房玄龄等撰《晋书》卷七五,第 1976 页。

⑥ (唐)房玄龄等撰《晋书》卷七五《荀崧传》,第 1978 页。

司奏“宜如崧表”，元帝诏曰：“《穀梁》肤浅，不足立博士。余如所奏。”[①] 并于是岁增置郑《易》、郑《仪礼》及《公羊》博士三人[②]。

进入南北朝时期，南北经学好尚不同，主要表现在各正经所主之正注颇有异同，《隋书·儒林列传序》论曰：

> 南北所治章句，好尚互有不同。江左《周易》则王辅嗣，《尚书》则孔安国，《左传》则杜元凯。河洛《左传》则服子慎，《尚书》《周易》则郑康成。《诗》则并主于毛公，《礼》则同遵于郑氏。大抵南人约简，得其英华；北学深芜，穷其枝叶。考其终始，要其会归，其立身成名，殊方同致矣。[③]

以上只就五经而言南北所主正注之异同，不过是粗线条的大致轮廓[④]。具体说来，南朝以文学著称，不重经术，梁武帝天监四年（505），“乃诏开五馆，建立国学，总以五经教授，置五经博士各一人。于是以平原明山宾、吴郡陆琏、吴兴沈峻、建平严植之、会稽贺玚补博士，各主一馆”[⑤]。而北人纯朴，专宗郑、服，儒学为盛。北魏道武帝初定中原，“始建都邑，便以经术为先。立太学，置五经博士，生员千有余人”。其后诸帝及至北齐、北周亦雅重经典，以经术进者如卢玄、高允、刘芳、李彪、卢

---

① 《宋书》卷一四《礼志》一，并记载结果云“会王敦之难，事不施行”。见（南朝梁）沈约撰《宋书》卷一四，第362页。《晋书》卷七五《荀崧传》迻录诏书，立作置，奏上无所字，不上无事字，行上无施字。见（唐）房玄龄等撰《晋书》卷七五，第1978页。

② 余嘉锡先生引《南齐书·陆澄传》“太常荀崧请置《周易》郑玄注博士，行乎前代”［（南朝梁）萧子显撰《南齐书》卷三九，北京：中华书局，1972年，第684页。］和《晋书·元帝纪》“置《周易》《仪礼》《公羊》博士”［（唐）房玄龄等撰《晋书》卷六，第154页。］，推定《晋书》所谓“会王敦之难，事不施行”的记载是错误的，大兴四年（321）即从崧之请而增置除《穀梁》之外博士三人，其中《易》即郑氏。参见余嘉锡《四库提要辨证》卷一经部一《周易正义》十卷，第4—5页。

③ （唐）魏征、令狐德棻撰《隋书》卷七五，北京：中华书局，2002年重印1973年第1版，第1705—1706页。李延寿《北史》卷八一《儒林列传序》略有异同，“南北”上有“大抵”二字，“治”作“为”［（唐）李延寿撰《北史》卷八一，北京：中华书局，2003年重印1974年第1版，第2709页］。

④ 余嘉锡先生指出，言经学源流者多所援引的这段论述，不过“史臣综数百年风气加以概括，约举大都云尔。若细加剖判，考其变迁，则时有不同，地有不同，学以人传，人因习异，未有能共轨同风觏若画一者也”。见余嘉锡《四库提要辨证》卷一经部一《周易正义》十卷，第14页。

⑤ （唐）李延寿撰《南史》卷六一《儒林列传序》，北京：中华书局，1975年，第1730页。

景宣、沈重、熊安生等，“是以天下慕向，文教远覃”[①]。具体到各经，“(郑)玄《易》《书》《诗》《礼》《论语》《孝经》，(服)虔《左氏春秋》，(何)休《公羊传》，大行于河北。王肃《易》，亦间行焉”。杜预注《左氏》，“齐地多习之，自梁越以下传受讲说者甚众”[②]。“河北讲郑康成所注《周易》”，“河南及青、齐之间，儒生多讲王辅嗣所注《周易》，师训盖寡”。北朝大儒徐遵明兼通《尚书》，所传“并郑康成所注，非古文也。下里诸生，略不见孔氏注解”。三礼并出遵明之门，“诸生尽通《小戴礼》，于《周》《仪礼》兼通者十二三焉”。通《毛诗》者多出于魏朝博陵刘献之。河北诸儒能通《春秋》者，“并服子慎所注”，亦出遵明之门。又有姚文安、秦道静“初亦学服氏，后更兼讲杜元凯所注。其河外儒生俱伏膺杜氏”。除五经外，“其《公羊》《穀梁》二传，儒者多不措怀。《论语》《孝经》，诸学徒莫不通讲”[③]。青、齐之间，多讲王弼《周易》注、杜预《春秋经传集解》，“盖青、齐居南北之中，故魏晋经师之书，先自南传于北”[④]。

隋朝结束了南北朝的分裂局面，国家的统一也促成了经学的整合和统一，原本南北不同好尚的正注也逐渐趋向统一。清皮锡瑞论曰：“天下统一，南并于北；而经学统一，北学反并于南。……北人笃守汉学，本近质朴；而南人善谈名理，增饰华词，表里可观，雅俗共赏。故虽以亡国之馀，足以转移一时风气，使北人舍旧而从之。”[⑤]隋炀帝时旧儒多已凋亡，“二刘拔萃出类，学通南北，博极今古，后生钻仰，莫之能测。所制诸经义疏，搢绅咸师宗之”[⑥]。二刘皆北人，而所传如费甝《尚书义疏》和伪《孔传》又是南学，“此北学折入于南之一证”[⑦]。继隋之后，唐代前期以阐

---

① (唐)李延寿撰《北史》卷八一《儒林列传序》，第2704—2706页。

② (北齐)魏收撰《魏书》卷八四《儒林列传序》，第1843页。

③ 以上(唐)李百药撰《北齐书》卷四四《儒林列传序》，北京：中华书局，2003年重印1972年第1版，第583—584页。余嘉锡先生根据上述《魏书》和《北齐书》的材料分析，“则北朝境内，河北、河南、青齐三地所治章句，其好尚亦互有不同，河南、青齐多讲王注，惟大河以北，方宗郑玄。是郑、王两《易》，已中分北朝，若更益以江左，则王义所被，不止三分有二，儒玄盛衰，于兹可见”。见余嘉锡《四库提要辨证》卷一经部一《周易正义》十卷，第15页。

④ (清)皮锡瑞《经学历史》之六“经学分立时代”，北京：中华书局，2014年，第133页。

⑤ (清)皮锡瑞《经学历史》之七“经学统一时代”，第135—136页。

⑥ (唐)魏征、令狐德棻撰《隋书》卷七五《儒林列传序》，第1707页。

⑦ (清)皮锡瑞《经学历史》之六“经学分立时代”，第133页。

释五经的传记的作者如左丘明、子夏等，以及汉代有传经之功者如伏胜、高堂生等，汉代直至魏晋古注在当时仍旧通行者如郑玄、王弼等配享孔子，贞观二十一年（647）诏曰：

> 左丘明、卜子夏、公羊高、穀梁赤、伏胜、高堂生、戴圣、毛苌、孔安国、刘向、郑众、杜子春、马融、卢植、郑玄、服虔、何休、王肃、王弼、杜元凯、范宁等二十一人，并用其书，垂于国胄。既行其道，理合褒崇。自今有事太学，可与颜子俱配享孔子庙堂。①

知其对待经书的汉魏晋古注采取一种开放式、兼容并包的态度，正反映了经学领域的统一和融合。科举明经试策，“皆录经文及注意为问”；帖经“其进士帖一小经及《老子》”，“皆经、注兼帖”②。可知策问和帖经都是兼及经文和注文。至开元中纂修《唐六典》已明确规定国子监教授之“正经”及其“正业”：

> 《周易》，郑玄、王弼注；《尚书》，孔安国、郑玄注；三礼、《毛诗》，郑玄注；《左传》，服虔、杜预注；《公羊》，何休注；《穀梁》，范宁注；《论语》，郑玄、何晏注；《孝经》《老子》，并开元御注。旧令：《孝经》，孔安国、郑玄注。③

除《孝经》在玄宗御注之前兼习孔、郑注外，余者终唐之世并无变动。由诸经所主之正注来看，明显地呈现出南北统一、兼容并包的学术倾向，这与统一的封建国家的文化政策和学术导向是完全一致的，同时也是汉唐章句注疏之学的集成和总结。当然，各经所取之正注渊源有自，皆非主观臆测，应该都是延续汉魏以降的学术传

① （后晋）刘昫等撰《旧唐书》卷一八九上《儒学列传》上，第4941—4942页。又见于（唐）吴兢《贞观政要》卷七《崇儒学》第二十七。

② （唐）李林甫等《唐六典》“尚书吏部”卷二，第45页。

③ （唐）李林甫等《唐六典》“国子监”卷二一，第558页。

统。由陈入隋至唐的陆德明《经典释文》(以下简称《释文》)即颇具代表性[①]，“为唐人义疏之先声”[②]，各经所主据以注释音义的底本均为经注本，《易》“今以王(弼)为主，其《系辞》以下王不注，相承以韩康伯注续之，今亦用韩本”;《书》“今以孔(安国)氏为正，其《舜典》一篇，仍用王肃本”;《诗》“唯《毛诗》郑(玄)《笺》独立国学，今所遵用”；三礼“今三礼俱以郑(玄)为主”;《春秋》三传“《左氏》今用杜预注，《公羊》用何休注，《穀梁》用范宁注”(原注:“二传近代无讲者，恐其学遂绝，故为音以示将来。”);《孝经》“《古文孝经》世既不行，今随俗用郑注十八章本”;《论语》“(何晏《集解》)盛行于世，今以为主”;《尔雅》“今依郭(璞)本为正”[①]。不难看出，除《孝经》开元以降主玄宗御注外，其所主各家注均为唐宋以降成为正注者，为唐宋疏义(《正义》)所本，可见由南北朝至隋唐已逐渐形成并固定下来这一学术传统，这是经过历史选择的结果，历经近古时代延续至今。

唐开元中孔颖达等纂修“五经正义”，他如贾公彦、徐彦[②]、杨士勋所撰“二礼”(《仪礼》《周礼》)、“二传”(《公羊传》《穀梁传》)疏，疏(《正义》)文所释不仅有经文，还有相应的注文，所据正注除《孝经》外悉同前揭陆氏《释文》。更为重要的是，虽然开成石经的文本系白文本，但其所从出之底本均为经注本，而且明确地反映在文本之中，如《周易》起首题“周易上经乾传第一”，次行低六字署“王弼注”，他皆类此。至五代国子监监本九经(十二经)刊行，即为经注本，除《孝经》为御注本外余者亦皆悉同《释文》，这是正经正注首次集中、系统地整理和颁行，标志着正经正注最终确立。至北宋国子监校刊单疏本，新修《论语》《孝经》《尔雅》三经疏，亦分别以何氏、玄宗、郭氏注本为主，至此九经三传正经注疏得以完成。《孟子》进入经

① 《释文》卷首有陆氏自序，称其书撰集于“癸卯之岁，承乏上庠”之时。《四库全书总目》考证癸卯为陈后主至德元年[即隋开皇三年(583)]，“德明年甫弱冠，即能如是淹博耶？或积久成书之后，追纪其草创之始也”。余嘉锡先生则明确认定至德元年即为《释文》成书之年，援引钱大昕《跋经典释文》(《潜研堂文集》卷二七)、《十驾斋养新录·陆德明》和卢文弨《释文考证》引臧镛堂说，推知是岁德明年已三十。参见余嘉锡《四库提要辨证》卷二经部二《经典释文》，第65—66页。

② (清)皮锡瑞《经学历史》之七“经学统一时代”，第146页。

① (唐)陆德明著，吴承仕疏证《经典释文序录疏证·注解传述人》，北京：中华书局，2008年，第37—145页。

② (清)永瑢等《四库全书总目》卷二六经部二十六《春秋》类一《春秋公羊传注疏》提要从北宋董逌《广川藏书志》说，以为徐彦当在唐贞元、长庆以后(见第211页)。现在一般认为徐彦是北朝人。

书序列最晚，以赵注为主，假托北宋大儒孙奭的《孟子疏》成书于南宋前期，于是有“十三经注疏”。

与正经的时代性相一致，正注也具有很强的时代性，不同时代的正注往往是不同的。自孔子征文考献，删述六经，其后子夏、荀卿有传经之功，开启汉代经学。而从汉代经今、古文学并行，直至唐宋正注最终明确下来，成为后世通行的样态，其间迭经递嬗，每多变故，既有学术发展的内在规律性，又有政治、思想等其他多重因素的影响。下面，我们具体说明各经正注的历代沿革[①]。

汉代《周易》先后立于学官者为今文施、孟、梁丘和京氏，费氏《易》未得立。东汉马融、郑玄及魏王肃[②]、王弼皆传费氏《易》，并为之注。魏、西晋郑玄、王肃置博士，永嘉之乱，施氏、梁丘之《易》亡，孟、京之《易》人无传者，唯郑康成、王辅嗣所注行于世。东晋元帝大兴四年（321）以降，“玄、弼两立，元嘉建学，因仍不改。故晋、宋之际，郑、王两学并行于世”[③]。南朝宋元嘉中颜延之黜郑置王，至齐永明中以王俭、陆澄之力郑《易》得重置博士，然立学未久，旋即停废。梁、陈两朝郑、王二注并列国学[④]，“郑氏《易》之在南朝，日以益微，特未有明诏废之而已”[⑤]。北朝郑注为盛，青齐亦讲王氏，而师说盖寡。隋代王注盛行，郑学浸微。总之，“郑学行而众说废，王学盛而郑氏又微，自东晋以后，仅此二家相为起伏，马融、王肃且不能与之为敌，何论其余？至陈、隋之际，而王氏定于一尊”[⑥]，所以陆德明《释文》所据即为王（韩）注本。至唐虽然明确规定王、郑两家均为正注，但孔颖达等

① 所据资料的文献来源为《史记·儒林列传》《汉书·儒林列传》《汉书·艺文志》《后汉书·儒林列传序》《经典释文·序录·注解传述人》《隋书·经籍志》《魏书·儒林列传序》《北齐书·儒林列传序》及唐宋诸经疏（《正义》）序，恕不一一出注。

② 所谓王肃《易传》实系其父王朗所作、由肃撰定，后立于学官。见（晋）陈寿撰，陈乃乾校点《三国志》卷一三《魏书十三·王肃传》，第419页。

③ 余嘉锡《四库提要辨证》卷一经部一《周易正义》十卷，第5页。

④ 余嘉锡先生指出，南朝沿用晋制，“博士不复分经，而助教则各掌一经也”，“然则《隋书·经籍志》所谓梁陈郑玄、王弼二注列于国学者，不过许令学官于讲《周易》之时用此二注之说，非复一经分立两家如东汉五经博士十四人各以家法讲授之比矣。……是博士助教讲经，于国家立学之书，得以其意有所专主也。《周易》郑、王两家，虽同立国学，而时方尚玄，学官自必多讲王注，纵征引及郑，适足供其诘难耳”。（余嘉锡《四库提要辨证》卷一经部一《周易正义》十卷，第9—10页。

⑤ 余嘉锡《四库提要辨证》卷一经部一《周易正义》十卷，第11—13页。

⑥ 余嘉锡《四库提要辨证》卷一经部一《周易正义》十卷，第3页。

据以纂修《正义》的正注实为王（韩）注，敦煌写本《周易》之经注本悉皆王注（未见《系辞》以下韩康伯注本），可知唐代实际通行本为王注本。王注之所以最终压倒郑注而成为正注，其实是有着深刻的思想根源和学术传统的[①]。

汉代《尚书》立于学官者为今文欧阳和大小夏侯，孔壁《古文尚书》及孔安国传未得立（仅平帝朝一度立为学官）。魏、西晋所立为贾逵、马融、郑玄、王肃，及永嘉之乱，欧阳、大小夏侯《尚书》并亡，东晋并立郑氏和古文孔氏。南朝梁、陈所讲有郑、孔二家，北朝则唯传郑氏，至隋虽孔、郑并行，但尊崇古文，郑氏甚微，《释文》所据即伪《孔传》本。唐代孔氏列为正注，敦煌写本《尚书》之经注本即为伪《孔传》本。

汉代鲁、齐、韩今文三家《诗》立于学官，古文《毛诗》仅在平帝朝一度得立。东汉时郑众、贾逵、马融、郑玄等并为《毛诗》作传、笺，王肃更述毛非郑。魏、西晋郑氏、王氏并列学官，三家《诗》渐废，《齐诗》魏已亡，《鲁诗》亡于西晋，《韩诗》人无传者。南北朝直至隋唐唯《毛诗》传笺独立国学，《释文》所据及敦煌写本之经注本即为《毛诗》传笺本。

汉代《礼经》(《仪礼》) 于高堂生后又立大、小戴和庆氏三家博士，王莽又立《周官》(《周礼》)。大、小戴分别删省七十子后学者之百三十一篇记，是为大、小戴《礼记》。马融、卢植考定《小戴礼记》，郑玄据以注之。郑兴、郑众父子传《周官经》，后马融作传，以授郑玄，玄作注。玄原本习小戴《礼经》，后校以古经，择善而从。魏、西晋郑氏、王氏并立学官，南北朝至隋唐唯郑注“三礼”立于国学，余者多散亡，故《释文》所释“三礼”即为郑注本，敦煌写本《礼记》之经注本亦为郑注。

通汉之世《春秋》学则有《公羊》立于学官，宣帝立《穀梁》，平帝一度立《左传》。东汉《左传》影响渐大，光武帝建武中，以魏郡李封为《左传》博士，及封卒，因不复补。魏、西晋《春秋左氏传》立服氏、王氏，《公羊》立颜氏、何氏，《穀梁》

① 余嘉锡先生论曰：“夫王《易》之行，亦因缘时会，汉自桓、灵以后，庄、老之学渐兴，爰逮有魏，浸成风气。……及晋、宋之际，佛学渐盛，往往依附道家，以为外护……然则弼借《周易》以谈老、庄；江南诸儒，复借弼注以阐佛教；老、庄既魏、晋所尊，佛教又南朝所尚；此弼注所以盛行，郑《易》由斯渐废也。……况北朝旧崇释老，河南本讲王《易》，再得江南宿儒为之讲述义疏，有不翕然响应相习成风者乎？”（余嘉锡《四库提要辨证》卷一经部一《周易正义》十卷，第6—7页、14—15页）

立尹氏，东晋则只立《春秋左氏传》杜氏、服氏。至南北朝，南朝主杜氏，北朝主服氏。隋代杜氏盛行，服氏及《公》《穀》浸微，至唐代《左传》杜氏大行于世。《释文》所释“三传”分别为杜氏、何氏、范氏注本，敦煌写本《左传》《穀梁传》之经注本即分别为杜预和范宁《集解》。

汉代《孝经》有孔壁古文，孔安国作传；又有颜芝之子贞所献之今文，有所谓郑注，是否为郑玄所作则在疑似之间。东晋立郑氏，梁代孔氏和郑氏二家并立国学，《孔传》本亡于梁乱，陈及北周、北齐唯传郑氏，故《释文》所释为今文郑注本。至隋王劭访得《孔传》，刘炫为之作《述议》，虽然当时即有怀疑的声音，但还是著令，与郑氏并立，唐代仍之，直至开元中玄宗御注颁行天下，二者皆废。

汉代《论语》有《鲁论》《齐论》和《古论》，《张侯论》系从《鲁论》为定，但参考《齐论》。郑玄注以《张侯论》为本，参考《齐论》《古论》。魏何晏《集解》纂集诸家解说，正始中上之，遂行于世，《齐论》遂亡，而《古论》先无师说。东晋立郑氏，南朝梁、陈郑玄、何晏并立国学，而郑氏甚微，北朝北周、北齐唯立郑氏。《释文》所释即为何氏《集解》本。至隋唐，仍是郑、何并行，而民间郑学盛行，敦煌写本《论语》即兼有郑注和《集解》本，至五代监本九经经注本则为《集解》本。但南朝梁皇侃《义疏》所据经注本即为《集解》本，所以宋人以之为蓝本纂修新疏时即以《集解》为正注。

《尔雅》自汉人终军以下传承有绪，刘歆等并为之注，只有郭璞注为世所重。《七略》附在《孝经》类，《隋志》附在《论语》类，与经解（五经总义）类书性质和作用相当。《旧唐志》则于小学类之外另设诂训类，收《尔雅》类书。《新唐志》以下均在小学类，并无变动。唐代《尔雅》只是作为国子监生习经的辅助，与《说文》《字林》同属小学类书。《释文》所释及敦煌写本、五代监本九经之经注本皆为郭注本。北宋国子监校刊“七经疏义”始修新疏，“以景纯为主”[1]，与《论语》《孝经》并列，于是郭注正式成为《尔雅》正注。

《孟子》虽然在汉文帝朝一度列为传记博士，但《孟子》及其相关论著，在北宋

① （宋）邢昺等《尔雅疏叙》，宋刻宋元明递修本《尔雅疏》卷首，静嘉堂文库藏。

以前的史志或官修目录，如《汉志》《隋志》《旧唐志》《新唐志》《崇文总目》中，都被列入子部儒家类。北宋《孟子》升经，南宋以降目录始列入经部。《孟子》注，除东汉赵岐章句外，尚有唐陆善经注。北宋国子监重刊五代监本九经经注本的同时，即由孙奭主持校刊《孟子》赵注，并据赵注本纂修《音义》二卷，知其以赵注为正注。

余论：正经注疏成立考

因为唐宋疏（《正义》）兼释经、注文，所以疏所取资和所阐释的经、注文即为兼具正经及其正注的经注本。南北朝义疏既已如是，如见存南朝梁皇侃《论语义疏》"今日所讲，即是《鲁论》，为张侯所学、何晏所集者也"①；北朝《尚书》通行郑注，"下里诸生，略不见孔氏注解。武平末，河间刘光伯、信都刘士元始得费甝义疏，乃留意焉"②；《隋志》所著录之《周易》义疏，计有褚仲都、张讥、周弘正、刘瓛等，孔疏于诸家之语多有采撷，"皆以王注为本，可知也"③。知其据以敷陈义疏者皆为特定古注（经注本）。贞观十四年（640），太宗下诏表彰南北朝至隋义疏作者，其文有曰：

> 梁皇侃、褚仲都，周熊安生、沈重，陈沈文阿、周弘正、张讥，隋何妥、刘炫等，并前代名儒，经术可纪；加以所在学徒，多行其疏，宜加优异，以劝后生。可访其子孙见在者，录名奏闻，当加引擢。④

当时所推重者，由此约略可知。据《隋志》，其义疏之作有皇侃《礼记义疏》《论语义

① （南朝梁）皇侃，高尚榘校点《论语义疏》卷首皇侃自序，北京：中华书局，2013年，第5页。
② （唐）李百药撰《北齐书》卷四四《儒林列传序》，第583页。
③ （唐）陆德明著，吴承仕疏证《经典释文序录疏证·注解传述人》，第49页。
④ （后晋）刘昫等撰《旧唐书》卷一八九上《儒学列传》上，第4941—4942页。又见于（唐）吴兢《贞观政要》卷七《崇儒学》第二十七。

疏》，褚仲都《周易讲疏》《论语义疏》，熊安生《礼记义疏》，沈重《毛诗义疏》《周官礼义疏》《礼记义疏》，沈文阿《春秋左氏经传义略》，周弘正《周易义疏》，张讥《周易讲疏》，何妥《周易何氏讲疏》，刘炫《尚书》《毛诗》《春秋左氏传》《古文孝经述义》等。这些义疏应该也就是朝廷层面颇为推奖的，恰为孔颖达主持纂修“五经正义”及贾公彦、徐彦、杨士勋诸疏所取资。《周易正义》所释者为王弼、韩康伯注本，“唯魏世王辅嗣之注，独冠古今，所以江左诸儒，并传其学；河北学者，罕能及之。其江南义疏，十有余家，皆辞尚虚玄，义多浮诞”[①]。《尚书正义》所释者为伪《古文》伪孔安国传本，“但古文经虽然早出，晚始得行，其辞富而备，其义弘而雅，故复而不厌，久而愈亮。江左学者，咸悉祖焉。近至隋初，始流河朔”，“其为正义者”诸家之中“惟刘焯、刘炫最为详雅”[②]。《毛诗正义》所释者为《毛诗》毛苌传、郑玄笺本，“晋宋二萧之世，其道大行；齐魏两河之间，兹风不坠”，“其近代为义疏者”有刘轨思、刘焯、刘炫等[③]。《礼记正义》所释者为郑玄注本，“王、郑两家，同经而异注。爰从晋宋，逮于周隋，其传礼业者，江左尤盛”，其为义疏者南北皆有，“其见于世者”唯皇（甫）侃、熊安生二家而已[④]。《春秋（左传）正义》所释者为杜预《春秋经传集解》本，服虔等“各为诂训，然杂取《公羊》《穀梁》以释左氏”，杜注“专取丘明之传，以释孔氏之经”，“今校先儒优劣，杜为甲矣，故晋宋传授，以至于今”。其为义疏者则有沈文阿、苏宽、刘炫[⑤]。他如贾公彦《周礼疏》《仪礼疏》，所释者皆为郑玄注本；徐彦《春秋公羊疏》，所释者为何休注本；杨士勋《春秋穀梁疏》，所释者为范宁注本。至北宋国子监先后校刊“五经正义”“七经疏义”，其中《论语》《孝经》《尔雅》三经新疏为邢昺等所纂修，所释者分别是何晏《集解》[⑥]、唐玄宗御

① （唐）孔颖达《周易正义序》，乾隆四年武英殿刻本《周易注疏》卷首。

② （唐）孔颖达《尚书正义序》，乾隆四年武英殿刻本《尚书注疏》卷首。

③ （唐）孔颖达《毛诗正义序》，乾隆四年武英殿刻本《毛诗注疏》卷首。

④ （唐）孔颖达《礼记正义序》，乾隆四年武英殿刻本《礼记注疏》卷首。

⑤ （唐）孔颖达《春秋正义序》，乾隆四年武英殿刻本《春秋左传注疏》卷首。

⑥ 《四库全书总目》卷三五经部三十五四书类一《论语正义》提要称“今观其书，大抵翦皇（侃）氏之枝蔓，而稍傅以义理。汉学、宋学，兹其转关”［（清）永瑢等《四库全书总目》，第291页］。

注[①]、郭璞注本[②]。至于《孟子》升经最晚，旧题孙奭所作《孟子正义》实为邵武士人伪作,《正义序》系据孙氏《孟子音义序》改篡而成[③]。“自陆善经已降，其所训说，虽小有异同，而共宗赵氏。今既奉敕校定，仍据赵注为本”[④]，知其所释者亦为赵注本。伪疏最早出现在注疏合刻本之中，时间当不晚于南宋孝宗朝[⑤]。至此，正经（十三经）正注之疏（《正义》）全部完成，使得各经相应的特定古注最终确立为正注，从而正经注疏系统甫告成立[⑥]。

正经注疏是近古时代经学文献两大主干系统之一，也是整个经学文献的核心，随着正经和正注渐次成立并最终得以确立，历经从汉代直至宋代千余载的递嬗，成为那些时代经学史发展的一条主线。从正经注疏往上追溯，虽然不同时代的正经和正注容有不同，但最终由疏（《正义》）所确立的正经及其正注都是渊源有自的，符合学术发展的内在理路和规律性，这是历史选择的静态结果；而在历史选择的动态过程中具有标志性的事件是南北朝义疏之学的兴起、陈隋之际陆氏《释文》的编纂、唐开成石经的雕镌、五代监本九经（经注本）的刊行以及唐宋九经三传疏（《正义》）的纂修。

---

① 邢昺等《孝经注疏序》称“今特剪截元（行冲）疏，旁引诸书，分义错经，会合归趣，一依讲说，次第解释，号之为讲义也”（殿本《孝经注疏》卷首）。

② 邢昺等《尔雅疏叙》称“惟东晋郭景纯，用心几二十年，注解方毕，甚得六经之旨，颇详百物之形，学者祖焉，最为称首。其为义疏者，则俗间有孙炎、高琏，皆浅近俗儒，不经师匠”，所以“考案其事，必以经籍为宗；理义所诠，则以景纯为主”（静嘉堂文库藏宋刻宋元明递修本《尔雅疏》卷首）。

③ 详参拙作《经学文献的衍生和通俗化——以近古时代的传刻为中心》第一章“正经注疏的衍生和传刻”第九节“《孟子音义》《正义》辨——以学术史的考察为中心”，第270—313页。

④ （宋）孙奭撰《孟子音义》卷首《孟子音义序》，《景印文渊阁四库全书》第196册，第31页。台北故宫藏宋刻八行本《孟子注疏解经》卷首《孟子正义序》注并作注，岐误作歧。

⑤ 详参拙作《正经注疏合刻早期进程蠡测——以题名更易和内容构成为中心》，《文史》，2020年第2辑，第79页。

⑥ 八行本《礼记正义》卷末黄唐跋文有曰：“本司旧刊《易》《书》《周礼》，正经、注、疏萃见一书，便于披绎。”（《中华再造善本》影印国图藏南宋绍熙三年两浙东路茶盐司刻宋元递修本）所谓“正经、注、疏”当指诸经白文及其注与疏。

说拜揖拱手礼

南京师范大学文学院　王　锷

内容提要:《周礼》记载九拜之礼，九拜之中，稽首、顿首、空首、振动、肃拜是正拜。吉拜、凶拜是指吉事、凶事拜时左右手势的不同，奇拜、褒拜是指一拜和再拜及以上。拜又称拜手、空首，具体动作是人跪地拱手，头至于手，与心相平，是拜中最常见的动作。稽首是先拜手，拱手下至地于膝前，双手不分开，然后头缓慢至地于手前。拜稽首、再拜稽首、拜手稽首，皆是先拜手而后稽首。顿首又名稽颡，先拜手，再拱手下至于地，额头快速叩地于手前，是凶礼丧事所行之礼。振动是丧礼中拜而后踊。肃拜是妇女之拜，先跪拱手，略微俯首，两手下垂，是古代妇女常行之礼。揖是行礼之最轻者，两手相合，向外推谓之揖，向内引谓之厌（撎），揖、厌统称拱手。

关键词：拜；顿首；稽首；九拜;《周礼》

《尚书》《左传》《周礼》《仪礼》《礼记》多言拜、再拜、拜手、稽首、拜稽首、再拜稽首、拜手稽首、稽颡、拜稽颡等，亦言及顿首、九拜。那么，何为拜？何为稽首？何为稽颡？何为顿首？再拜稽首、拜手稽首、拜稽颡指什么？它们之间有何关系？汉唐以来，众说纷纭，莫衷一是，纷繁复杂，令人昏昏[①]！我们依据《周礼》《仪

① 曾亦《拜礼研究》，上海：上海古籍出版社，2019 年。

礼》《礼记》等文献，参考诸家注释，略加梳理。

《周礼·春官·太祝》曰：

> 辨九拜：一曰稽首，二曰顿首，三曰空首，四曰振动，五曰吉拜，六曰凶拜，七曰奇拜，八曰褒拜，九曰肃拜，以享右祭祀。

郑玄《注》曰：

> 稽首，拜头至地也。顿首，拜头叩地也。空首，拜头至手，所谓拜手也。吉拜，拜而后稽颡，谓齐衰不杖以下者。言吉者，此殷之凶拜，周以其拜与顿首相近，故谓之吉拜云。凶拜，稽颡而后拜，谓三年服者。杜子春云："振读为振铎之振，动读为哀恸之恸，奇读为奇偶之奇，谓先屈一膝，今雅拜是也。或云：奇读曰倚，倚拜谓持节、持戟拜，身倚之以拜。"郑大夫云："动读为董，书亦或为董。振董，以两手相击也。奇拜，谓一拜也。褒读为报，报拜，再拜是也。"郑司农云："褒拜，今时持节拜是也。肃拜，但俯下手，今时撎是也。介者不拜，故曰'为事故，敢肃使者'。"玄谓振动，战栗变动之拜。《书》曰"王动色变"。一拜，答臣下拜。再拜，拜神与尸。享，献也，谓朝献、馈献也。右读为侑，侑劝尸食而拜①。

郑玄解释"九拜"之余，征引杜子春、郑兴、郑众异说。

贾公彦《周礼疏》曰：

> 此九拜之中，四种是正拜，五者逐事生名，还依四种正拜而为之也。一曰稽首，二曰顿首，三曰空首，此三者相因而为之。空首者，先以两手拱至地，乃头至手，是为空首也。以其头不至地，故名空首。顿首者，为空首之时引头

---

① （汉）郑玄注，（唐）贾公彦疏，（唐）陆德明释文，（清）阮元校刻，方向东点校《周礼注疏》卷二五，《十三经注疏》第8册，北京：中华书局，2021年，第1084—1085页。

至地，首顿地即举，故名顿首。一曰稽首，其稽，“稽留”之字，头至地多时，则为稽首也。此三者，正拜也。稽首，拜中最重，臣拜君之拜。二曰顿首者，平敌自相拜之拜。三曰空首拜者，君答臣下拜。

知义然者，案哀十七年，公会齐侯盟于蒙，孟武伯相。齐侯稽首，公则拜，齐人怒。武伯曰：“非天子，寡君无所稽首。”公如晋，孟献子相。公稽首。知武子曰：“天子在，而君辱稽首，寡君惧矣。”孟献子曰：“以敝邑介在东表，密迩仇雠，寡君将君是望，敢不稽首。”《郊特牲》曰：“大夫之臣不稽首，非尊家臣，以避君也”如是相礼，诸侯于天子、臣于君稽首，礼之正。然诸相于大夫之臣，及凡自敌者，皆当从顿首之拜也。如是差之，君拜臣下，当从空首拜，其有敬事亦稽首，故《大誓》云：“周公曰：都懋哉，予闻古先哲王之格言以下，大子发拜手稽首。”是其君于臣稽首事。《洛诰》云“周公拜手稽首，朕复子明辟。成王拜手稽首，公不敢不敬天之休”者，此即两相尊敬，故皆稽首。九曰肃拜者，拜中最轻，惟军中有此肃拜，妇人亦以肃拜为正。其余五者，附此四种正拜者，四曰振动附稽首，五曰吉拜附顿首，六曰凶拜亦附稽首，七曰奇拜附空首，八曰褒拜亦附稽首。以享侑祭祀者，享，献也，谓朝践献尸时拜。侑，侑食，侑劝尸食时而拜。此九拜不专为祭祀，而以祭祀结之者，祭祀事重，故举以言之。

注“稽首“至“而拜”。释曰：“稽首，拜头至地。顿首，拜头叩地也”者，二种拜俱头至地，但稽首至地多时，顿首至地则举，故以叩地言之，谓若以首叩物然。

云“空首，拜头至手，所谓拜手也”者，即《尚书》拜手稽首。

云“吉拜，拜而后稽颡，谓齐衰不杖以下”者，此谓齐衰已下丧拜，而云吉者，对凶拜为轻。此拜先作稽首，后作稽颡，稽颡还是顿首，但触地无容，则谓之稽颡。

云“齐衰不杖已下”者，以其杖齐衰入凶拜中，故《杂记》云：“父在，为妻不杖，不稽颡。”明知父没，为妻杖而稽颡，是以知此吉拜谓齐衰不杖已下。

云“言吉者，此殷之凶拜”者，按《檀弓》云：“拜而后稽颡，颓乎其顺也。稽颡而后拜，颀乎其至也。三年之丧，吾从其至者。”郑《注》云：“自期如殷可。”言自期，则是齐衰不杖已下，用殷之丧拜，故云此殷之凶拜也。”

云“周以其拜与顿首相近，故谓之吉拜”者，言相近者，非谓文相近，是拜体相近。以其先作顿首，后作稽颡，稽颡还依顿首而为之，是其拜体相近，以其约义，故言“云”以疑之。

云“凶拜，稽颡而后拜，谓三年服”者，此《杂记》云：“三年之丧，即以丧拜。非三年丧，以其吉拜。”又《檀弓》云：“稽颡而后拜，颀乎其至，孔子云：‘三年之丧，吾从其至者。’”若然，上吉拜齐衰不杖已下，则齐衰入此凶拜中。郑不言之者，以《杂记》云“父在，为妻不杖，不稽颡。”父卒乃稽颡，则是適子为妻，有不得稽颡时，故略而不言。但適子妻，父为主，故適子父在不稽颡，则众子为妻，父在亦稽颡。不据众子当稽颡者，据《杂记》成文。

杜子春云“振读为振铎之振”者，读从《小宰》职“振木铎于朝”之振。云“动读为哀恸之恸”者，谓从孔子哭颜回“哀恸”之恸。云“奇读为奇耦之奇”者，谓从《郊特牲》“鼎俎奇，笾豆耦”之奇。已上读字，后郑皆从之。云“先屈一膝，今雅拜是也。或云：奇读曰倚，倚拜谓持节、持戟拜，身倚之以拜”，此二者后郑皆不从之。

郑大夫云“动读为董，书亦或为董振之董”者，此读从《左氏》“董之以威”，是“董振”之董。云“以两手相击”，此后郑皆不从。云“奇拜，谓一拜也”，一拜者，谓君拜臣下。按《燕礼》《大射》有一拜之时，君答一拜，后郑从之。云“褒读为报，报拜谓再拜是也”，后郑亦从。

郑司农云“褒拜，今之持节拜是也”者，后郑不从。云“肃拜，但俯下手，今时揎是也”，按《仪礼·乡饮酒》，宾客入门，有揎入门之法。推手曰揖，引手曰揎①。云“介者不拜，故曰为事故，敢肃使者”，按成十六年，晋楚战于鄢陵，楚子使工尹襄问郤至以弓。郤至见客，免胄承命。又云“不敢拜命”，注云：“介

① 《仪礼·乡饮酒礼》：“宾厌介，入门左。”郑玄《注》曰：“推手曰揖，引手曰厌，今文皆作‘揖’。”贾公彦《仪礼疏》曰：“云‘推手揖，引手曰厌’者，‘厌’字或作‘揎’字者，古字义亦通也。”（汉）郑玄注，（唐）贾公彦疏，（清）阮元校刻，方向东点校《仪礼注疏》卷八，《十三经注疏》第10册，第211页。

者不拜。”又云“君命之辱，为事故，敢肃使者，三肃使者而退”，是军中有肃拜法。按成二年，鞌之战，获齐侯，晋郤至投戟，逡巡，再拜稽首。军中得拜者，《公羊》之义。将军不介胄，故得有拜法。

“玄谓振动，战栗变动之拜，《书》曰王动色变”，案:《中候·我膺》云:“季秋七月甲子，赤雀衔丹书入酆，至昌户，再拜稽首受。”按今文《大誓》，得火乌之瑞，“使上附以周公书，报诰于王，王动色变”。虽不见拜文，与文王受赤雀之命，同为稽首拜也。

云“一拜，答臣下拜。再拜，拜神与尸”，此二者，增郑大夫之义。知再拜、拜神与尸者，按《特牲礼》，祝酌奠于铏南，主人再拜，祝在左也。再拜于尸，谓献尸，尸拜受，主人拜送是也。天子诸侯亦当然。或解一拜答臣下，亦据祭祀时，以其宴礼，君答拜臣，或再拜时故也。

云“享，献也，谓朝献、馈献也”者，以祭祀二灌之后，惟有朝践、馈献称献，故知享献据朝践、馈献时也。

云“右读为侑，侑劝尸食而拜”者，按《特牲》“尸食，祝侑，主人拜”，《少牢》“主人不言拜侑”，故知侑尸时有拜[①]。

贾公彦认为“九拜”之中，稽首、顿首、空首、肃拜四者是正拜，其余五种是“逐事生名”，征引经传，疏解经文和郑注。

段玉裁《说文解字注》曰：

𢷎，首至手也。各本作“首至地也”，今正。首至地，谓䭫首，拜中之一，不可该九拜。拜之名生于空首，故许言“首至手”。《周礼》之空首，他经谓之“拜手”，郑《注》曰:“空首，拜头至手，所谓拜手也。”何注《公羊传》曰:“头至手曰拜手。”某氏注《尚书·大甲》《召诰》曰:“拜手，首至手也。”何以谓之头至手？足部曰:“跪者，所以拜也。”既跪而拱手，而头俯至于手，与心平，是

① （汉）郑玄注，（唐）贾公彦疏，（唐）陆德明释文，（清）阮元校刻，方向东点校《周礼注疏》卷二五，《十三经注疏》第 8 册，第 1085—1088 页。

之谓头至手，《荀卿子》曰“平衡曰拜”是也。头不至于地，是以《周礼》谓之空首，空首者，对䭫首、顿首之头箸地言也。详言曰拜手，省言曰拜。拜本专为空首之偁，引申之，则䭫首、顿首、肃拜皆曰拜。䭫首者何也？拜头至地也。既跪而拱手下至于地，而头亦下至于地，《荀卿》所谓“下衡曰䭫首”，《白虎通》、郑注《周礼》、何注《公羊》、某氏注《尚书·召诰》、赵注《孟子》皆曰“拜头至地曰䭫首”是也。顿首者，拜头叩地也。既跪而拱手下至于地，而头不徒下至地，且叩触其额，是之谓顿首，《荀卿》所谓“至地曰䭫颡”也。《周礼》之顿首，即他经之䭫颡，故《周礼注》云：“顿首，头叩地。”《士丧礼》《檀弓》“䭫颡”注云：“头触地。”叩、触一也。凡言“拜手䭫首”、言“拜䭫首”者，先空首而后䭫首也。言“拜而后䭫颡”者，先空首而后顿首也。言“䭫颡而后拜”者，先顿首而后空首也。言“䭫颡而不拜”者，徒顿首而不空首也。空首、䭫首、顿首三拜为经，振动、吉拜、凶拜、奇拜、褒拜、肃拜为纬。振动者，战栗变动之拜。有不必为此三拜而为此三拜者也。吉拜者，拜之常也，当拜而拜，当䭫首而䭫首是也。凡䭫首，未有用于凶者也。凶拜者何也？拜而后䭫颡、䭫颡而后拜皆是也。凡顿首，未有不用于凶者也。奇拜者，一拜也，一䭫首，一顿首亦是也，简少之詈也。褒拜者，拜不止于再也，䭫首、顿首不止于再者，亦是也，多大之詈也。肃拜者，妇人之拜，不低头者也。总计之曰九拜。凡云拜手者，头至手，故其字从手作𢷎①。

“拜”，《说文》作“𢷎”，段玉裁指出是“首至手也”，非“首至地也”。段玉裁对于“𢷎”之注解，是其《释拜》一文的浓缩。

《周礼·春官·太祝》以及郑玄、贾公彦之注疏，是疏解“九拜”最基本的文献，后代学者均有解读，清段玉裁《说文解字注》和《释拜》最为明晰。

据《周礼》《仪礼》《礼记》等文献记载，结合郑玄、贾公彦和段玉裁等人解说，可知九拜中稽首、顿首、空首、振动、肃拜五种是拜的正式动作。吉拜、凶拜是指

① （汉）许慎撰，（清）段玉裁注，许惟贤整理《说文解字注》下册，南京：凤凰出版社，2009年，第1033—1034页。

吉事、凶事的不同，拜时手之所向有差异。奇拜、褒拜是指礼的轻重不同，一拜和再拜有所不同[①]。

一、空首。空首又称拜、拜手，是拜中最常见的动作，具体动作是先跪，再拱手，头至于手，与心相平。因手不至地，头也悬空，与头至地之稽首、顿首不同，故名空首。再拜者，拜两次，即再空首也。郑玄曰“拜头至手，所谓拜手也”，段玉裁曰：“既跪而拱手，而头俯至于手，与心平，是之谓头至手，头不至于地，是以《周礼》谓之空首，空首者，对𩒨首、顿首之头箸地言也。详言曰拜手，省言曰拜。拜本专为空首之偁，引申之，则𩒨首、顿首、肃拜皆曰拜。”[②]段说甚是。贾公彦谓“空首者，先以两手拱至地，乃头至手，是为空首也，以其头不至地，故名空首”，贾说非也。

古人之行礼，多拜手；地位相等，亦拜手，故段玉裁说：“凡行礼，必拜手；凡敌者，拜手。”[③]卿大夫士之间、诸侯之间，互相行拜手礼，《仪礼》多言拜、再拜、答拜者，皆是。凌廷堪认为空首是君答臣之拜[④]。

二、稽首。“稽首”之“稽”，《周礼》《说文》作“𩒨”，在“首”部，他经作“稽”。稽首是先拜手，拱手下至地于膝前，双手不分散，然后头缓慢至地于手前。郑玄曰“稽首，拜头至地也”，段玉裁曰“拜头至地也。既跪而拱手下至于地，而头亦下至于地”也。贾公彦谓“其稽，‘稽留’之字，头至地多时，则为稽首也”，段玉裁谓“稽首者，言乎首舒迟至于地也”，又“稽颡之至地显，稽首之至地微。稽首者，将至地而未至地，故于叩颡乃谓至地也”[⑤]，段说为优。

《尚书》《礼记》言“拜稽首”“再拜稽首”“拜手稽首”者，皆是先拜手而后稽首。凡稽首必先拜手，故《尚书》常言“拜手稽首”。孔颖达《尚书正义》曰：“稽首头至地，头下至地也。顿首头下至地，暂一叩之而已。此言‘拜手稽首’者，初为拜头至手，乃复申头以至于地。至手是为拜手，至地乃为稽首。然则凡为稽首者，皆

① 钱玄《三礼通论》，南京：南京师范大学出版社，1996 年，第 527 页。
② （汉）许慎撰，（清）段玉裁注，许惟贤整理《说文解字注》下册，第 1033—1034 页。
③ （清）段玉裁撰，锺敬华点校《经韵楼集》卷六《释拜》，上海：上海古籍出版社，2009 年，第 139 页。
④ （清）凌廷堪撰，王文锦点校《校礼堂文集》，北京：中华书局，1998 年，第 125 页。
⑤ （清）段玉裁撰，锺敬华点校《经韵楼集》卷六《释拜》，第 137 页、136 页。

先为拜手，乃后为稽首，故‘拜手稽首’连言之，诸言‘拜手稽首’，义皆同也。”[①] 故段玉裁说：“凡言拜手稽首，言拜稽首，言再拜稽首，皆先空首而后稽首也。”

一般来说，祭祀、诸侯见天子、大臣见国君和国君夫人，皆行稽首礼。然亦有非祭祀、非见君而行稽首者，为重其事，如《仪礼·特牲馈食礼》主人于尸行再拜稽首礼，《士昏礼》亲迎时，“宾升，北面奠雁，再拜稽首”，《聘礼》郊劳，劳者“再拜稽首受”[②]，皆为尊重其事。稽首是吉拜中很恭敬的礼仪。“再拜稽首”，是稽首动作做两次，是拜礼中最为恭敬之礼。《礼记·曲礼下》：“大夫、士见于国君，君若劳之，则还辟，再拜稽首。”劳是慰劳，还辟是逡巡。《礼记·郊特牲》曰：“君再拜稽首，肉袒亲割，敬之至也。敬之至也，服也。拜，服也；稽首，服之甚也；肉袒，服之尽也。”[③] 大夫、士拜见国君，如果国君慰劳，大夫、士要逡巡躲避，行再拜稽首礼。国君举行宗庙祭祀的时候，要行再拜稽首，袒露左臂亲自解割牺牲，表示对鬼神的极端尊敬。极端尊敬就意味着服从。行拜礼就是服从的体现。稽首是真心顺服的表达，袒露左臂意味着彻底服从了。

三、顿首。顿首又名稽颡，顿首是先拜手，再拱手下至于地，额头快速叩地于手前。郑玄说：“顿首，拜头叩地也。”贾公彦说：“顿首者，为空首之时引头至地，首顿地即举，故名顿首。”段玉裁说：“顿首者，拜头叩地也。既跪而拱手下至于地，而头不徒下至地，且叩触其頟，是之谓顿首，《荀卿》所谓‘至地曰䭫颡’也。《周礼》之顿首，即他经之䭫颡，故《周礼注》云：‘顿首，头叩地。’《士丧礼》《檀弓》‘䭫颡’注云：‘头触地。’叩、触一也。”“顿首者，言乎首急遽至于地也。《周礼》言顿首，不言稽颡，《礼经》《礼记》群经言稽颡，不言顿首，稽颡与顿首有二与？曰：无二也。《荀卿子》曰‘平衡曰拜，下衡曰稽首，至地曰稽颡’，是即郑君之‘头至手曰空首，头至地曰稽首，头叩地曰顿首’也。”[④] 段说清晰。

① （汉）伪孔安国传，（唐）孔颖达正义，（唐）陆德明音义，（清）阮元校刻，方向东点校《尚书注疏》卷八，《十三经注疏》第2册，第343页。

② （汉）郑玄注，（唐）贾公彦疏，（清）阮元校刻，方向东点校《仪礼注疏》卷五、卷一九，《十三经注疏》第10册，第125页、592页。

③ 王锷汇校《礼记郑注汇校》上册，北京：中华书局，2020年，第56页、388页。

④ （清）段玉裁撰，锺敬华点校《经韵楼集》卷六《释拜》，第137页。

拜稽颡者，先拜手，再顿首。段玉裁曰："言'拜而稽颡'者，先空首而后顿首也。言'稽颡而后拜者'，先顿首而后空首也。言'稽颡而不拜'者，顿首而不空首也。拜者，常礼；稽首者，敬之至也；稽颡者，哀之至也。"[①] 诸经凡言"拜稽颡"者，皆是先拜手而后顿首。《礼记·檀弓》曰："拜稽颡，哀戚之至隐也。稽颡，隐之甚也。"《问丧》曰："男子哭泣悲哀，稽颡，触地无容，哀之至也。"[②] 拜稽颡是哀戚最为伤痛之礼。稽颡是最为伤痛的体现。亲人去世，男子悲伤哭泣时，头触地无容行稽颡礼，是悲伤至极的表达。

顿首即稽颡，是凶礼丧事所行之礼，《仪礼》之《士丧礼》《既夕礼》《士虞礼》和《礼记》之《檀弓》《丧服小纪》《杂记》《丧大记》多言"拜稽颡""稽颡""再拜稽颡"，然无言"顿首"者。故段玉裁曰："至于顿首，即稽颡，乃凶礼，故经罕言顿首者。贾公彦《周礼正义》乃云：'顿首，平敌自相拜之拜。'《尚书·太甲中》正义云：'诸侯相与则顿首也。'《檀弓》正义云：'顿首，平敌以下拜也，诸侯相拜则然，以其不稽首惟顿首也。'此至为无稽。《礼经》《礼记》《春秋传》皆无平敌用顿首之语。"[③] 段说有理，则贾公彦谓"然诸相于大夫之臣，及凡自敌者，皆当从顿首之拜也"者，非也。

段玉裁《释拜》曰："拜而后稽颡，稽颡而后拜，皆凶拜也。凡顿首，未有不用于凶者也。"谓郑玄《注》"周以其拜与顿首相近"，当作"周以其拜与稽首相近"，"故谓之吉拜云"[④]，有道理。

后来，稽颡用于凶事，顿首则改用吉事，二者截然有异。汉代以来，顿首变为请罪之辞，常用于大臣上表之辞，谓"诚惶诚恐，顿首顿首，死罪死罪"[⑤]。甚者"顿首"用于书信末尾，乃悖古非礼之举。段玉裁曰：

> 可以正今人书帖吉用"顿首"、凶用"稽首"之悖古，抑亦可以知凡考古，

① （清）段玉裁撰，锺敬华点校《经韵楼集》卷六《释拜》，第 138 页。
② 王锷汇校《礼记郑注汇校》上册第 133 页、下册第 814 页。
③ （清）段玉裁撰，锺敬华点校《经韵楼集》卷六《释拜》，第 139 页。
④ （清）段玉裁撰，锺敬华点校《经韵楼集》卷六《释拜》，第 140 页。
⑤ （清）段玉裁撰，锺敬华点校《经韵楼集》卷六《释拜》，第 141 页。

每事必贯穿经史为之，非可卤莽立说也。今人书刺及音问皆云“顿首”者，汉、魏、晋相袭而然。如刘歆与杨雄书曰：“歆叩头。”雄答歆书曰：“雄叩头。”叩头即顿首，战国时以请罪，秦人上书言“昧死以请罪”，莽时上书已不言“昧死”，故以“叩头”施于敌者，叩头犹言死罪也。魏、晋因而不改，故羲之尺牍每云“死罪”，用“叩头请罪”之例也。自是以后，则“顿首”用于上书、用于音问者，皆忘其为请罪之辞，直以为常事，而素间用贴，乃不得不吉“顿”凶“稽”矣。①

对于顿首、稽首之义及其使用场合的变迁，段玉裁说得清晰如画。

四、振动。振动是丧礼中拜而后踊。汉儒对振动已有不同解释，杜子春认为是踊，郑兴以为是击掌，郑玄以为是拜时振动，贾公彦认为振动非正拜，附于稽首。段玉裁曰：“有不必拜手而拜手者，有不必稽首而稽首者，有不必顿首而顿首者，是皆谓之‘振动’。振动者，言非常也，因事制宜之谓也。”②比较诸说，杜子春说较确，清淩廷堪、钱玄先生皆同意杜子春意见③。《仪礼·既夕礼》有“主人皆拜稽颡成踊”。成踊，一踊三跳，三踊九跳为成踊。踊在丧礼中，常与稽首相连，故连类及之而入九拜。

五、肃拜。肃拜是妇女之拜，具体动作是先跪拱手，略微俯首，两手下垂。肃拜是古代妇女常行之礼，穿戴盔甲的军士，因不便屈身，所以行礼不跪，称“肃”，仅站立低头下首而已。唐代以前，妇人肃拜皆跪。古人席地而坐，妇人下跪，并无不便之处，惟妇人头有首饰若副即步摇，编、次即假发之类，头过分向下，则导致头发松散，故妇女行肃拜，跪而头略俯而已。妇人重礼，若妇见舅姑，则扱地，仅手至地，头略俯而已，犹男子之稽首④。段玉裁《释拜》谓郑玄《少仪》注“肃拜，拜低头也”之“低”上，当有“不”字，肃拜是“举首下手之拜也”⑤，有增字之疑，似

① （清）段玉裁撰，锺敬华点校《经韵楼集》卷六《释拜》，第145—146页。
② （清）段玉裁撰，锺敬华点校《经韵楼集》卷六《释拜》，第139—140页。
③ 钱玄《三礼通论》，第529页。
④ 钱玄《三礼通论》，第531页。
⑤ （清）段玉裁撰，锺敬华点校《经韵楼集》卷六《释拜》，第142页。

不可取。

《礼记·少仪》谓妇人“为丧主，则不手拜”，郑玄《注》曰：“手拜，手至地也。妇人以肃拜为正，凶事乃手拜耳。”[①]手拜即扱地。妇人之手拜与男子之拜手有异。手拜，手至地。拜手，拱手与心平。丧事中，妇人为丧主，则去首饰纚，用麻束发，行稽颡礼，与男子同。

六、吉拜、凶拜。吉拜和凶拜的主要区别在：一是凡用于宾、嘉、吉礼之拜为吉拜，用于丧礼者为凶拜。稽首未有用于凶礼者，稽颡则为专用于丧礼之拜。其余之拜，吉凶通用。二是凡男子吉拜，其拱手时，右手在内，左手包住右手，所谓尚左；凶拜则反是。女子吉拜，左手在内，右手包住左手，所谓尚右；凶拜则反是。

七、奇拜、褒拜。奇拜指一拜。褒拜指再拜及再拜以上。行礼一般用一拜，再拜表示加敬。三拜表示遍及众宾，也有用三拜及以上表示哀痛者，乃变礼[②]。

八、揖与拱手。揖不跪，严格说揖不属于拜。揖是行礼之最轻者，与揖相类似的有厌。两手相合，向外推谓之揖，向内引谓之厌。后来，揖、厌统称拱手。拱，《仪礼·乡饮酒礼》作“共”，郑玄《注》曰：“共，拱手也。”[③]拱手者，沓手也，拜必先拱手，凡拱，右手在内，左手在外，即双手抱拳，形如抱鼓，具体是将左右手肘向外拱成圆形，是谓尚左。

揖与长揖不同。揖仅是推手向前，长揖则举首，双手自上而下摆动，就动作言，长揖较揖恭敬，但轻于拜。长揖又名撎。《史记·郦生陆贾列传》曰：

> 沛公至高阳传舍，使人召郦生，郦生至，入谒，沛公方倨床使两女子洗足，而见郦生。郦生入，则长揖不拜，曰：“足下欲助秦攻诸侯乎？且欲率诸侯破秦也？”沛公骂曰：“竖儒！夫天下同苦秦久矣，故诸侯相率而攻秦，何谓助秦攻诸侯乎？”郦生曰：“必聚徒合义兵诛无道秦，不宜倨见长者。”于是沛公辍洗，

---

① 王锷汇校《礼记郑注汇校》下册，第506页。

② （清）段玉裁撰，锺敬华点校《经韵楼集》卷六《释拜》，第141页；钱玄《三礼通论》，第533页。

③ （汉）郑玄注，（唐）贾公彦疏，（清）阮元校刻，方向东点校《仪礼注疏》卷九，《十三经注疏》第10册，第246页。

起摄衣，延郦生上坐，谢之[①]。

郦食其用长揖对待刘邦箕踞洗脚，讨回面子，得以重用。

另有土揖、时揖、天揖等。土揖是推手小下之；时揖是平推手，即揖；天揖是推手小举之，皆天子对诸侯所行[②]。后来小说中常有“略一抱手”，抱手亦揖之遗留，只是不推或推的动作不明显。如果揖的对象非一人，则双手抱拳横向动作，古代谓之“横揖”，后世称为“撒网揖”或“罗圈揖”。武侠片中，侠客常有此动作。小说中常写“作揖”，也是揖之遗存。另有叉手之法，也是示敬的动作[③]。

今日所行的握手礼是西方礼仪。在中国古代，也有一种握手礼，名“执手”。执手礼起源很早。《诗经·邶风·击鼓》曰：“死生契阔，与子成说。执子之手，与子偕老。”[④]契阔，死生聚散，偏指离散。人分别、见面皆行执手礼。吊丧时亦行之，由吊客执主人手，以示安慰，东晋以后有此风俗，至今通行。《颜氏家训·风操篇》：“江南凡吊者，主人之外，不识者不执手。”吊丧时，若认识丧家人，便须一一执手，表示慰问[⑤]。

中国人交往，男女有别，尊卑有序，通过肢体动作传达礼敬，身体绝不亲密接触，大为之坊，防止逾越。拜本是侍奉鬼神之事，《周礼·太祝》谓九拜“以享右祭祀”，侑劝尸代替鬼神享受祭品，体现尊敬，后逐渐用于君臣、上下及人与人之间，礼敬他人。拜揖拱手等动作，就是肢体在不同礼仪中的体现。九拜中，稽首、顿首、空首、振动、肃拜是正拜。吉拜、凶拜是指吉事、凶事拜时左右手势的不同，奇拜、褒拜是指一拜和再拜及以上。拜又称拜手、空首，跪而拱手，头至于手，与心相平，是拜中最常见的动作。稽首是先拜手，拱手下至地于膝前，双手不分开，然后头缓慢至地于手前，是吉礼之最恭敬者。拜稽首、再拜稽首、拜手稽首，皆是先拜手而

① （汉）司马迁撰，（南朝宋）裴骃集解，（唐）司马贞索隐，（唐）张守节正义，顾颉刚等点校，赵生群等修订《史记》第8册，北京：中华书局，2018年，第3263页。

② 钱玄《三礼通论》，第532页。

③ 叶国良《礼制与风俗》，上海：复旦大学出版社，2014年，第26—32页。

④ （汉）毛亨传，（汉）郑玄笺，（唐）陆德明音义，孔祥军点校《毛诗传笺》，北京：中华书局，2018年，第44页。

⑤ 叶国良《礼制与风俗》，第33—36页。

后稽首。祭祀、诸侯见天子、大臣见国君和国君夫人，皆行稽首礼。顿首又名稽颡，先拜手，再拱手下至于地，额头快速叩地于手前，是凶礼丧事所行之礼。拜稽颡是先拜手，再顿首，是哀戚最为伤痛之礼。振动是丧礼中拜而后踊。肃拜是妇女之拜，先跪拱手，略微俯首，两手下垂，是古代妇女常行之礼。穿戴盔甲的军士，因不便屈身，所以行礼不跪，称“肃”。揖是行礼之最轻者，不跪，两手相合，向外推谓之揖，向内引谓之厌（擅）。揖、厌统称拱手。拱手即沓手也，凡拱手，右手在内，左手在外，即双手抱拳，形如抱鼓，将左右手肘向外拱成圆形，是谓尚左。执手用于人分别、见面和丧礼吊唁礼仪。

2021 年 5 月 8 日初稿

2023 年 1 月 31 日定稿

误读与想象：黄以周《宫室通故》中的“周代”制度*

武汉大学国学院　任慧峰

内容提要： 黄以周在其《宫室通故》中，通过各种解经方法建构起了一个理想的“周代”宫室制度，但此过程中也存在着许多关于《尔雅》、郑注及伏传的误读与想象。为了解决《尔雅·释宫》“室有东西厢曰庙，无东西厢有室曰寝”带来的疑惑，他创造了“箱即墙”之说。出于严男女之别的考量，他考证宫墙非壁，并以之解释《士昏礼》“冠者见母于东壁”乃是在寝。在室、堂之广的问题上，他融合伏传与郑注，提出了室堂同广，甚至认为门堂即门，其广同于堂。对于楣梁落时庪、正堂位置和北出之向等名物、方位，他也创造出了完全不同于前说的新论。黄以周所设想的这些“周代”制度，完全是从礼意出发，并试图做到融贯群经，但在论证时却矛盾频出，常有凭空虚拟之处，折射出其“实事求是”学风背后的经学特征。

关键词： 黄以周；《礼书通故》；宫室制度；《尔雅》

宫室制度是三礼学的基础，所谓“读礼者苟不先明乎宫室之制，则无以考其登降之节、进退之序，虽欲追想其盛而以其身揖让周旋乎其间且不可得，况欲求之义

* 本文是国家社科基金一般项目“南菁书院与晚清经学的嬗变”（18BZX072）阶段性成果。

乎”，[①]因此历代的礼学家都对此倍加留意。至清代礼学复盛，名家辈出，关于宫室的研究也愈加精密，各种礼图层出，而黄以周作为晚清著名的礼学大家，也在其《礼书通故》中专辟《宫室通故》、《礼节图》与《名物图一·宫》来继续推进此一问题。

由于黄以周在经学、礼学上的突出成就，特别是经过章太炎等人的表彰，其立论谨严，“精研故训而不支，博考事实而不乱，文理密察，发前修所未见，每下一义，泰山不移”[②]的印象已经深入人心，加之黄氏在书中对前儒均有批评，[③]且对后人影响颇多，[④]给人一种感觉，似乎他的研究已经后来居上，可为定论了。而事实上，他所定宫室制度问题颇多，其中有不少对于经书、郑注的误读与想象，近来学者对此已有一些认识，但或因非专研宫室，或因焦点不在黄氏学术本身，[⑤]故认识还不够全面，受之前学者的评价影响仍大，需要澄清之处尚多。

基于此，本文试图以黄以周宫室制度中的几项错误为中心，辨析其致误之由，首论其“箱即墙”之说及从而引发的对庙寝之制的重构，次论其“壁非墙”之论及导致的对士昏礼冠者见母仪节的想象，再论其室堂同广的界定而带来的一系列矛盾，最后就其在楣梁落时彤、正堂位置和北出之向问题上的新说进行检讨。

① （宋）李如圭《仪礼释宫》，《景印文渊阁四库全书》第103册，台北：台湾商务印书馆，1982年，第523页。

② 章太炎撰，徐复点校《太炎文录初编》卷1《说林下》，许嘉璐主编《章太炎全集》第8卷，上海：上海人民出版社，2014年，第118页。

③ 黄以周对郑玄、贾公彦、陈祥道、李如圭、江永、戴震、段玉裁、孔广森、焦循、洪颐煊、张惠言、胡培翚、淩廷堪等学者的各种说法都进行了检讨批评，并归纳总结说：“旧图之误，近儒已能正之。而近儒之说，又多纸上空言，不求实事，亦难如其说以营造，故备言之。”可见其宫室研究不仅要解决学术上的问题，更要能付之于具体营造。见（清）黄以周撰，王文锦点校《礼书通故·礼节图一》，北京：中华书局，2007年，第2267页。

④ 如钱玄在其宫室图中采用了黄氏关于夹、两闑、门广同于堂室之广三点，沈文倬采用闱门在寝之东壁庙之西壁之说，而钱、沈二氏之书又为治三礼学者所必读。见钱玄《三礼通论》，南京：南京师范大学出版社，1996年，第168页；沈文倬《周代宫室考述》，《菿闇文存》，北京：商务印书馆，2006年，第812页。

⑤ 顾迁以明堂之高为例评价黄氏之说“缺乏实据，近于臆说”，非常正确，但可惜只举一例而未及其他，见其《〈礼书通故〉的诠释方法及其疏误举隅》，《古籍研究》2009年合刊，合肥：安徽大学出版社，第318页；陈绪波在夹室的问题上也不同意黄说，见其《〈仪礼〉宫室考》，上海：上海古籍出版社，2017年，第247页。

一、“箱即墙”：由《尔雅·释宫》引出的奇说

在礼学中，学者们对寝庙前堂后室房的结构认识大体相同，分歧主要集中在寝是否有左右房上。但黄以周除了关注房的问题外，更将注意力放在了东西厢上，他以《尔雅·释宫》的记载为基础，构拟出了别具一格的庙、寝、榭之制。

在《尔雅》的训释中，从庙到寝再到榭，在房屋的结构上逐渐少了东西厢和室，这给后世学者带来了很大的困惑。《释宫》曰：“室有东西厢曰庙，无东西厢有室曰寝，无室曰榭。”郭璞分别注曰“夹室前堂”，“但有大寝”，“榭即今堂埠”。[①]“无东西厢有室曰寝”及郭氏的理解与经书所记不合，从而引出了各种的猜测，如孔颖达云：“庙是接神之处，其处尊，故在前；寝，衣冠所藏之处，对庙为卑，故在后。但庙制有东西厢，有序墙，寝制惟室而已，故《释宫》云‘室有东西厢曰庙，无东西厢有室曰寝’是也。”[②]李如圭也提出了疑问：“《书·顾命》路寝有西夹。《士丧礼》‘死于适寝。主人降，袭绖于序东’，注曰：‘序东，东夹前。’则正寝亦有夹与箱矣。《释宫》所谓无东西箱者，或者谓庙之寝也与？”[③]李氏从《尚书》和《仪礼》经文出发，认为正寝也有夹与厢，因此对于《尔雅》的记载，他也只能暂时采用孔颖达的假设。

由于郭璞、孔颖达、李如圭等都没有实质性地解决《仪礼》与《尔雅》之间的矛盾，这自然就成为黄以周宫室说中的必须要解决的问题。他首先在天子、诸侯、士大夫的寝庙制度上建立起了一个等差序列：“天子诸侯庙寝，当依伏生《书传》所言：诸侯以天子燕寝为其路寝，大夫士又以诸侯路寝为其庙寝，庙与正寝无甚区别，

---

① （晋）郭璞注，（宋）邢昺疏《尔雅注疏》（影印阮刻《十三经注疏》嘉庆刊本第五册），北京：中华书局，2009年，第5652页。

② （汉）郑玄注，（唐）孔颖达正义，吕友仁整理《礼记正义》卷二二《月令》，上海：上海古籍出版社，2008年，第636页。

③ （宋）李如圭《仪礼释宫》，《景印文渊阁四库全书》第103册，第528页。按：厢、箱通用，下仿此。

所异者，一有东西箱，一无东西箱也，故《尔雅》特著之。”[①]黄氏所说伏传云云，乃是误记，其义当出自《诗经》郑笺及孔疏。[②]《王风·君子阳阳》“右招我由房”孔疏云：“《斯干》笺云‘宗庙及路寝制如明堂’，则天子路寝有五室，无左右房矣。……天子小寝，如诸侯之路寝，故得有左右房。”[③]又《小雅·斯干》“筑室百堵，西南其户”孔疏：“言天子之寝有左右房者，以天子之燕寝，即诸侯之路寝。……天子路寝既制如明堂，自然燕寝之制当如诸侯路寝，故知天子之燕寝有左右房也。既有左右，则室当在中，故西其户者，异於一房之室户也。大夫以下无西房，唯有一东房。”[④]孔疏的推论是建立在郑笺“宗庙及路寝制如明堂”的基础上的，本不足论。而黄以周则更进一步，认为庙与正寝的区别是有无东西箱，并且他对东西箱的界定更是发前人所未发：

> 箱即墙，见《乡饮酒礼》疏，东西箱为东堂东、西堂西之墙。《说文》：“箱，大车牝服也。”郑注《考工记》释牝服为较。较在车之两旁，犹箱为堂之外墙也。郭注箱训堂，失之。庙之祧主藏于夹室，故夹室之前不可无东西墙。无东西箱有室曰寝，室亦谓夹室。郭注两室异解，亦失之。不云室无东西箱者，明室自有墙也。夹室有墙，其堂无墙，凡寝皆然。《记》言天子设食阁于夹南，谓之左达右达，是天子燕寝亦东西堂洞达无墙也。若并夹室而无之，谓之榭，故下文即继以无室曰榭。杜注宣十六年《左传》“宣榭火”，引《尔雅》文云“无室曰榭”，谓屋歇前。屋歇前者，谓自两夹以前皆无墙也。[⑤]

黄氏此处的论证充满了误读与想象：首先，从《乡饮酒礼》疏中根本得不出“箱即墙”的结论，“主人坐奠爵于序端”郑注：“东西墙谓之序。”贾疏：“云‘东西墙谓之

① （清）黄以周撰，王文锦点校《礼书通故·宫室通故一》，第25—26页。

② 这一点顾迁已经指出，见其《〈礼书通故〉的诠释方法及其疏误举隅》，《古籍研究》2009年合刊，第312页。

③ （汉）郑玄笺，（唐）孔颖达正义《毛诗正义》（影印阮刻《十三经注疏》嘉庆刊本第一册），第699页。

④ （汉）郑玄笺，（唐）孔颖达正义《毛诗正义》（影印阮刻《十三经注疏》嘉庆刊本第一册），第935页。

⑤ （清）黄以周撰，王文锦点校《礼书通故·宫室通故一》，第26页。

序’者,《尔雅·释宫》文。但彼云‘东西厢’,厢即墙,故变言之也。”所谓“厢即墙”之说,可能是由于贾公彦对《释宫》前后文的理解有误,其本身在礼经中是毫无根据的。其次,以此毫无根据的“箱即墙”为前提,再通过将《说文》与《考工记》郑注相联系,他又创造性地发明出了“较在车之两旁,犹箱为堂之外墙也”的结论。这样,箱就由堂上的两处空间变为了两堵墙,但其论证本身是错的:《说文》释箱为大车牝服指的正是车厢,这与《考工记·车人》郑注“长八尺,谓较也”指车厢两旁之较木,完全是两义,绝不能牵合比附。再次,他又以此新论训释《尔雅》,于是就得出了室谓夹室,“不云室无东西箱者,明室自有墙也。夹室有墙,其堂无墙,凡寝皆然”的说法,并以此绘出了“天子燕寝诸侯以为路寝大夫以下以为庙制”与“士庶人正寝”两图(见图一、图二)。可是在《尔雅》中,并无室谓夹室之说。最后,他认为“无室曰榭”乃是“并夹室而无之”,且“自两夹以前皆无墙也”,与典籍中所载之榭已无任何相似之处,已经完全成了一种想象。

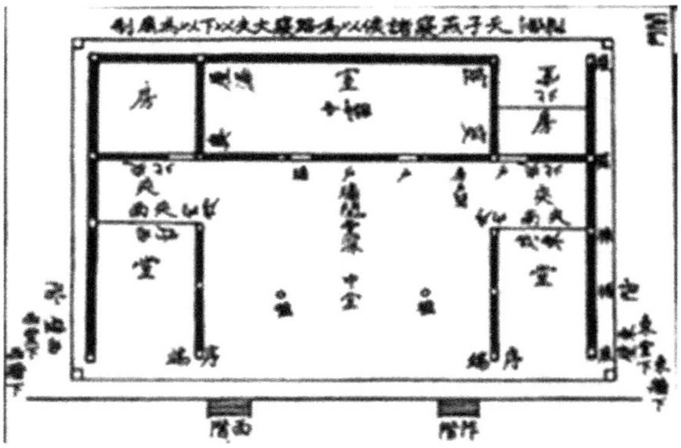

(图一 《礼书通故·名物图一》)

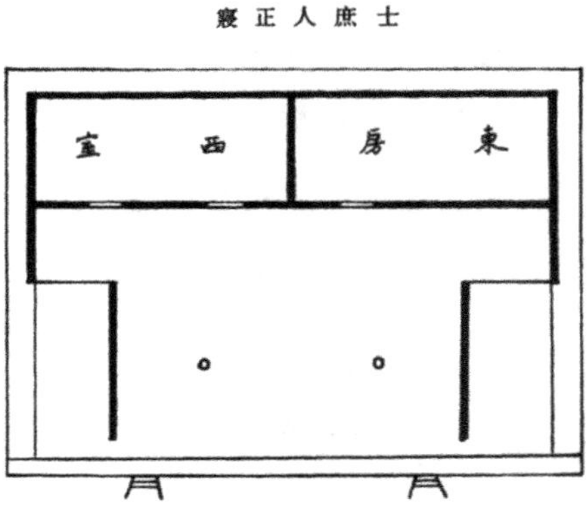

(图二 《礼书通故·名物图一》)

通过一系列的“误读”,黄以周终于可以将《仪礼》与《尔雅·释宫》的记载相“融贯”了,可是这种“融贯”的结果是他的“士庶人正寝图”已经到了令人无法理解的地步:无东西箱变成了将东堂东和西堂西的墙壁去掉;“夹室有墙,其堂无墙”,于是在东西两夹的南部也没有墙壁。这样,在士之正寝的堂上,就只剩下了孤零零的两序,而在东房西室之前又突出两堵短墙(见图二,图中粗线部分表示有墙,虚线表示无墙)。再加上他所谓的榭是“并夹室而无之”,且“自两夹以前皆无墙也”,

那不就成了一房一室，连堂也没有了？[①]

黄以周这样看似“融贯”的解释，其实是从根本上忽略了经书之间的差异，因此其结论根本不可能真正做到融贯。最为明显的就是他认为“天子燕寝亦东西堂洞达无墙”，但在“天子燕寝诸侯以为路寝大夫以下以为庙制”图中，天子燕寝的东西堂又有墙（见图一）。这是因为如果东西堂没有墙，天子燕寝就无法成为大夫以下的庙制，可是如此一来，又必然会与他的新论形成矛盾。但他似乎没有察觉，反而以此想象出的庙、寝、榭之制来严厉地批评张惠言说：“周之寝制，自夹以南，无东西墙。……近之图宫室者，以张皋文《仪礼图》为最当。但室居堂五分之一（按：“五”当作“三”），难行祭礼；西房亦有北堂，经无见文；序墙连房，仍沿旧误；寝制东西堂有东西墙，与《尔雅》尤违；门为堂，塾为室，经有明文，张氏于塾又分室堂，尤为杜撰。”[②] 从整体上看，张氏之图固然有不恰当之处（见图三），如西房有北堂、东西夹无户等，但相比起黄氏之图，杜撰的成分还是要少得多。

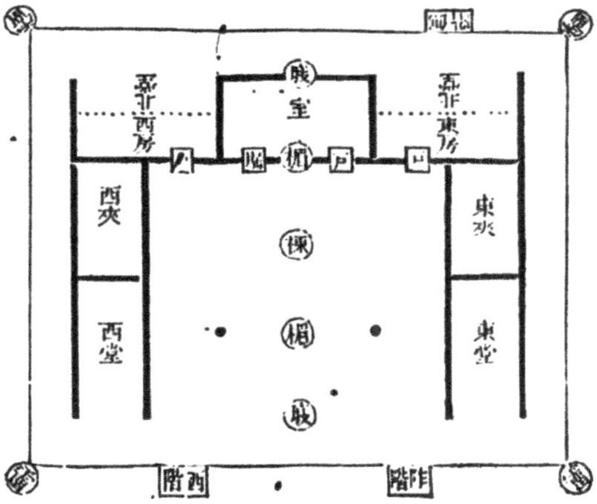

（图三　张惠言《仪礼图》卷一“天子诸侯左右房图”）

① 一般来说，学者们在对榭的理解上都基本同意李巡“但有大殿而无室，名曰榭”的说法，但黄以周由于固守“箱即墙”说，于是也反驳李说：“《尔雅》‘无室曰榭’，蒙上‘无东西箱有室曰寝’为文。箱者墙也，有室谓夹室，说已详上。若并夹室而无之谓之榭，则榭者，自后楣以前无夹也。……榭即所谓堂皇，非在台上。孔疏谓居台而临观讲武，直以为台上之屋，误。”黄氏并未绘出榭的形制，可能是由于他所谓的“榭”只有房室，难以绘制？（清）黄以周撰，王文锦点校《礼书通故·宫室通故二》，第69—70页。

② （清）黄以周撰，王文锦点校《礼书通故·名物图一》，第2267页。

二、壁非墙：短垣与冠者见母于东壁的想象

在《仪礼》一经所涉先秦宫室中，墙为总名，墉、壁、序为别称。李如圭云：“墙者，墉壁之总名。室中谓之墉，……堂上谓之序，室房与夹谓之墉，堂下谓之壁，谓之墙，其实一也，随所在而异其名耳。”①但在黄以周设想的宫室制度中，却对“壁”有着特别的界定，并进一步影响到了他对经义的理解。

黄以周认为壁乃专指东西堂下之壁，而非周绕寝庙之墙。他辨析前儒之说云：

> 郑玄云：“西壁，堂之西墙下。旧说南北直屋梠。”陈祥道云：“庙之左右，有墙周之，在西曰西壁，在东曰东壁。”以周按：《特牲礼》“主妇眂饎爨于西堂下”，《记》曰“饎爨在西壁”，则西壁为西堂下之墙，非堂上南北直屋梠者。郑云“西壁，堂之西墙下”，明经义也；又引旧说，存别义也。贾疏误会郑意，以为引旧说证成其义。则注云堂之西墙可矣，何以云下乎？注云“西墙”，释《记》西壁，云“堂之下”，本经“西堂下”为文。盖古人堂基高，外有短垣卫之，其高如坫，《西京赋》所谓“设砌厓隒”是也。《说文》：“壁，垣也。”马注《书》“垣墉”，云“卑曰垣”。浑言之，壁、墙、墉、厢通称；析言之，在堂谓之序，在房室谓之墉，在东西堂上谓之厢，在东西堂下谓之壁，其庙外四周之垣谓之墙。……陈氏以东墙当东壁，与经显违。李氏《释宫》、江氏《乡党图考》、洪氏《宫室答问》，皆沿陈讹。②

这里黄氏又在论证上出现了一系列的问题：首先是对郑注的误读，郑玄所云“西壁，堂之西墙下”指的就是庙西之墙，但因饎爨的南北之节不明，故又引旧说“南北直屋梠，稷在南”加以补充（其实此旧说在礼经中亦无根据）。贾疏云：“案上经云：‘主

① （宋）李如圭《仪礼释宫》，《景印文渊阁四库全书》第103册，第533页。

② （清）黄以周撰，王文锦点校《礼书通故·宫室通故一》，第45页。

妇视饎爨于西堂下。’逼西壁为之，故以旧说辨之也。”[①] 黄氏说“贾疏误会郑意”，是正确的，但他认为郑注“引旧说，存别义也”，同样也是误会郑意。其次，郑玄云“堂之西墙下”，不过是为了与堂上之墙相区别，黄氏却以为“注云堂之西墙可矣，何以云下乎”，可谓求之过深。最后，他引《西京赋》“设砌厓隒”为证，构想出“盖古人堂基高，外有短垣卫之，其高如坫”，既在《仪礼》中没有佐证，也与行礼仪节不符。因此，黄氏由此一连串论证而得出的壁非墙与庙之堂基外有短垣的结论，其实只是对经文和郑注的误读。他反而以此批驳陈祥道、李如圭、江永、洪颐煊等人，今日看来确为以是为非。

黄以周之所以有“盖古人堂基高，外有短垣卫之，其高如坫”的推测，可能是考虑到在庙堂之基旁边生火设爨有所不妥，所以才想方设法地从汉赋中找一些证据。其实《西京赋》“设砌厓隒”不过是说以石砌成高台四周之基，与堂之“短垣”是完全不搭边的。

至于他否认壁乃墙之别名，主要是为了重新解释士冠礼结束后冠者见母的位置。[②]《士冠礼》：“冠者奠觯于荐东，降筵，北面坐取脯，降自西阶，适东壁，北面见于母。”郑注：“适东壁者，出闱门也。时母在闱门之外，妇人入庙由闱门。”[③] 对于经文，郑注本来很明白：冠者从西阶降下，到庙之东墙，出东墙之闱门见母。但黄以周却在壁非墙的前提下，提出了完全不同的解释：

> 依郑注饎爨在东壁，谓庙之东堂下，此适东壁谓寝之东堂下，故云适东壁出闱门也。知不在庙之东堂下者，经无主妇入庙之文。又礼，妇人不下堂，位在房中。庙之东壁，不得有妇人位也。知非庙之周垣东墙者，礼，周垣谓之墙，堂下谓之壁，其称谓异也。冠子将入见母于寝，降自西阶，即由庙之西壁出闱门，适寝之东壁，为时母不在庙中也。下见姑姊曰“入见”，郑注“入，入寝

① （汉）郑玄注，（唐）贾公彦疏《仪礼注疏》（影印阮刻《十三经注疏》嘉庆刊本第二册），第2583页。

② 历代学者关于“适东壁，北面见于母”及闱门的讨论颇多，可参看许子滨《礼制语境与经典诠释》，上海：上海古籍出版社，2018年，第74—107页。

③ （汉）郑玄注，（唐）贾公彦疏《仪礼注疏》（影印阮刻《十三经注疏》嘉庆刊本第二册），第2056页。

门”。此见母不曰入，下又曰“送母又拜”，[1]则其母在寝之东壁可知。妇人自寝入庙由闱门，闱门在庙之西墙，寝之东墙，旧图多误。[2]

由于误读郑注而坚持东壁乃东堂下，可是经文中又无主妇入庙的记载，所以黄以周只能推出冠者之母是在寝之东壁下，他以此批评“前图皆误”，进而画出了奇特的“冠者见母图”（见图四）。[3]可是他的这个新图却有一个很大的漏洞，就是《士昏礼》“入见姑姊，如见母”郑注：“入，入寝门也。庙在寝门外。”[4]如果冠者见母是在寝之东堂下，那么为何不像见姑姊一样入寝门见而是“适东壁”？难道母的地位还不如姑姊，只能穿过墙之闱门去见？这是无法说通的，黄以周给出的辩护是“此见母不曰入，下又曰‘送母又拜’，则其母在寝之东壁可知”，并无理据可言。

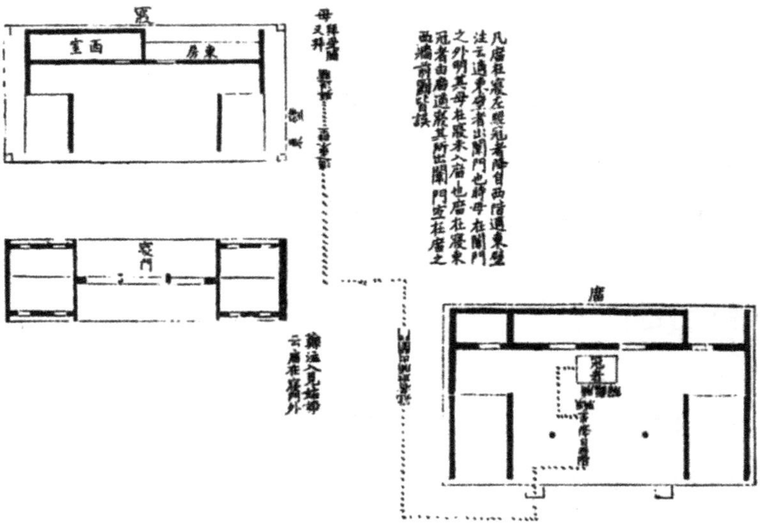

（图四　《礼书通故》第四十八《礼节图》）

① 《士冠礼》：“母拜受，子拜送，母又拜。”黄以周似乎有意读为“母拜受，子拜。送，母又拜”，则是母送其子由寝过闱门入庙又拜。其意为，经文冠者见姑姊曰“入”，而见母不曰“入”，使人怀疑当时母在庙中。因此黄以周将“送”字下读，则是母拜而送子回庙继续行礼，则可推知母不在庙而在寝。

② （清）黄以周撰，王文锦点校《礼书通故·宫室通故一》，第46页。

③ 在《冠礼通故》中，他又重申此说：“《特牲·记》‘饎爨在西壁’，《乡射·记》‘俎由东壁’，皆谓东西堂垂之下墙也，庙与寝皆有之。冠礼无与妇人之事，其母不入庙，则冠者适东壁见母，为寝之东壁明矣。”（清）黄以周撰，王文锦点校《礼书通故·冠礼通故》，第228页。

④ （汉）郑玄注，（唐）贾公彦疏《仪礼注疏》（影印阮刻《十三经注疏》嘉庆刊本第二册），第2057页。

黄以周的壁非墙之说固误，但从理解《士冠礼》经文本义来讲，郑玄已经出现了偏差。所谓“适东壁，北面见于母”，只是冠者到庙之东墙北面见母之意，而郑注“适东壁者，出闱门也。时母在闱门之外，妇人入庙由闱门”实为增句解经，其意乃在严男女之别，这点贾疏申发得很明白：“男子居外，女子居内。庙在寝门外，入见，入寝门可知。”[①]黄以周也承其说云“礼，妇人不下堂，位在房中”。可是这种将男外女内之别置于礼经中，又会出现矛盾：在礼经中，妇人于行昏、祭、丧等人生礼仪时皆可以由闱门入庙，为何单单母在行冠礼时不可，而必须要站在闱门之外？[②]因此，郑玄的“时母在闱门之外”只是一种建立在男女之别基础上的推测，在先秦的礼仪情景下，冠者在堂行礼，母在东壁等候，并无任何不妥。而清儒在郑注的基础上，不论是将闱门定在东墙、北墙、西墙还是四周，都只是对郑注的补充，而非经文之本义。[③]

综上，黄以周由于误读郑注“西壁，堂之西墙下”一语，而得出了壁非墙、东西壁为东西堂之壁的错误结论；再以此为前提，为了将堂基下立爨合理化而牵附《西京赋》“设砌厓隒”，构拟出了堂基之旁有“短垣”护卫的设想；最后还将此说运用于对《士冠礼》冠者“适东壁，北面见于母”的解释中，重绘了礼图，其实是在郑玄对经义建构的基础上所进行的二次建构，与经文本义相差甚远。在黄氏本人看来，其说完整精密，远超前儒，但实际上却存在着很多的漏洞，钱玄先生在东西夹、两闑、室广、门广等颇有争论的问题上都采黄以周之说，而独不从其壁非墙之论，黄氏之说不能服人可见一斑。[④]

---

① （汉）郑玄注，（唐）贾公彦疏《仪礼注疏》（影印阮刻《十三经注疏》嘉庆刊本第二册），第2057页。

② 关于这点，许子滨在《“礼例”与〈仪礼〉〈周礼〉的诠释》一文中有详细的讨论，其中也涉及了《士冠礼》“适东壁见母”及黄以周之说，不过其重点在说明历代各家对此句经文的解释，尤其是郑玄以礼例为本而未能有效解释经文，故并未对黄说致误之由加以分析。但他从分析礼制情境出发，指出士冠礼时母在庙中，则是正确的。见氏著《礼制语境与经典诠释》，第74—119页。

③ 黄以周批评清儒没有把闱门画对，说“江慎修、戴东原、张皋文图在东墙，孔巽轩图在北墙，金诚斋又说四周皆有闱，俱未可信”，其实最不可信的是他的西墙说。（清）黄以周撰，王文锦点校《礼书通故·宫室通故二》，第68页。

④ 钱玄《三礼通论》，第177页。按：黄以周再传弟子沈文倬在其宫室图中将闱门绘于寝之东壁庙之西壁而无考释，明显是从黄说而来。见沈文倬《周代宫室考述》，《菿闇文存》，第812页。

三、室堂同广：伏传、郑注带来的矛盾

在黄以周的宫室图中，有一个很明显的地方，即室和堂之广相等，这是在之前的礼图中从未出现的。这一堂、室、房的比例，其实源自伏生《尚书大传》的影响。

由于接受了伏传之说，黄以周在绘图及阐发经义上又出现了一系列的问题。伏生《尚书大传》云：

> 天子之堂广九雉，三分其广，以二为内；五分内，以一为高；东房、西房、北堂各三雉。公、侯七雉，三分其广，以二为内；五分内，以一为高；东房、西房、北堂各二雉。伯、子、男五雉，三分其广，以二为内；五分内，以一为高；东房、西房、北堂各一雉。士三雉，三分其广，以二为内；五分内，以一为高；有室，无房、堂。①

伏传此说本为周秦时人对于古代宫室之想象杜撰，疏漏颇多，其要者有三：首先，只有天子之堂广（九雉）可与东房、西房、北堂之广（各三雉）相合，公侯以下至士皆不能相配。其次，士室之广为三雉，而雉高一丈，那么以"三分其广，以二为内；五分内，以一为高"计算，士室之高只有五分之二雉，换成今制，不足一米，岂能住人？最后，若士只有室，而无房与堂，则"三分其广，以二为内"有何意义？宋儒李如圭将伏传之说附在其《仪礼释宫》之末，云："此《传》说房堂及室，与经亦不合，然必有所自，姑存之以备参考。"② 李氏说伏传必有所自，当然只是猜测之语，但他指出《尚书大传》说房堂及室与《仪礼》不合，却是不可否认的事实。但黄以周却依伏传拟出了"伏生书传路寝"（见下图五），并得出了他对室堂问题的两点认

---

① 郑玄注云："内，堂东、西序之内也。高，穹高也。今士礼有房，此云无房、堂也。"（清）皮锡瑞撰，吴仰湘点校《尚书大传疏证》卷六《多士》，北京：中华书局，2022年，第269—270页。

② （宋）李如圭《仪礼释宫》，《景印文渊阁四库全书》第103册，第535页。

识：“伏生《书传》‘三分其广，以二为内’。室与堂同广，得三分之二，牖居室楹之西，户居室楹之东，各得三分之一，户牖间亦得三分之一。”① 一是“室与堂同广”，一是室之牖、户将室广分为三等份。前者是由伏传直接推出来的，而后者只是他个人的构想，但这两点都严格地贯穿在了他所绘的所有宫室图中。不过必须指出，他由伏传所得出的这两点，从《仪礼》本文的角度看，都是不能成立的，特别是前一点“室与堂同广”，是其宫室图有别于其他清代礼学家的重要特征。

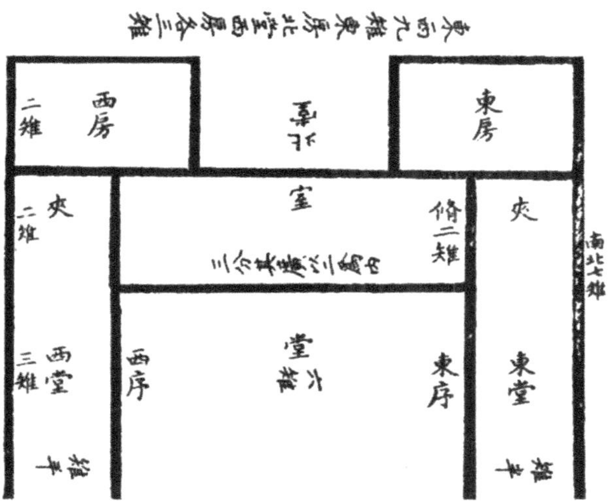

（图五 《礼书通故·名物图一》）

不仅如此，黄氏对门堂及比例的界定也与前儒有别。《周礼·考工记·匠人》“门堂三之二，室三之一”郑注：“门堂，门侧之堂，取数于正堂。……《尔雅》曰：‘门侧之堂谓之塾。’……两室与门各居一分。”② 此处乃所谓“夏后氏世室”之制。“门堂三之二，室三之一”，段玉裁云：“孰之制，于正堂之修广得三之二，其室于正堂之修广得三之一。北向堂者为孰，得堂修广三之一。南向者亦为孰，亦得堂修广三之一，故曰门堂三之二也。室三之一者，北向南向两孰之中共一室。室得堂修广亦三之一。与门之修广等。”③ 张惠言云：“门有四堂四室，前后各以一架为室，一架

① （清）黄以周撰，王文锦点校《礼书通故·宫室通故一》，第 37 页。
② （晋）郭璞注，（宋）邢昺疏《尔雅注疏》（影印阮刻《十三经注疏》嘉庆刊本第五册），第 5651 页。
③ （清）段玉裁《说文解字注·垛》，上海：上海古籍出版社，1988 年第 2 版，第 686 页。

为堂。”[①]段、张皆认为门之两塾为前堂后室之制，不同者在于段氏以为南北向堂共一室，即东西塾共四堂两室，而张氏云有四堂四室。对于段、张之说，黄以周都不同意，而别出新解云：

> 门有左右塾，共夹一堂，故曰夹室。《考工记》："门堂三之二，室三之一。"门堂即门，室对门堂为文，即所谓塾是也。非塾更有室，段、张两说，俱不足凭。郑云"门堂取数于正堂"，谓正堂六筵，门居三之一，得二筵。故解"路门不容乘车五个"，以为"此门半之，丈六尺五寸"。其实亦难依据。寝庙同制，庙门容大扃七个，其广二丈一尺矣。左右塾亦可分内外为四塾，《士虞礼》"羞燔俎在内西塾"，是其证。[②]

黄氏之说的错误是很明显的：首先，他认为门堂指的乃是门，东西塾由于夹门堂，故称为夹室，而非如段、张二氏所说东西塾为前堂后室之制。这完全是对《考工记》的误读，不必细论。其次，他将郑注"门堂取数于正堂"解释为门的宽度要占正堂的三分之一，说"正堂六筵，门居三之一，得二筵。故解'路门不容乘车五个'，以为'此门半之，丈六尺五寸'"，乃是将郑玄对夏后氏世室和周人明堂之制相混合，是对郑注的误读。最后，他认为寝与庙同制，其门都应当是容大扃七个，即二丈一尺，但又同意金鹗"不容五个，是四个有余，五个不足之文，其广三丈也。庙门二丈一尺，是羣庙之门。若大庙之门，当与路寝门同"之说，认为"金说本焦理堂，其语较明"，[③]将群庙之门与太庙、路寝之门相区别，更是叠床架屋，治丝益棼。

更加奇怪的是，黄以周虽然提出了庙寝同制，其门二丈一尺；太庙与路寝门同，当为三丈的说法，但在所绘宫室图中却并未遵守。在黄氏图中，凡是寝庙，其门之广皆与正堂相同，再加上他所坚持的堂室同广，于是其礼图的整体格局就形成了全

① （清）张惠言《仪礼图》（影印阮元、王先谦编《清经解 清经解续编》第十册），南京：凤凰出版社，2005年，第1638页。

② （清）黄以周撰，王文锦点校《礼书通故·宫室通故二》，第58—59页。

③ （清）黄以周撰，王文锦点校《礼书通故·宫室通故二》，第59页。

新的室与堂、门的广度一致的样式（见图六）。类似这样的矛盾，在黄氏的礼学著作中时有所见，其中原因很多，此不赘述。[1]

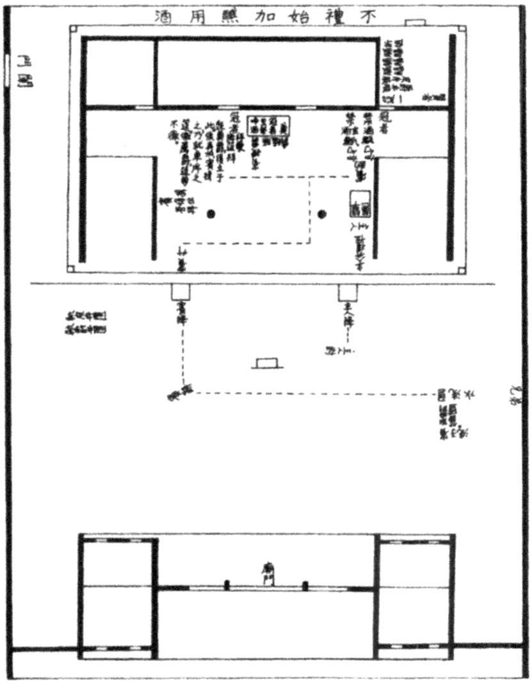

（图六 《礼书通故·礼节图一》）

① 再就黄氏礼图举一例。胡培翚认为亲迎成昏之寝乃婿之燕寝，燕寝之房与室有户相通而其南无户。黄以周则认为成昏之寝即正寝，但同时又认为胡说“房与室有户以相通，近是”，这在宫室形制上其实就造成了明显的矛盾：如果正寝之室与房之间有户以相通，而庙之制又如正寝，那么庙之室与房之间亦当有户，这在礼经中是找不到任何根据的。其致误之由在于胡培翚对《士昏礼》‘主人入，亲脱妇之缨’郑注‘入者，从房还入室也’的胶固理解。郑玄之所以对“主人入”出注，不过是因为之前经文讲到“主人脱服于房”，这里再加以说明而已，而无法推出房室之间有户。由于缺少证据的支持，黄以周对此说其实不能完全肯定，因此在礼节图中，并未在昏礼的相关仪节中画出房室之间的户。但他仍然认为胡说“近是”，其原因就在于后者将《士昏礼》与《特牲》的两处经文作了比义，这是黄氏在经学解释方法上的一贯主张，是不能否认的，由此才有了经说与礼图间前后不一致的矛盾现象。（清）黄以周撰，王文锦点校《礼书通故·宫室通故一》，第36页。另，黄氏弟子曹元弼及再传弟子沈文倬亦持此说，且更加坚定。沈氏在其所绘士宫图中就明确标识出了房室间的户，其论证与胡培翚一致：“房室之间有户，无明文可据。《仪礼·士昏礼》妇至成礼节云：‘主人说服于房，媵受；妇说服于室，御受。……主人入，亲说妇之缨。’注：‘入，从房还入室也。’主人这时在房中，云入自是由房入室，注的推论甚确，房室有户相通无疑。”其实郑注云“从房还入室”只是省略了出房的环节，并不表明房与室之间有户，胡培翚及黄氏师徒都未能在《仪礼》经文中找到旁证。见沈文倬《周代宫室考述》“考释4”，《菿闇文存》，第819页。

既然确定了新的堂室之制，在经义的阐释上也必然会随之产生变化，尤其是在士冠礼上。黄以周特别对嫡子与庶子行冠礼时所站方位之不同加以强调：

> 《记·冠义》“适子冠于阼，以著代也”，而《士冠礼》主人之赞者筵于东序少北。以周案：东序有阼阶上之名。《燕礼》云“小臣设公席于阼阶上”是也。筵于东序，即冠于阼。若庶子则冠于房户前，非阼也。旧图宫室者，房居三分之一，房户直东序西，则冠房户前，与冠阼无别矣，于此可证旧图之失。[①]

可见，他非常重视《冠义》所云嫡子在阼阶上行冠礼的“著代”之义，所以才特别强调庶子行礼时乃“冠于房户”而非阼。可是如果按照旧图，如张惠言《仪礼图》中房户的位置（见图三），则房户外正好对着阼阶，这就会造成“冠房户前，与冠阼无别矣”的问题，因此他才说旧图不对。但实际上从行礼本身来看，这种看法完全是多虑的。堂上行礼位置的不同，即代表不同的含义，不能因为房户外与阼阶正对，就认为与冠阼无别；[②]更不能因此而将室广画得与堂广相通，这样东西两房就非常狭小，根本无法容纳特牲、少牢等礼中的人与物。

综上，黄以周以伏传“三分其广，以二为内”为前提，确立了室堂同广的宫室原则，并结合《考工记》“门堂三之二，室三之一”的记载，提出了门堂即门，东西塾为夹室的新说，不过这些新说都是建立在对伏传和郑注误读的基础上，加之伏传之说法本身就是一种想象，因此是完全无法成立的。但在黄以周看来，他的新说可以很好地解决群经之间的矛盾，更好地阐发士冠礼的“著代”之意，而实际上，这些新说又造成了新的矛盾，并且是黄氏本人也无法严格贯彻的，最后只能成为一种对传统的发明。

---

① （清）黄以周撰，王文锦点校《礼书通故·冠礼通故》，第227页。

② 《士冠礼》嫡子筵于“东序稍北”，盖黄以周认为若按旧图，可能嫡子之位会与庶子的“房外”之处重合。因此他要缩小房的宽度，“庶子冠于房外”，则在嫡子筵东之处。

四、充满创意的“楣梁落时戺”、正堂和北出之向

除了上文所述箱为墙、壁非墙和室堂同广等宫室制度新说外，黄以周还有一些对于堂上名物、方位的独特说法，特别是“楣梁落时戺”、正堂的位置和北出之向，为前人所未道。

黄氏关于楣梁、落时、戺的新说来自对《尔雅》的创造性诠释。《释宫》曰：“楣谓之梁。枢谓之椳。枢达北方谓之落时。落时谓之戹。”郭璞注：“梁，门户上横梁。门持枢者，或达北檼以为固也。”[①]《玉篇》云：“落时谓之戺。戺，窗巳切，砌也。”[②]对于郭璞将枢释为“门持枢”，黄氏认为与“或达北檼”有矛盾而提出了不同的看法：

> 檼，栋也。门枢无达北栋者，此谓寝东西堂之门枢也，无东西箱有室曰寝。寝制，堂之东西无壁而设以门，门上设梁，门下设落时，落时之长与梁等，皆自南柱达北宊。《尔雅》“宊廇谓之梁”。方者宊之借，宊者栋也，故郭注以檼言之。凡五架之柱无专名，多以所驾之庪、楣、栋名之。达北之宊，谓驾栋之柱也。[③]

黄以周认为枢非寝门之门枢，而是寝之东西堂之门枢，因为在前文所说箱即墙的前提下，寝之东西堂是无壁的，故只能设以门。此东西堂之门的形制为：门上设南北向之楣梁，门下设南北向的门限即落时，落时的长度与梁相等，都是从堂之南柱通到中央之栋（即北檼或曰北宊），由此，他绘出了所谓的“楣梁落时戺”图（见图七）。

---

① （晋）郭璞注，（宋）邢昺疏《尔雅注疏》（影印阮刻《十三经注疏》嘉庆刊本第五册），第5649页。

② 日藏宋本《玉篇》作：“床巳切，砌也。《尔雅》曰：‘落时谓之戺。’亦作戹。”（南朝梁）顾野王撰，吕浩点校《大广益会玉篇》上册，北京：中华书局，2019年，第377页。

③ （清）黄以周撰，王文锦点校《礼书通故·宫室通故一》，第49—50页。

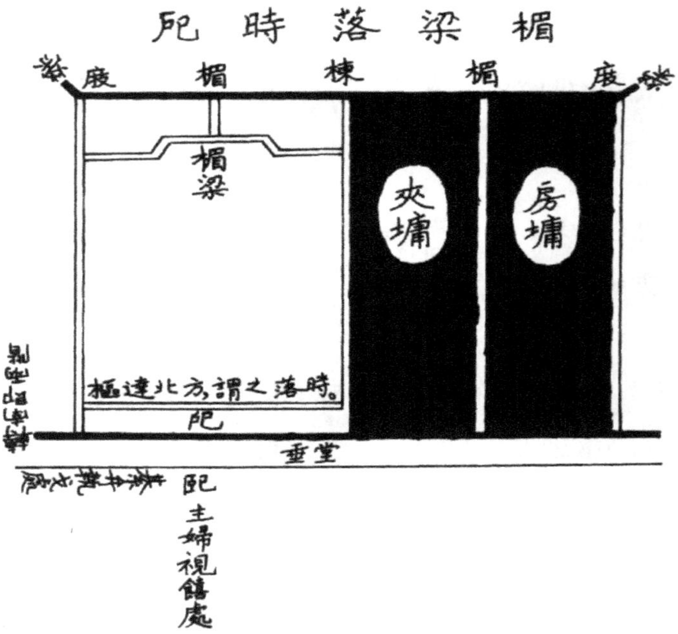

（图七 《礼书通故·名物图一》）

不过，黄以周对枢和落时的理解都是错误的。《释宫》所说的“枢谓之椳。枢达北方谓之落时”乃承前文“柣谓之阈。枨谓之楔。楣谓之梁”而言，皆指宫室之门制。[①] 所谓“枢达北方谓之落时”指的是固定门枢之纵木可向北延伸，郭璞云落时为“门持枢者”是正确的，而说“或达北檼以为固也”，盖是以后世宫室之制（即“或”）以为佐证，非谓门枢可达北檼也。但是黄以周却将郭注与《尔雅》本文相牵合，用假借之法释方为㝑，再加上其寝无东西壁的前提，提出了《释宫》所云乃是东西堂之门制的说法。可是此东西堂之门是实在无法成立，因为黄氏未曾想过，在东西堂之两边设长达两架的门是否可能？若有此门，该如何开启（向堂开则影响行礼，向墙开则几乎到达甚至超过墙壁）？即便此门能开启，又有何实际用途？

在东西堂有门的基础上，黄以周还对扆和阶戺提出了新的解释。他指出：

---

① 关于这一点，黄以周其实很明白，但他却说：“《尔雅》楣梁与阈闑枢椳并列，是梁属于门，谓东西堂之门梁。观下枢达北方谓之落时，自知寝之东西堂无墙，而加楣梁以为门。其门之梁亦以持楣，故楣与楣皆有梁称。”硬是将寝庙之大门说成东西堂之门，可见其心中寝之东西堂无墙观念的影响之大。（清）黄以周撰，王文锦点校《礼书通故·宫室通故一》，第49页。

《释文》戺作“扈”云：“本作戺，音俟。或作扈，音户。”戺之言切也，限也。扈读如扈民之扈，止也。限止同义，谓所以止其扉也。《尔雅》“柣谓之阈”。柣字汉人多作“切”。《考工记》郑众注：“眼读如限切之限。”限切谓门限也。门限谓之切，切谓之戺。《广雅》：“柣、戺，切也。”《西都赋》“玄墀釦切”，即《顾命》之“阶戺”。切以铜沓，故《西京赋》谓之“金戺”，金戺即釦切。自庙寝之制不分，而楣梁之制失，枢达北栋之解昧，戺之名亦淆，“室有东西箱曰庙，无东西箱有室曰寝”之文亦不明。[1]

他以切、限、止训戺与扈，并将其与门限相联系，认为不论是《尔雅》中的柣还是《西都赋》中的“釦切”，都指的是门槛，也就是《尚书·顾命》中的“阶戺”。这其实也不能成立，《顾命》之“阶戺”，伪孔传曰“堂廉曰戺”，[2]争论颇多，但经过清儒的研究，已基本搞清，所谓阶戺即是台阶旁之斜石；[3]《西京赋》之“金戺玉阶”指的是金制阶旁之斜石与玉制之台阶，也清楚明白。但黄氏不取常说，而通过辗转联系，将阶戺和金戺均解为门限，并发议论说“自庙寝之制不分，而楣梁之制失，枢达北栋之解昧，戺之名亦淆，‘室有东西箱曰庙，无东西箱有室曰寝’之文亦不明”。实际上，是他的新说并未解决《尔雅·释宫》的疑问，反而把已经弄清的楣梁落时戺又搞错了：“楣谓之梁”本是指门制而言，但黄氏却将其与堂制相混，而创造出了南北向的“楣梁”（见图七）；落时原本也是属于门制，是与门槛成直角相交的，黄氏却将其解释成了东西堂的门槛。

不仅如此，他还要以古文或体与通借的方法对戺在群经中的含义做贯通的解释。其言曰：

伪孔传云：“堂廉曰戺。”一说戺之言砌，南面两阶之旁，砌石以搘阶齿。以

① （清）黄以周撰，王文锦点校《礼书通故·宫室通故一》，第50页。
② （唐）孔颖达正义，黄怀信整理《尚书正义》卷十八，上海：上海古籍出版社，2007年，第735页。
③ 诸说中以程瑶田《释宫小记·夹两阶戺图说》最为合理，其言曰：“戺，谓阶至两旁自堂至庭地斜安一石，搘阶齿而辅之。”俞越取程说而更加明确化，以戺为阶廉而非堂廉。见顾颉刚、刘起釪《尚书校释译论》，北京：中华书局，2005年，第1784—1786页。

周案：落时谓之戺。戺者，枢之达北方而地近南阶之厓隒，其下为主妇视饎处。饎古文作“囮”，或从食作“餛”，今《周礼》又作“饎”，《说文》云：“囮，古文作戺。”以其上门枢名戺，其下饎爨名囮，古文以为假借字，故许云尔也。知囮戺之通借，而戺之地亦可定矣。《书》四人綦弁夹两阶戺。寝之南面有两阶，其东西两端有两戺，二人立两阶下，二人立两戺下，皆南面夹之也。知立在阶戺下者，以四人皆綦弁也，东西两戺亦有阶。知阶非东西阶者，以下文有二人立东西垂，是东西阶有防之者矣。伪传戺训堂廉，廉在堂上，何云夹阶？堂上宜冕，何云綦弁？阶旁设砌，亦不独南面为然。张衡《西京赋》“刊层平堂，设切厓隒”，四面皆同。①

在黄氏看来，主妇视饎处之“饎”、《周礼》之“饎”与《说文》之“囮”，都可因戺为止限之义联系起来，即“其上门枢名戺，其下饎爨名囮”，并由此解释《顾命》“四人綦弁，执戈上刃，夹两阶戺”为“寝之南面有两阶，其东西两端有两戺，二人立两阶下，二人立两戺下，皆南面夹之也”，“东西两戺亦有阶”。所谓“两戺亦有阶”是说东西堂两边之门槛（即落时）下也有两阶。黄氏的论证看似精巧，实际上是先有戺乃门限的预设，再从典籍中找相关的材料加以证明，但其说的最大问题在于，除了一些古文或体外，没有经书中有力的语证作为支撑。他对伪孔传的批评固然有理，但《顾命》原文为“夹两阶戺”，如训戺为门槛，如何可通？因此，从表面上看，他在论证时采用的是乾嘉诸儒的考证方式，但实际上却是观念先行，驾多言以为辞，说服力并不强。

黄以周对堂之位置的界定也不同于前人，认为堂乃栋以南至庪的空间。之所以如此，是出于他对《聘礼》经义不同于郑注贾疏的解读。《仪礼·聘礼》：“公侧袭，受玉于中堂与东楹之间。”郑注：“中堂，南北之中也。入堂深，尊宾事也。东楹之间，亦以君行一，臣行二。”贾疏：“今于当楣北面拜讫，乃更前北侵半架，于南北之中乃受玉，故云南北之中，乃入堂深，尊宾事故也。云‘东楹之间，亦以君行一，臣

① （清）黄以周撰，王文锦点校《礼书通故·宫室通故一》，第50—51页。

行二’者，两楹之间为宾主处中，今乃於东楹之间，更侵东半间，故云君行一臣行二也。”[①] 在聘礼的受玉仪节中，宾与公所处的方位是“中堂与东楹之间”，郑玄认为中堂是南北之中，所谓“入堂深”，是将堂上后楣以南的空间纵向分为二，中堂即在前楣与栋之间，因此贾疏才说“今于当楣北面拜讫，乃更前北侵半架，于南北之中乃受玉，故云南北之中”。李如圭也说：“东楹之间，侵近东楹，非堂东西之中而曰中堂，则中堂为南北之中明矣。”[②] 对此，黄以周是完全不同意的：

> 序以北曰户牖间，曰户东、户西，曰房户间，曰序内，《礼经》皆不谓之堂。序当栋，自栋以南至庪，乃有堂名，堂正值两楹之间。经曰楹间，明东西之节；曰中堂，明南北之节。中堂与楹间相值。聘礼受玉在中堂之东，东楹之西，故曰于中堂与东楹之间。以归饔饩问卿“受币堂中西”例之，亦可曰“堂中东”。凡宾主人行礼，皆在两楹间。宾敬主君，则趋就中堂东；卿敬聘君之命，则趋就中堂西。公行聘时，位在东楹东，与宾相向，其授玉何必于两楹间更侵东半间。凡曰之间，皆东西相对，未有以邪言者。[③]

首先，他确定了与郑玄不同的堂之方位，认为不是后楣以南皆为堂，而是“自栋以南至庪，乃有堂名”，其证据是像户牖间、户东、户西、房户间、序内这些方位，《礼经》都没有称之为堂。这点一望便知是曲说，《仪礼》中提到户牖间、户东、户西等方位时指的当然是堂上的位置，因为堂的面积大，故需借户牖以表明具体位置，这是毫无疑问的。其次，由于他将堂定位自栋以南至庪，而中堂又为南北之节，则其位当在前楣之下、两楹之间，聘礼受玉时宾主之位自当在“中堂之东，东楹之西”（见图八）。最后，他还以“凡曰之间，皆东西相对，未有以邪言者”的礼例形式，强调了其中堂之说的根据。不过，黄氏在反驳郑、贾之说时，似乎有意忽视了其礼意：在郑玄看来，宾主受玉之所以在中堂（前楣与栋之间），乃是要“尊宾事”，故不

① （汉）郑玄注，（唐）贾公彦疏《仪礼注疏》（影印阮刻《十三经注疏》嘉庆刊本第二册），第2279页。

② （宋）李如圭《仪礼释宫》，《景印文渊阁四库全书》第103册，第527页。

③ （清）黄以周撰，王文锦点校《礼书通故·宫室通故一》，第38—39页。

能如一般之礼行于楣下，黄氏于此不加辨析，则郑说之根基并未动摇。而贾公彦云“于当楣北面拜讫，乃更前北侵半架”，在礼仪的实践上也未尝不可，并非如黄氏批评的那样是以“邪者言”。总之，他提出的聘礼受玉于前楣下两楹间，从礼学上讲自可为一家之言，但他对堂的界定却是无法成立的。

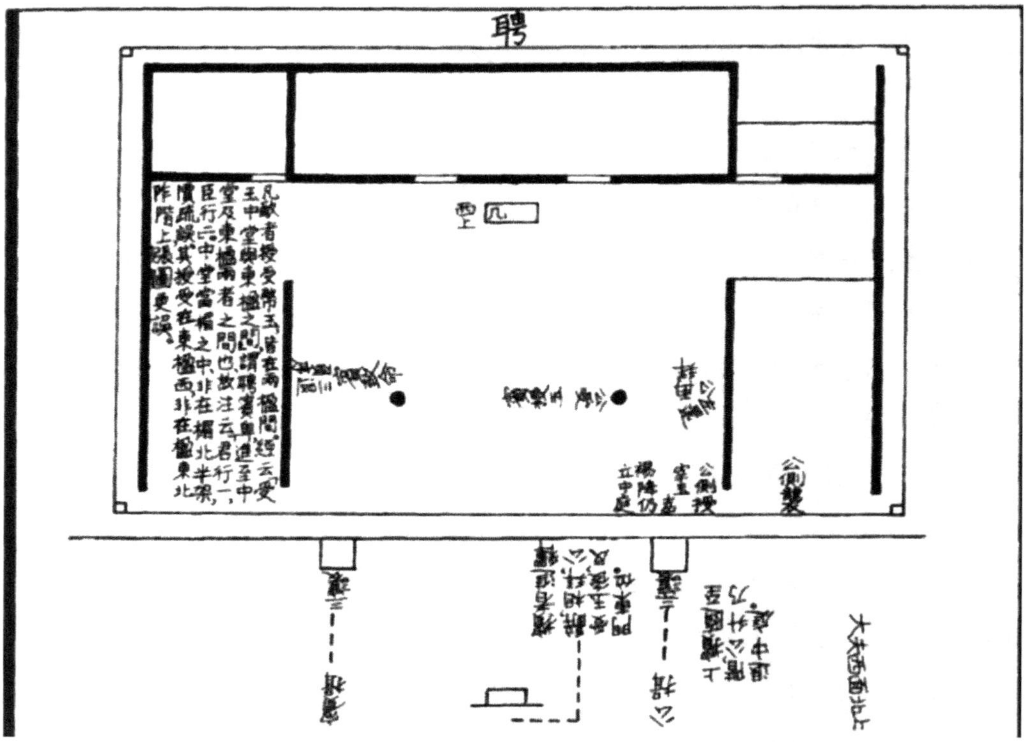

（图八 《礼书通故·礼节图二》）

此外，黄以周对“向”也做了创造性的诠释。《诗经·七月》“塞向墐户”，毛传：“向，北出牖也。”但在郑笺和三礼郑注中却并未提到此北出之牖，因此，如何将毛传之说与经书所载相贯通，就成了黄氏要解决的任务。

首先，他从文字上区分了牖、窗与向，指出向的特征是不用交木，也不设版扇，形状正方，其论证云：

考牖与窗异，向与牖亦有不同。……窃谓《说文》“在墙曰牖，在屋曰囱”，

> 自是古义，而“以木为交窗”乃囱字之义，不可以施诸牖。……向字上从宀，象交覆屋深之形。下从口，象四方周围之形。其物既不若囱之施交木，又不若牖之设版扇。形正方，与牖同其达而庳，人亦可以出入，又如今无扇之门，盖东房之北谓之北堂，堂北出无牖，而有向焉。《毛传》谓之北出牖，以形名也。其不谓之门者，门从两户，以扇名。向无扇，不得谓之门也。或以为北出牖在室之北牖，于文无稽。室之为用最大，其名咸著于《经》，无所谓北出牖者。……《诗》曰“塞向墐户”，塞如树塞门之塞，谓别以物拚之，为向无扇故也。东房之北有向，西房之北盖亦有户，墐户者，亦墐其北户也。若南牖南户，虽值冬寒，无墐塞礼。旧说非也。[①]

他从向的字形分析入手，结合宫室之制，认为向与牖不同，不在室中，而是在东房之北堂，“堂北出无牖，而有向焉”。这真可谓是创新：北堂之所以有“堂”称，正因为其北无墙，既然无墙，又在何处安放不设版扇、正方形之“向”？在无北墙之北堂，设此一奇怪之向又有何用？不仅如此，他还从文法分析的角度，认为“塞向墐户”之“墐户”乃是墐西房北墙之户，这又是创新，西房之有无本来还是礼学上的问题，又从何而来北开之户，更不用说在群经文献中从未见过此西房北户了。

其次，他将对向的界定又用于对《仪礼》的分析。《士虞记》：“既饗，祭于苴，祝祝卒。……主人哭，出复位。祝阖牖户，降，复位于门西。男女拾踊三。如食间。祝升，……启户。主人入，祝从，启牖乡，如初。”郑注：“牖先阖后启，扇在内也。乡，牖一名也。如初者，主人入，祝从在左。”郑玄训经文之“乡”为牖之别名，解释非常简明通畅，本不应有异议。但黄以周却认为这里的“乡”乃是别有所指，云：

> 无尸之祭，“既饗，祭于苴，祝祝卒。主人哭，出复位。祝阖牖户，降，如食间。祝升，启户。主人入，祝从，启牖，乡如初。”“启户”、“启牖”皆句绝。“乡如初”，别为句。户、牖皆有扇，故曰“阖”、曰“启”。向无扇，义不得言阖、

① （清）黄以周撰，赵统点校《礼说》卷四“牖向”条，詹亚园、韩伟表主编《黄以周全集》第10册，上海：上海古籍出版社，2014年，第128—129页。标点有改动。

> 启。“如初”者，如经有尸之饗也。有尸之饗，户、牖、向皆不揜闭，祭毕乃阖户牖。无尸之饗，户牖倏阖倏启，与有尸之饗异。或者嫌向亦同于户牖，故特著其“如初”，以明无异焉。郑注以乡牖为一名，固失其义，近儒又读乡为饗，直忘饗祭于直在阖牖户之前，尤失之矣。①

他认为“祝从，启牖乡，如初”当断为“祝从，启牖，乡如初”，“如初”是指前文有尸之饗，“无尸之饗，户牖倏阖倏启，与有尸之饗异。或者嫌向亦同于户牖，故特著其‘如初’”，并驳郑注及近儒之说。但他没有想过，如果向是指北堂之正方形无扇之木框，那不管是无尸之饗还是有尸之饗，都与其无关，经文何必要云“乡如初”，岂非多此一举？

最后，他将向与《尚书·顾命》相结合，创造出了太室北墙之向。其言云：

> 天子诸侯庙制当如伏生《大传》，后有东房、西房、北堂（此北堂居两房间），各三筵，凡广九筵，三分其广，以二为内，是谓太室。大夫以下寝室在北楣之后，其地小，惟天子诸侯庙制室居中央，可大为之。《书》曰“王入太室，祼”，《春秋》曰“世室屋坏”，皆庙室之在中独大者。太室亦有南牖、南户以通南堂，其北又有达向以通北堂，此北堂即正寝之所谓室，以其在太室后，故又谓之翼室。《书·顾命》“延入翼室，恤宅宗”即此。礼，未敛前，孝子不离尸侧。时成王之尸在太室，“恤宅”于此者，为太室北翼室南有达向以通之，如在左右也。②

他认为在伏生的天子庙制中（黄氏这里认为即图五），在室（黄氏认为即太室）之北墙上应当有一个向以沟通北堂（黄氏认为即《顾命》之“翼室”），这与其他学者

① （清）黄以周撰，赵统点校《礼说》卷四“牖向”条，詹亚园、韩伟表主编《黄以周全集》第10册，第129页。
② （清）黄以周撰，赵统点校《礼说》卷四“牖向”条，詹亚园、韩伟表主编《黄以周全集》第10册，第129—130页。

所绘《顾命图》都不相似（见图九）。[1]这又有很多问题：太室为太庙或明堂之别名，如何成为了室之一名？此“向”如果只为一方框，如何沟通太室与北堂，为何不干脆于墙上开户？《顾命》之“翼室”前人说解虽异，[2]但堂室有别，怎可混淆？成王始死，其尸怎么能在太室？康王时为太子，为何要在北堂“不离尸侧”？这些都是黄氏新说无法解释妥帖的。

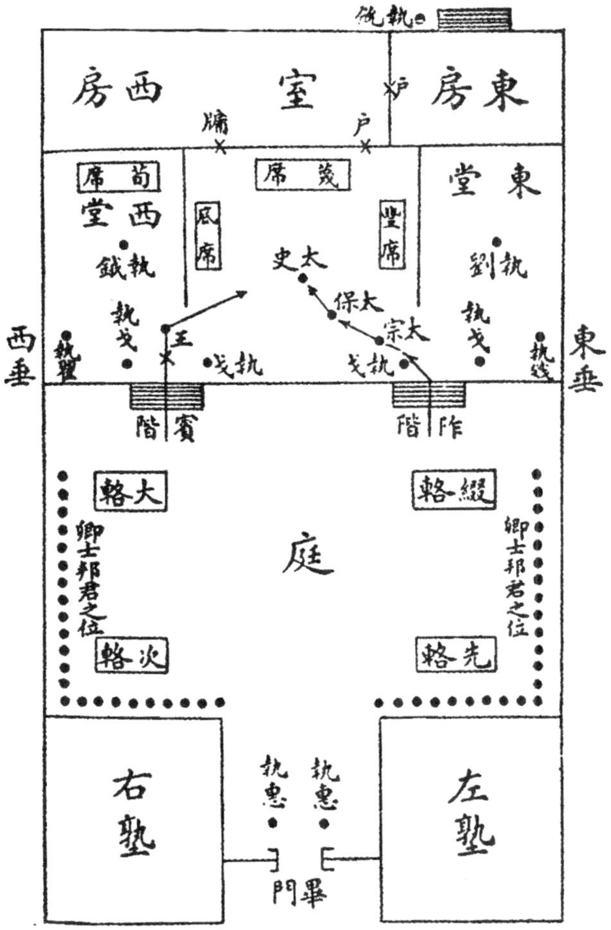

（图九 王国维《顾命图》，吴其昌《王观堂先生〈尚书〉讲授记》）

① 此处只引王国维之图为例，之前元明清学者所绘皆大同小异。见顾颉刚、刘起釪《尚书校释译论》，第1889—1894页。

② 顾颉刚、刘起釪《尚书校释译论》，第1741—1743页。

总之，黄以周对《诗经·七月》“塞向墐户”及毛传“向，北出牖也”的新解，还是试图以文字以通训诂，再以训诂重诠经义。但问题是，《诗经·七月》所云并非天子诸侯宫室之制，而是描述周时豳地普通百姓的劳苦生活，根本不能以贯通群经的方式来做阐释。黄氏一味地想在经书中的各种记载间找到与毛传相一贯的解释，而忽视了各经所记皆有其不同之历史情境，因此他的苦思繁解最后只能成为一种创造性的想象与误读。①

综上，黄以周在箱即墙的基础上，前所未有地对《尔雅·释宫》中的楣梁、落时、戺等名物提出了新的解释：楣梁、落时（即戺）都是东西堂之门的组成部分。特别是戺，它是门槛，而饎爨之名“饎”，也由于在其下建造之故。可是黄氏的这些说法既没有《仪礼》经文的支持，在实际的操作上无可能与必要，所以只是一种想象而已。在堂的方位问题上也是如此，他将堂定位与栋以南至前庪，认为中堂是在两楹间前楣下，以《仪礼》不称户牖间等为堂作为证据，并以此反驳郑注贾疏之说，既是对堂之方位的误解，也没有很好地理解郑注贾疏之意。对于《诗经·七月》及毛传所云之向，他的贯通群经式的解释并未达到理想的效果，反而误驳了郑注，臆解了《士虞记》和《顾命》，成为一种创造性的误读。

余论

黄以周曾自述其作礼图之动机云：

> “礼节有图，昉于赵彦肃、杨信斋，堂阶麤具，榘矱全非。近张皋文图，较有度数。然室居堂五之一，其地狭隘，何以行礼。西房有北堂，既乖经典之文；堂墉连两房，亦昧序内之位。碑如洗深，射时何以设楅；闱在庙东，冠时何以

① 黄以周对向的问题思考了很久，曾说：“曩日作《宫室通故》，考向未晰，刻已成，不及改，爰箸是篇。”（清）黄以周撰，赵统点校《礼说》卷四“牖向”条，詹亚园、韩伟表主编《黄以周全集》第10册，第130页。

见母。门只一闑，既沿旧误；塾复有堂，更逞肊见。以宫室之大判言，违失若尔，况小节之出入乎，此礼节图之所以作也。”①

可见其目的最初在于驳正张惠言的《仪礼图》，使宫室之制不论大的规模还是小的细节都能符合周代行礼之实情。

虽然如此，但黄以周绝不仅止于在学术层面对宫室问题加以探讨，他还利用种种时机，希冀将其心中的周代宫室付之于礼仪实践。光绪五年（1879年），他应宁波知府宗源瀚之请主讲辨志精舍，掌汉学斋，②其间就曾想依据自己对周礼的考证重建古宫室。章太炎云：

（黄以周）其说经，陈事象物闳肃，超出钱大昕、阮元诸儒上远甚。时宁波知府宗源瀚有循吏声，独严事先生，就辨志精舍属主焉。尝欲效邹、鲁习礼，性解营造，画古宫室为图，命匠将栽矣，源瀚行视，良久曰：“至矣！所谓发育万物，骏极于天者也。顾皇代衣帽，惧不可以行周礼！”先生乃罢。③

章氏的称赞可谓尚矣，同时亦可见黄氏于宫室制度之用心。④

不过如本文所论，虽然在礼学与实践上黄以周都对宫室极为重视，但在具体的论证过程中也暴露了他在治经方法上的种种问题：对《尔雅》、伏传的理解或不够精确，或过于胶固，使得其贯通群经以定一是的目的根本无法实现，反而沦为臆想；在论证时中对通假、声训的使用不够严谨，在各种证据材料间常常牵合比附，以致其许多新论无法服人；在一些问题上，他是先有“经义”横亘心中，然后再找证据，

---

① （清）黄以周撰，王文锦点校《礼书通故·礼节图一》，第2088页。

② 王逸明《定海黄式三黄以周年谱稿》，王逸明《新编清人年谱稿三种》，北京：学苑出版社，2000年，第57页。

③ 章太炎撰，徐复点校《太炎文录初编》卷二《黄先生传》，许嘉璐主编《章太炎全集》第八卷，上海：上海人民出版社，2014年，第221页。

④ 黄氏弟子王兆芳曾说：“子考宫室制度，依古步筵之数，缩而小之。自取紫竹，构成一象，以为较前人著实也。”见王兆芳辑录，尤球中、尤晨光点校《儆季子粹语》卷1，詹亚园、韩伟表主编《黄以周全集》第9册，第601页。

属于“由义理以通训诂”。这些问题在《礼书通故》其余卷目及黄氏其他著作中皆有所体现，但都不如在《宫室通故》中表现得明显。沈文倬先生在评价清代学者关于伏传天子寝庙之制的研究时云：“清人考证，似很精密，其实是凭空虚拟，不足据信。”[①] 将此判断用在本文所论黄以周关于宫室制度的几个设想上，也是很恰当的。

① 沈文倬《周代宫室考述》，《菿闇文存》，第826页。

韦玄成“五庙而迭毁”说与西汉庙制变革

武汉大学中国传统文化研究中心　朱明数

内容提要：在汉元帝永光庙制改革中，韦玄成提出“五庙而迭毁”说。通观元、成、哀、平庙制变化情形，可知韦玄成实主“五亲庙迭毁”之制，以史皇孙居昭宣之间，为元帝五亲庙之一。韦氏此说，虽与后世学者熟知的天子“立亲庙四”不同，但其说有经学上的依据，更可利用当时的宗法观念，有效解决史皇孙“上序昭穆”的争议，故为元帝认可、实行。元、成间，“五亲庙迭毁”制迭经反复，未能久行。哀帝时用刘歆说改定庙制，皇考庙仍“上序昭穆”不废，为韦玄成说之遗存。但稍后的“称尊号”事件及一系列政治斗争，促使王莽在平帝时废毁皇考庙，“五亲庙迭毁”也最终被“立亲庙四”制度所取代。

关键词：韦玄成；永光庙议；五庙而迭毁；西汉宗庙制度

元帝永光庙制改革是西汉宗庙制度变化的关键性事件。彻底考察韦玄成在庙议中提出的“五庙而迭毁”说，不仅能够在事实层面论定西汉宗庙变动的基本情况，更可揭示出当时学者对经学资源的使用绝非如后世一般整齐、系统，而是复杂多样并与政治目的纠缠在一起。

不少学者都曾参与本话题的讨论，[①]而郭善兵、张书豪的研究较为有代表性。郭善兵提出，元帝依据韦玄成永光五年（前39年）奏议实行的庙制，杂糅“君统”、“宗统”两个系统而成，[②]此说较有影响。张书豪仔细梳理元、成、哀、平不同时段的宗庙制度，同样以尊尊、亲亲为线索，对韦玄成、匡衡等的经学立场加以评述。[③]其他的论述也大略与郭、张二人的研究路径相同，并更进一步论及庙议反映的尊亲关系、政治文化、学术倾向等话题。[④]牛敬飞指出韦玄成、刘歆所主天子庙数皆有一定的开放性，而郑玄既主张以四亲庙为基础的五庙常制，也以周制天子七庙为理想，更接近了历史的实情。[⑤]

但是，上述研究实皆深受“立亲庙四”这一传统经学观念的影响，将之作为讨论西汉庙制的标准模型，而未能认识到“立亲庙四”的观念是两汉学者长期讨论、建构的产物，永光之际的学者未必坚持此说。于是，上述研究于《汉书》相关记载的矛盾解释力不足，也就未能认识到韦玄成在庙议中所主张的是一种特殊的“五亲庙迭毁”制度。惟日本学者末永高康敏锐地将《礼记·祭法》与韦玄成“五亲庙迭毁”说联系起来，稍能窥见韦玄成说之实，但其“昭宣共庙”之说仍拘于旧解而难免有误。[⑥]进而，他们对西汉庙制变动实情的认识也有偏差，引申而出的对西汉经学理念、尊亲伦理的论述，也就不能无误。

韦玄成“五亲庙迭毁”之论，列史皇孙于昭、宣之间，为亲庙之一，并无所谓

① 西汉庙制相关研究成果较多，其中较有代表性的如汤志钧、华友根、承载等《西汉经学与政治》，上海：上海古籍出版社，1994年，第255—276页。徐兴无《刘向评传》第七章，南京：南京大学出版社，2005年，第156—164页。王柏中《汉代庙制问题探讨》，《史学月刊》，2003年第6期，第21—26页等。

② 郭善兵《西汉元帝永光年间皇帝宗庙礼制改革考论》，《烟台师范学院学报》（哲学社会科学版），2004年第4期，第54—57页、65页。

③ 张书豪《从奏议到经义——西汉晚期庙数之争析论》，《政大中文学报》（台北），2011年总第15期，第169—196页。

④ 张立克《皇权与教化之间：西汉永光年间宗庙礼制改革的政治文化内涵》，《孔子研究》，2014年第3期，第85—92页；李若晖《亲亲尊尊之间的断崖——由韦刘庙议重估西汉经学政制》，《文史哲》，2017年第3期，第106—122页；曾亦《“亲尽宜毁”与“宗不复毁”——论汉儒关于宗庙迭毁争论中的亲亲与尊尊问题》，《哲学研究》，2020年第7期，第79—89页。

⑤ 牛敬飞《两汉魏晋庙数刍议——从西晋“太祖虚位”谈起》，《孔子研究》，2021年第1期，第63—73页。

⑥ （日）末永高康《前汉庙制论议と〈礼记〉祭法篇》，《东洋史研究》（京都），2017年总第76卷第3号，第35—71页。

“宗统”、“君统”之别。韦说以后世观念来看虽略显怪异，但实有经学上的依据，且能更较为有效地利用当时的宗法观念，暂时化解史皇孙“上序昭穆”的争议，故为元帝认可、实行。元、成之时，西汉庙制迭经反复，“五亲庙迭毁”之制虽未能久行，但哀帝以刘歆说改定庙制，而皇考庙仍“上序昭穆”不废。至平帝时王莽废毁皇考庙，“五亲庙迭毁”也才最终彻底被“立亲庙四”所取代。

一、“五庙而迭毁”考实

（一）《汉书》载韦玄成奏议中的矛盾

汉元帝于永光四年（前40年）罢郡国庙，稍后下诏令群臣议论宗庙制度。元帝诏书云：“盖闻明王制礼，立亲庙四，祖宗之庙，万世不毁，所以明尊祖敬宗，著亲亲也。”[①] 韦玄成等四十四人奏议曰：

> 礼，王者始受命，诸侯始封之君，皆为太祖。以下，五庙而迭毁，毁庙之主臧乎太祖，五年而再殷祭，言一禘一祫也。……“祭义”曰：“王者禘其祖自出，以其祖配之，而立四庙。”言始受命而王，祭天以其祖配，而不为立庙，亲尽也。立亲庙四，亲亲也。亲尽而迭毁，亲疏之杀，示有终也。……臣愚以为高帝受命定天下，宜为帝者太祖之庙，世世不毁，承后属尽者宜毁。今宗庙异处，昭穆不序，宜入就太祖庙而序昭穆如礼。太上皇、孝惠、孝文、孝景庙皆亲尽宜毁，皇考庙亲未尽，如故。[②]

《汉书》此段记载显有矛盾。元帝时，“京师自高祖下至宣帝与太上皇、悼皇考各自居陵旁立庙”共有九庙。[③] 韦玄成等在奏议中引元帝诏书“立亲庙四”之言，且言

① （汉）班固《汉书》卷七三《韦玄成传》，北京：中华书局，1962年，第3118页。
② （汉）班固《汉书》卷七三《韦玄成传》第3118页。
③ （汉）班固《汉书》卷七三《韦玄成传》，第3115页。

“太上皇、孝惠、孝文、孝景庙皆亲尽宜毁，皇考庙亲未尽”，则当以宣帝、史皇孙、昭帝、武帝为元帝“四亲庙”。然而，韦玄成在奏议又言“《礼》，王者始受命，诸侯始封之君，皆为太祖。以下，五庙而迭毁”，言“以下”则不包括太祖庙，所迭毁之“五庙”当皆据亲庙而言，这便与“立亲庙四”不一致。

若更考之以永光五年（前39年）韦玄成奏议，则“四亲庙”与“五亲庙”的矛盾更为明显：

> 玄成等奏曰：“祖宗之庙世世不毁，继祖以下，五庙而迭毁。今高皇帝为太祖，孝文皇帝为太宗，孝景皇帝为昭，孝武皇帝为穆，孝昭皇帝与孝宣皇帝俱为昭。皇考庙亲未尽。太上、孝惠庙皆亲尽，宜毁。太上庙主宜瘗园，孝惠皇帝为穆，主迁于太祖庙，寝园皆无复修。”奏可。[①]

“继祖以下，五庙而迭毁”系重复永光四年的奏议之语。然据此段奏议推之，玄成等言“孝昭皇帝与孝宣皇帝俱为昭。皇考庙亲未尽”，则皇考当上序亲庙。是以其所呈奏之庙制，有太祖庙一、太宗庙一、亲庙五，为“五亲庙迭毁”制，与“立亲庙四”显然有别。（见表1）

表1　韦玄成永光五年奏议拟定庙制

类别	祖、宗庙	亲庙	毁庙
庙主	高祖、文帝	景帝、武帝、昭帝、皇考、宣帝	太上、惠帝

由于“立亲庙四”之说多见于经典，且为元帝诏书之明文，是以学者们在解释韦玄成奏议时多试图将“五庙而迭毁”与“立亲庙四”弥缝整合。他们提出，韦玄成所说的“五庙而迭毁”之“五庙”，包括不毁之太祖庙在内，这样迭毁的仍然只是“四亲庙”。另外，为解释“皇考庙亲未尽”的问题，以郭善兵为代表的学者提出了“宗统”“君统”相分的观念，以为此“亲未尽”是据“宗统”而论，若就“君统”言

① （汉）班固《汉书》卷七三《韦玄成传》，第3120页。

之皇考不当序于昭穆，元帝之亲庙仍然只有景帝、武帝、昭帝、宣帝四庙而已。[①]

但是，这种弥缝整合之论是错误的，韦玄成并无“宗统”“君统”两分的观念。《汉书》所载匡衡“告毁庙文”以及其在元帝殁后之奏议，都明确揭示出永光五年庙议后，元帝认可、实行的是“五亲庙迭毁”制，皇考上序昭穆，为元帝亲庙之一。

（二）匡衡奏议与“五庙而迭毁”的本质

永光五年，元帝认可韦玄成等奏议，据以改定庙制。其后，元帝久病不愈，梦祖宗谴罢郡国庙，思恢复旧制。其时，韦玄成已死，匡衡为丞相。匡衡以恢复旧制为非，故告庙祷祈，言永光庙制改革之理云：“往者大臣以为在昔帝王承祖宗之休典，取象于天地，天序五行，人亲五属，天子奉天，故率其意而尊其制。是以禘尝之序，靡有过五。受命之君躬接于天，万世不堕。继烈以下，五庙而迁，上陈太祖，间岁而祫，其道应天，故福禄永终。”[②]然元帝最终仍坚持恢复旧制。

匡衡“受命之君躬接于天，万世不堕。继烈以下，五庙而迁”之言，正同于韦氏“王者始受命，诸侯始封之君，皆为太祖，以下，五庙而迭毁”之语。并且，匡衡“天序五行，人亲五属”“禘尝之序，靡有过五”之文，显为依据永光五年议定的庙制为说。并且，永光五年已定文帝为百世不毁之“太宗”，即便不数皇考庙，祖、宗庙并亲庙总数也已然超过五庙。故“靡有过五”“五庙而迁”的“五庙”必然是据迭毁之亲庙言，非指宗庙总数而言，不得如郭氏等之论谓兼太祖之庙。

元帝死后，匡衡又上奏变更庙制。由其奏议更可确证“五亲庙迭毁”乃元、成中实行之制。匡衡以为：“前以上体不平，故复诸所罢祠，卒不蒙福。案卫思后、戾太子、戾后园，亲未尽。孝惠、孝景庙亲尽，宜毁。及太上皇、孝文孝昭太后、昭灵后、昭哀后、武哀王祠，请悉罢，勿奉。”[③]匡衡所勾画的庙制，乃就成帝而言。其中“卫思后、戾太子、戾后园，亲未尽”一句，极为关键。卫思后、戾太子尚且“亲

① 郭善兵《西汉元帝永光年间皇帝宗庙礼制改革考论》，《烟台师范学院学报》（哲学社会科学版），2004年第4期，第54—57页、65页。

② （汉）班固《汉书》卷七三《韦玄成传》，第3122页。

③ （汉）班固《汉书》卷七三《韦玄成传》，第3124—3125页。

未尽”，则史皇孙必在成帝亲限。昭帝初年，霍光以李夫人为武帝后，附葬茂陵，今卫思后、孝昭太后同为武帝之配偶，卫后“亲未尽”，孝昭太后祠反可废，则卫后之祭，乃因其为戾太子之母，而非为武帝之妻。[①]由此，可知匡衡所序数的成帝亲限乃是五世：

元帝—宣帝—皇考—戾太子—卫思后（武帝）

如此，则史皇孙为“宗统”不序于“君统”之说不可信。以归谬法证之，即便依据“君统”“宗统”相分之说，将史皇孙、戾太子、卫思后皆归诸成帝“宗统”内，匡衡也为成帝规划了五世之“宗统”。与之相应，其“君统”内之亲庙也应当为五世，方才相谐。若不数史皇孙于“君统”中，则“君统”当为：元帝、宣帝、昭帝、武帝、景帝，如此则景帝庙不得毁。然而匡衡明言“孝惠、孝景庙亲尽，宜毁”。于是，就只能说明皇考庙上序昭穆，居于昭帝、宣帝之间，为五亲庙之一，而景帝依伦序为成帝六世祖，出“五世”之限而毁其庙。（见表2）以此言之，“君统”“宗统”实未相分。

表2 匡衡奏议庙制格局

类别	祖、宗庙	亲庙	毁庙	别有亲未尽园
庙（园）主	高祖、文帝	武帝、昭帝、皇考、宣帝、元帝	惠帝、景帝	卫思后、戾太子、戾后

在匡衡的构想中，元帝、宣帝、皇考、昭帝、武帝，五亲庙与五世代对应，所谓“五庙迭毁”，便是“五世亲庙”相迭毁。皇考庙既列于元、宣、昭、武之中，又是自卫思后、戾太子以降之一环。“君统”“宗统”之分别显然非韦、匡等之意。

日本学者末永高康已注意到韦氏“五庙而迭毁”与“立亲庙四”存在差异，并正确指出“五庙”应该理解为“五座亲尽迭毁之庙”，皇考庙亦是亲庙之一。但他将

① 匡衡废孝昭太后园而存卫思后园的做法，确有过尊卫思后的嫌疑。概当时学者对宗法架构下的私亲、正统虽有所认识，但终究不若后世严苛。

元帝诏书中的“孝宣皇帝为孝昭皇帝后，于义一体”，①与韦玄成奏议所言“孝昭皇帝与孝宣皇帝俱为昭”等同起来，提出同为昭则可“共庙”，谓实际上虽然昭帝、宣帝各有其庙，但在名义上可将两庙合称为一庙，以为韦玄成等“将昭帝、宣帝作为一个整体，就是将景帝、武帝、昭帝·宣帝、皇考当作‘亲庙四’”。②末永氏这一说法虽颇新奇，但却是错误的。“于义一体”并不能简单等同于“同为昭行”，③更不能理解为合为一庙。末永高康的处理使宣帝、昭帝事实上的两位皇帝，实存的两座宗庙，不得不在名义上合并为一，形成了五代亲属、五座亲庙而名为“四庙”的名实不符的怪异局面，显然未能把握“五庙而迭毁”之实。末永氏或仍囿于天子“立亲庙四”的前见，希望以“昭宣共庙”落实“两昭两穆”的严整四亲庙格局。但稍作推演，即可知“共庙”说实不可行：假设昭、宣共庙，若昭帝庙亲尽当迁，宣帝庙是否也要随之迁毁？若随之迁毁，则彼时在位天子之四亲庙乃为其父、祖、曾祖（元帝），并远及五世祖（皇考），其高祖（宣帝）庙反先于皇考庙而毁。若宣帝不随之迁庙，则“两昭两穆”“立亲庙四”的格局就被打破，又变为“五亲庙迭毁”。可知，末永高康说虽新奇，然于经史无据。

由上述讨论，可知韦玄成、匡衡之说一脉相承，皆言“五亲庙迭毁”，皆将皇考庙序数昭穆，作为元帝亲庙之一。于是，据现有《汉书》文本而论，其所载永光四年韦玄成奏议一定存在文本错讹。推测言之，有两种可能：第一，韦玄成于永光四年尚未提出“五亲庙迭毁”之说，其奏议中“五庙而迭毁”本作“四庙而迭毁”，后儒据其永光五年之说，改“四”为“五”而误。但即便如此，韦玄成也是将皇考庙序数于亲庙之中故言景帝庙当毁，显然无“宗统”“君统”之别。第二，更可能的情况是，韦玄成在永光四年便已经提出“五亲庙迭毁”说。其奏议中“太上皇、孝惠、孝文、孝景庙皆亲尽宜毁。皇考庙亲未尽，如故”本当作“太上皇、孝惠、孝文皆亲尽宜毁。孝景庙、皇考庙亲未尽，如故”，而后人不理解韦氏之说，误据常见熟识的

① （汉）班固《汉书》卷七三《韦玄成传》，第3120页。

② （日）末永高康《前汉庙制论议と〈礼记〉祭法篇》，《东洋史研究》（京都），2017年总第76卷第3号，第35—71页。

③ 颜师古以“俱为昭”解释“一体”，谓宣帝于昭帝为从孙，故言“一体”。此是用韦玄成说解释元帝诏书。然韦玄成之义乃是要以“俱为昭”来明确昭帝、宣帝依据伦序为祖孙。颜氏之说不确。

“立亲庙四”挪移文本。在此种假设下，韦玄成奏议中引用的“祭义”可以理解为他有针对性地就“立亲庙四”与“五亲庙迭毁”间的差异进行解释：周人以七庙为定制，“祭义”言“而立四庙”，是在周代有后稷始封，文王、武王受命这一特殊情形下的庙制，“立亲庙四”乃周人一代之制，故本朝制礼不必严格尊行。以上对致误之由的两种猜测，何者正确虽难以确论，但元帝于永光五年之后用韦玄成说行“五亲庙迭毁”之庙制当是不争的事实。

二、“五亲庙迭毁”的经学依据与现实考量

（一）“五亲庙迭毁”的经学依据

经书言天子庙制，彼此之间颇有不同。仅就《礼记》而言，《王制》为“太祖+六亲庙”的七庙制格局。《丧服小记》虽揭出“立亲庙四”，但未明言天子宗庙总数。《曾子问》《礼器》等泛言七庙，未言庙制详情。《祭法》则提出庙、祧、壇、墠依次迁毁，无不毁之太祖庙的制度。[①]

永光庙议之时，学者援经文而议庙制，《丧服小记》虽言“立亲庙四”，但也仅是当时所用之经说之一，并非万世不易之典。纬书的有关记载，正从侧面说明西汉时期学者实际上有多种庙制构想。《礼纬·稽命征》云：“唐虞五庙，亲庙四，始祖庙一。夏四庙，至子孙五。殷五庙，至子孙六。”《钩命决》云：“唐尧五庙，亲庙四，与

---

① 《礼记正义》卷十二《王制》：“天子七庙，三昭三穆，与太祖之庙而七。诸侯五庙，二昭二穆，与太祖之庙而五。大夫三庙，一昭一穆，与太祖之庙而三。士一庙。庶人祭于寝。”《礼记正义》卷三二《丧服小记》：“王者禘其祖之所自出，以其祖配之，而立四庙。庶子王，亦如之。”《礼记正义》卷一八《曾子问》：“当七庙、五庙无虚主；虚主者，唯天子崩、诸侯薨，与去其国，与祫祭于祖，为无主耳。”《礼记正义》卷二三《礼器》言：“礼，有以多为贵者：天子七庙，诸侯五，大夫三，士一。”《礼记正义》卷四六《祭法》：“王立七庙，一坛一墠，曰考庙，曰王考庙，曰皇考庙，曰显考庙，曰祖考庙；皆月祭之。远庙为祧，有二祧，享尝乃止。去祧为坛，去坛为墠。坛墠，有祷焉祭之，无祷乃止。去墠曰鬼。诸侯立五庙，一坛一墠。曰考庙，曰王考庙，曰皇考庙，皆月祭之；显考庙，祖考庙，享尝乃止。去祖为坛，去坛为墠。坛墠，有祷焉祭之，无祷乃止。去墠为鬼。”《祭法》所载较为特殊。就文本看，“祖考庙”非太祖庙。郑玄、王肃虽据他经，强解“祖考”为太祖，然终扞格难通。见（汉）郑玄注，（唐）孔颖达疏《礼记正义》，北京：中华书局，2009年，第2890页、3240页、3016页、3100页、3447页。

始祖五。禹四庙，至子孙五。殷五庙，至子孙六。周六庙，至子孙七。”[①]这两条材料对上古庙制的描述当然不是历史实情，但却反映了纬书作者对庙制的理解。就此文本而言，论及唐、虞、夏、商、周诸代庙制，纬书作者以为异代不同制，无通行之礼：唐、虞、夏乃是“太祖＋四亲庙”的五庙制，殷、商是“太祖＋五亲庙”的六庙制，周则是“太祖＋六亲庙”的七庙制。“立亲庙四”在纬书作者那里，绝不是固定的礼制典范。更值得注意的是，纬书对各朝代庙制，采用变动的视角加以描述，故有“至子孙五”“至子孙六”“至子孙七”之语。这说明作者注意到了一朝之庙制应该有一个渐次增添、完善的过程，充分考虑到了始封之君与继世之君面临的不同情况，关注到制礼的实际情形。这与单纯依据经文，推想古之庙制，是明显不同的。[②]拘执于后人整合而得的所谓定说，而不能平情体认当时人面临的具体现实，反而会“以今律古”而不得其实。

末永高康虽然不能摆脱天子“立亲庙四”的定见，但却敏锐地将《祭法》与西汉庙制关联起来。他提出：“《祭法》言天子（王）‘七庙’，其中作为‘远庙’的‘二祧’与其他五庙的性质是明显不一样的。天子实际上的迁庙之数为五。《祭法》庙制几乎从未被注意到，但考察西汉庙制议论时，有必要考虑这样的庙制存在。”[③]正如其所言，后世学者基于整合诸经而提出的解释模型，无论是郑玄“太祖＋二祧＋四

① （汉）郑玄注，（唐）孔颖达疏《礼记正义》卷一二《王制》疏文，第2890页。

② 对比而言，郑玄注《王制》“天子七庙，三昭、三穆与太祖之庙而七”云：“此周制。七者大祖及文王、武王之祧，与亲庙四。大祖，后稷。殷则六庙，契及汤与二昭、二穆。夏则五庙，无大祖，禹与二昭、二穆而已。”郑玄此说受到纬书的影响，但又与纬书有明显不同。纬书描述了由“初制”到“定制”的变化。所谓“禹四庙，至子孙五”，由四庙变为五庙，只能解释为禹作为受命王，生时只能为其四亲立庙，是以无有所谓不毁之太祖庙。等到禹死后，出时王亲限，得以在四亲庙之外作为太祖庙而不百世毁，此即为“至子孙五”。庙制至此才稳定为“太祖庙＋四亲庙”的格局。也就是说，在纬书作者看来，夏朝前四代君王所行庙制，必然与五代以后君王所行庙制不同。同样商、周之庙制，也绝非一蹴而就。而郑玄似更关注“定制”，并未讨论庙制的变动情况，而把重点放在对已经成型、稳定的庙制加以描述上。他以为周人以后稷为太祖，文王、武王为二祧，其下四亲庙而迭毁。并以自己推论而得的周制为基础，整齐纬书对夏、殷庙制的描述，将诸经记载加以统合，以“立亲庙四”总摄三代之制。郑玄之处理虽然可以解释经文记载的差异，形成较为整齐的解说系统。但也遮蔽了之前学者对文献的多种解读，忽视了宗庙礼制制定、运行中可能遇到的具体情况。虽然这些具体问题，对东汉末学者而言，可能已经缺乏讨论的现实必要了。

③ （日）末永高康《前汉庙制论议と〈礼记〉祭法篇》，《东洋史研究》（京都），2017年总第76卷第3号，第35—71页。

亲”的七庙制说，还是王肃“太祖+六亲+文、武王”的九庙制说，都不能解释西汉元成时期的实施制度。惟有《祭法》“王立七庙”中，月祭及之的“五世亲庙”以次迭毁，与韦玄成、匡衡之说相近。

韦玄成、匡衡等人或正受到《祭法》“五庙迭毁”结构的启发，辅以太祖之庙百世不毁、“祖有功、宗有德”等观念，权宜求变，制定出“五亲庙迭毁”之庙制。只不过后世学者或径从郑、王之说，或摒弃《祭法》，反不能平情地理解韦、匡之说。

（二）“为人后者，为之子也”与西汉宗法观念

西汉学者言宗法，于正统、私亲、本生、所后等有明确的认识，继正统则不得尊私亲，尊所后故需降本生。是以宣帝即位之初，欲追尊史皇孙，而为有司所阻。有司明言：“礼‘为人后者，为之子也’，故降其父母不得祭，尊祖之义也。陛下为孝昭帝后，承祖宗之祀，制礼不逾闲。”[①]永光四年，谏大夫尹更始等十八人以为“皇考庙上序于昭穆，非正礼，宜毁”，[②]也是将皇考视为元帝私亲，以为尊私亲则有乱正统之嫌。

可是，有正统、私亲之别，并不代表有“君统”、“宗统”之分。事实上，就西汉皇位继承的实际来看，所谓“君统”并不能压制“宗统”。西汉皇位继承人的选择，总是处在宗法伦序的制约之下。两汉学者承认所后之正统重于私亲，但也强调皇位继承、子嗣过继皆当取伦序合宜者为之，并不认为天子继位的次序可以超越、改易事实上的伦序。

这在他们对“为人后者，为之子也”的理解与运用上表现得尤为明显。“为人后者，为之子也”本诸《公羊》。成公十五年《公羊》传详载大夫仲婴齐后归父之事。仲婴齐与归父为兄弟，皆是仲遂之子。《公羊》以为婴齐承归父之统，乃是以弟后兄，据“为人后者为之子”，则婴齐当为归父之“子”，当以其“祖父”，即事实上之父亲仲遂之字“仲”为氏，故经文称“仲婴齐”。[③]可见，《公羊》本意谓：不论原来

① （汉）班固《汉书》卷六三《武五子传》，第2748页。

② （汉）班固《汉书》卷七三《韦玄成传》，第3119页。

③ （汉）何休注，（唐）徐彦疏《春秋公羊传注疏》卷一八，北京：中华书局，2009年，第4986页。

事实上的伦序为何，一旦过继为某人之后，即当被视为某人之子。

不过，汉人的理解与运用与《公羊》本意决然不同，由西汉昌邑王、哀帝、平帝、孺子婴继位之事，即可知之。汉昭帝死而无子，霍光、杨敞等人选择昌邑王继承皇位，乃谓：“孝昭皇帝早弃天下，亡嗣。臣敞等议，礼曰‘为人后者为之子也’，昌邑王宜嗣后。”[①]霍光、杨敞等虽然援“为人后者为之子”为说，但实际上是倒用此句，取“为人子者为人后”为用。即霍、杨以继昭帝之统者，当自昭帝子行中选择。而昌邑王依据伦序，为昭帝子辈，故而入继皇位。同样，成帝无嗣，议立太子，“御史大夫孔光以为《尚书》有殷及王，兄终弟及，中山王元帝之子，宜为后。成帝以中山王不材，又兄弟，不得相入庙。外家王氏与赵昭仪皆欲用哀帝为太子，故遂立焉”。[②]中山王于成帝为兄弟行，哀帝于成帝为子行，可知成帝择继嗣之人亦依据事实上的伦序为准，不认同“兄弟相为后”这种会带来伦序争议的观念。又如，哀帝无子而崩，平帝即位为天子，平帝于哀帝为兄弟行，故依据伦序承成帝之统，为成帝之后。汉人并不以哀帝、平帝相继为君而目平帝为哀帝之子，正如惠帝、文帝相继为君，然汉人断不谓文帝为惠帝之子。平帝崩，“时元帝世绝，而宣帝曾孙有见王五人，列侯广戚侯显等四十八人，莽恶其长大，曰：‘兄弟不得相为后。’乃选玄孙中最幼广戚侯子婴，年二岁，托以为卜相最吉。”[③]王莽立孺子婴固有其目的，然伦序适当，无疑是被普遍接受的选定继位人的标准之一。即便到了东汉，重视伦序不紊的观念也仍然为学者所坚持。[④]

以此推之，则宣帝继昭帝为天子，为昭帝后。但此“为后”在汉人看来，必不为“以子继父”，而实是“以孙后祖”。且《丧服》本有以孙后祖之礼，“不杖期”章载孙为祖父母之服，《丧服传》云“父卒然后为祖后者服斩”[⑤]。祖、父、孙三者嫡嫡

① （汉）班固《汉书》卷六八《霍光传》，第2940页。

② （汉）班固《汉书》卷八十《宣元六王传》，第3327页。

③ （汉）班固《汉书》卷九九上《王莽传》上，第4078页。

④ 比如汉末大儒何休、郑玄皆坚持兄弟不相为后，认同继位不得改变伦序。是以何休解“仲婴齐”显与《公羊》立异，谓：“弟无后兄之义，为乱昭穆之序，失父子之亲。故不言‘仲孙’，明不与子为父孙。”而对鲁国闵公、僖公逆祀事件，郑玄亦评论云：“兄弟无相后之道，登僖公主于闵公主上，不顺，为小恶也。”郑玄同样认为闵公、僖公以伦序为兄弟，并不因为相继为君就变兄弟为父子。

⑤ （汉）郑玄注，（唐）贾公彦疏《仪礼注疏》卷三一《丧服第十一》，北京：中华书局，2009年，第2400页。

相承，有正体传重之义，父卒，则嫡孙为祖后，故为其祖服斩衰之服。而祖亦为此将承重之孙加服杖期之服。“以孙后祖”，显然不是“变孙为子”。于是，昭帝、宣帝之间，就存在一个伦序上的空位。这一空位的出现，成为解决皇考“上序昭穆”争议的关键。

（三）皇考“上序昭穆”争议的暂时化解

永光四年庙议，并未能形成决议，“上重其事，依违者一年”[①]。至永光五年，元帝复下诏曰：“盖闻王者祖有功而宗有德，尊尊之大义也；存亲庙四，亲亲之至恩也……高皇帝为汉太祖，孝文皇帝为太宗，世世承祀，传之无穷，朕甚乐之。孝宣皇帝为孝昭皇帝后，于义一体。孝景皇帝庙及皇考庙皆亲尽，其正礼仪。”[②]

“孝景皇帝庙及皇考庙皆亲尽”，今本作“皆亲尽”。然通观元帝之意，诏书只能做“皆亲未尽”。盖永光四年庙议，元帝疑韦氏“五亲庙迭毁”说不合经义，故在永光五年的诏书中又申说“存亲庙四”之主张，但既然说“存亲庙四”，就不可能出现景帝和皇考“皆亲尽”的情况。[③]

然则元帝既然说“立亲庙四”，那“孝景皇帝庙及皇考庙皆亲未尽”又如何可能

---

① （汉）班固《汉书》卷七三《韦玄成传》，第3120页。

② （汉）班固《汉书》卷七三《韦玄成传》，第3120页。

③ 王柏中已经指出这一点，故改《汉书》“皆亲尽”为“皆亲未尽”。（王柏中《汉代庙制问题探讨》，《史学月刊》，2003年第6期，第21—26页。）但郭善兵认为元帝诏书作“皆亲尽”不误。他说：“原记载恰恰体现出元帝既意图遵循五庙之制，又试图折中韦玄成、许嘉、尹更始三派主张的心态……元帝可能由于受‘五庙’之制的影响较深，因此，在将文帝庙纳入皇帝宗庙系统后，又将依‘君统’为其高祖的景帝庙列入‘亲尽’范围，以使宗庙庙数合乎‘五庙’之制。”（郭善兵《西汉元帝永光年间皇帝宗庙礼制改革考论》，《烟台师范学院学报》（哲学社会科学版），2004年第4期，第54—57页、65页。）郭氏此说不可从。第一，“宗统”“君统”之分，非当时实情。且其谓景帝依据“君统”为元帝高祖，则是以宣帝为昭帝之“子”，这与当时宗法观念明显不符。第二，郭氏以为，元帝坚持天子宗庙总数为五，高祖、文帝为祖、宗其庙不毁，是以亲庙必须缩减为三，为武帝、宣帝、昭帝，故景帝、皇考“皆亲尽”。张书豪也持同样的观点，他亦以为高祖、文帝“既已占其二，亲庙则只能有三”。（张书豪《从奏议到经义——西汉晚期庙数之争析论》，《政大中文学报》（台北），2011年总第15期，第169—196页。）但事实上，元帝此时所持之说为“存亲庙四”，不得径谓元帝坚持天子五庙。永光四年元帝诏书言“立亲庙四，祖、宗之庙，万世不毁”，永光五年言“盖闻王者祖有功而宗有德，尊尊之大义也；存亲庙四，亲亲之至恩也”，可知，百世不毁之“祖、宗”与“四亲庙”在元帝的诏书中是并存的，而非在限定数量的宗庙中互相排斥，不能由此推论元帝以为高祖、文帝“既已占其二，亲庙则只能有三”。

呢？这个矛盾正反映了元帝犹豫的心态，是他依违一年之久而难以决断的原因。元帝知经文有天子“立亲庙四”之说，如果不将皇考庙序数亲庙，那么四亲庙之世代与伦序不匹配，以父、曾祖、高祖、五世祖，对应“四代”亲庙。而若将皇考序数于亲庙，以景帝庙亲尽当毁，则又有过尊私亲而乱正统的嫌疑。两难之下，元帝或许正是“以数”,[①]一方面以正统所在，数出四位，定出景帝至宣帝四庙，一方面又依据伦序世代数出四代，将皇考庙序数在内。这实际上是把难题又抛给韦玄成等人，故复令他们“正其礼”。

面对这个棘手的问题，相较于元帝最初的“立亲庙四”的构想，韦玄戒所提出的“五亲庙迭毁”，以最小的变动解决了元帝的困境。太上皇非有始封、受命之功，且出元帝亲限，故当毁其庙。惠帝与文帝行辈相同，且出元帝亲限，毁之可也。文帝虽出元帝亲限，然宣帝尊之以为太宗，故文帝庙不毁。而昭帝、宣帝于伦序为祖孙，中间缺失一代，皇考庙序数昭穆，恰能补充昭帝、宣帝之间的伦序空位，使昭、宣二帝祖孙相续的格局，转变为更合乎伦序结构的祖、父、孙相续。这正与汉儒重视宗法伦序的观念相一致。并且，恰恰因为昭帝、宣帝之间存在伦序空位，元帝追尊皇考的举动，虽然有过尊私亲之嫌，但并不会因尊私亲而损害昭帝的地位。[②]私亲和正统之间的冲突也因此相对得以缓解。

是以韦玄成在永光五年奏书中特意强调：“孝景皇帝为昭，孝武皇帝为穆，孝昭皇帝与孝宣皇帝俱为昭。皇考庙亲未尽。”[③]“俱为昭”是依据当时学者的宗法观念，明确昭宣为祖孙相继，祖孙相继故皇考“亲未尽”，可上序宗庙。韦玄成巧妙利用伦序空位，暂时压制了尹更始等人的异议。其说较符合元成之际的现实需要，又不与宗法观念有明显的对立，故而终于为元帝奏可，在元帝、成帝之时得以短暂实行。

当然，昭宣之间伦序空位的出现是一个偶然。“五亲庙迭毁”虽可暂时回避正统、私亲之间的冲突，但不能彻底解决这个问题。是以当哀帝入继而欲为定陶共王

① 王莽在平帝元始年间论及元帝永光庙议，以为皇考庙序数亲庙，景帝庙亦不毁的原因是“以数”。

② 戾太子于昭帝为兄弟行，戾太子始终不得比照天子之礼立庙，正说明汉人对正统、私亲之分别。宣帝、元帝尊史皇孙，但始终不敢背离昭帝之正统。

③ （汉）班固《汉书》卷七三《韦玄成传》，第3120页。

立庙、称尊号之时，由于成帝、共王行辈相同，没有伦序空位作为缓冲，正统、私亲再次激烈地对立起来。宗法冲突与政治斗争相裹挟，最终促使王莽在平帝元始年间进行新的庙制变革。

三、从“五庙而迭毁”到“立亲庙四”

（一）“五亲庙迭毁”在刘歆庙议中的遗存

永光五年，元帝终于认可“五亲庙迭毁”之制，但以梦谴而罢。成帝初年，在匡衡主张下，复行“五亲庙迭毁”制，然因无子，旋又废止。

哀帝即位之初，丞相孔光、大司空何武“以为迭毁之次，当以时定”奏言废武帝庙。[①] 于是，光禄勋彭宣、詹事满昌、博士左咸等五十三人皆以为，“继祖、宗以下，五庙而迭毁，后虽有贤君，犹不得与祖宗并列。子孙虽欲褒大显扬而立之，鬼神不飨也。孝武皇帝虽有功烈，亲尽宜毁。”[②] “继祖宗以下，五庙而迭毁”明显是援引元、成故事。高祖为太祖，文帝为太宗，其庙不毁，以哀帝言，其亲庙为成帝、元帝、宣帝、史皇孙、昭帝“五庙”，武帝出于五世亲限，故“虽有功烈，亲尽宜毁”。由此亦可佐证元、成确实实行“五亲庙迭毁”之制，而韦玄成、匡衡、左咸等人之说同条共贯。

不过，哀帝并没有采纳左咸等的建议。而是用刘歆之说，另创庙制。刘歆提出：“高帝建大业，为太祖；孝文皇帝德至厚也，为文太宗；孝武皇帝功至著也，为武世宗；此孝宣帝所以发德音也。《礼记・王制》及《春秋・穀梁传》，天子七庙，诸侯五，大夫三，士二。……七者，其正法数，可常数者也。宗不在此数中。宗，变也，苟有功德则宗之，不可预为设数。……繇是言之，宗无数也，然则所以劝帝者之功德博矣。”[③] 这实际上是提出了一个“太祖一、亲庙六、宗数不定”的宗庙格局。太祖

① （汉）班固《汉书》卷七三《韦玄成传》，第 3125 页。
② （汉）班固《汉书》卷七三《韦玄成传》，第 3125 页。
③ （汉）班固《汉书》卷七三《韦玄成传》，第 3126—3127 页。

庙、宗庙百世不毁，亲庙六世迭毁。

不过，此制虽迥异于韦玄成等人之说，但仍可见韦氏的影响。刘歆针对孔光、何武之议，提出：“以七庙言之，孝武皇帝未宜毁；以所宗言之，则不可谓无功德。”[①]正可见皇考庙仍序数于昭穆，为亲庙之一。武帝出于五世亲限，其庙亲尽当毁，是刘歆提出“苟有功德则宗之，不可预为设数”“宗不在数中”的直接动因，目的是要保留武帝庙。由此反推，若皇考庙不序于昭穆，则哀帝时，共计当立高帝、文帝、武帝、昭帝、宣帝、元帝、成帝七庙。刘歆可径据《王制》“天子七庙”之论与孔、何相持，不必特发“宗不在数中”之言。惟有皇考序数其中，倘武帝庙不毁，则彼时共立八庙，超《王制》“常数”，才需要以“宗不在数中”涵容之。

由此可知，哀帝虽从刘歆说，不用韦玄成“五亲庙迭毁”之制，但皇考庙仍序数昭穆之中，为亲庙之一，是韦玄成说的遗存。

（二）哀帝“称尊号”事件与皇考庙之废毁

成帝无子，取定陶共王之子为太子，即后之哀帝。支子入继，故当严正统、私亲之辨，成帝于此十分敏感。立哀帝为太子之后的月余，天子“立楚孝王孙景为定陶王，奉共王后”，[②]意在使太子专一于正统，不顾定陶之私亲。“太子议欲谢。少傅阎崇以为《春秋》不以父命废王父命，为人后之礼不得顾私亲，不当谢。太傅赵玄以为当谢。太子从之。”这使成帝大为不满，“诏问所以谢状”，贬赵玄之官，以师丹为太傅，[③]更“诏傅太后与太子母丁姬自居定陶国邸。下有司议皇太子得与傅太后、丁姬相见不，有司奏议不得相见。”[④]

然哀帝即位不久，高昌侯董宏本傅太后意，上书言“宜立定陶共王后为皇太后”，[⑤]事下有司，师丹及王莽皆表示反对，其议不行。但“傅太后大怒，要上欲必称

① （汉）班固《汉书》卷七三《韦玄成传》，第3127页。
② （汉）班固《汉书》卷九七下《外戚传》下，第4000页。
③ （汉）班固《汉书》卷八六《师丹传》，第3505页。
④ （汉）班固《汉书》卷九七下《外戚传》下，第4000页。
⑤ （汉）班固《汉书》卷八六《师丹传》，第3505页。

尊号，上于是追尊定陶共王为共皇，尊傅太后为共皇太后，丁后为共皇后”。[①]泠褒、段犹更奉迎傅氏意，上奏“定陶共皇太后、共皇后皆不宜复引定陶蕃国之名以冠大号”，此时“有司皆以为宜如褒、犹言”，惟有师丹争之。[②]

师丹据《丧服小记》“父为士，子为天子诸侯，祭以天子诸侯，其尸服以士服”，阐发子无爵父之义，[③]又据为人后者降其本生之旨，谓哀帝不得为共王立庙。再据“母从子妻从夫”的原则，认为“定陶共皇号谥已前定，义不得复改”，[④]故傅后、丁后不得去“定陶”国名而径称“皇太后”“皇后”。面对师丹堂堂正正、有理有据之说，哀帝则据宣帝为史皇孙立庙的“故事”作为依据，谓“汉家之制，推亲亲以显尊尊”，[⑤]执意“为恭皇立寝庙于京师，比宣帝父悼皇考制度，序昭穆于前殿”。[⑥]这种做法将共皇庙与皇考庙绑在一起。在哀帝看来，既然同样是支庶入继大统，同样是追尊其父，皇考庙得以列于亲庙，上序昭穆，则为共皇立庙京师有何不可？傅后、丁后依据“母从子妻从夫”加其尊号又有何不可？

“称尊号”事件，不仅是宗法制度层面上私亲、正统之间的角力，更是政治势力之间的搏杀。伴随着“称尊号”，哀帝实行了“封拜丁、傅，夺王氏权”的一系列举措。[⑦]绥和二年（前7年），哀帝遣王根就国。免王况为庶人，归故郡。王根、王商所荐举为官者，皆罢。[⑧]王莽亦被遣就国。王氏势力暂遭压制。然数年之后，丁后、傅后相继亡故，哀帝亦无子而崩，王氏迅速重新掌握权力，“太皇太后即日驾之未央宫收取玺绶，遣使者驰召莽。诏尚书，诸发兵符节，百官奏事，中黄门、期门兵皆属莽”。[⑨]王莽秉政，开始猛烈的报复行动，“使有司举奏丁、傅罪恶。莽以太皇太后诏

---

① （汉）班固《汉书》卷八六《师丹传》，第3505页。

② （汉）班固《汉书》卷八六《师丹传》，第3505页。

③ （汉）班固《汉书》卷八六《师丹传》，第3506页。

④ （汉）班固《汉书》卷八六《师丹传》，第3505页。

⑤ （汉）班固《汉书》卷十一《哀帝纪》，第339页。

⑥ （汉）班固《汉书》卷九七下《外戚传》下，第4001页。又《宣元六王传》谓哀帝“即位二年，追尊共王为共皇，置寝庙京师，序昭穆，仪如孝元帝”。[（汉）班固《汉书》卷八〇《宣元六王传》，第3327页。]“仪如孝元帝”盖谓共皇之庙制、祭祀之仪节，如同元帝时所定祭祀皇考庙之礼。

⑦ （汉）班固《汉书》卷八六《师丹传》，第3503页。

⑧ （汉）班固《汉书》卷九八《元后传》，第4028页。

⑨ （汉）班固《汉书》卷九九上《王莽传》上，第4044页。

皆免官爵，丁氏徙归故郡。莽奏贬傅太后号为定陶共王母，丁太后号曰丁姬。”① 至元始五年（5年），更“发共王母及丁姬冢，取其玺绶消灭”，甚至“掘平共王母、丁姬故冢”“周棘其处以为世戒”，② 可见衔恨之深。

所以，在平帝又是以支庶继成帝的背景下，彻底否认哀帝所为的合理性，加强对权力的掌控，避免“称尊号”事件重演，是王莽必须考虑的问题。是以王莽在平帝即位之初，便“惩丁、傅行事，以帝为成帝后，母卫姬及外家不当得至京师”。③ 更以残酷手段处置与其子王宇相谋议的平帝母卫氏一族，“莽杀宇，尽诛卫氏支属。”④

而要想彻底以尊私亲、背正统来全面否定哀帝“称尊号”行为，皇考庙的存废是不能回避的。所以，平帝元始年间，王莽又上奏变革庙制：“本始元年（前73年）丞相义等议，谥孝宣皇帝亲曰悼园，置邑三百家。至元康元年（前65年），丞相相等奏，父为士，子为天子，祭以天子，悼园宜称尊号曰‘皇考’，立庙，益故奉园民满千六百家，以为县。臣愚以为皇考庙本不当立，累世奉之，非是。……谨与大司徒晏等百四十七人议，皆曰孝宣皇帝以兄孙继统为孝昭皇帝后，以数，故孝元世以孝景皇帝及皇考庙亲未尽，不毁。此两统二父，违于礼制。……父为士，子为天子，祭以天子者，乃谓若虞舜、夏禹、殷汤、周文、汉之高祖受命而王者也，非谓继祖统为后者也。臣请皇高祖考庙奉明园毁勿修，罢南陵、云陵为县。”⑤

“父为士，子为天子诸侯，祭以天子诸侯”是宣帝加尊史皇孙之依据。但《丧服小记》此句下复有“其尸服以士服”⑥ 一句，明言子无爵父之意。王莽于奏议中进一步加以限定，认为《丧服小记》所言仅仅适用于“虞舜、夏禹、殷汤、周文、汉之高祖”这些始受命者，而宣帝承继昭帝之统，本就不得用“祭以天子”之礼追尊史皇

① （汉）班固《汉书》卷九七下《外戚传》下，第4003页。
② （汉）班固《汉书》卷九七下《外戚传》下，第4003—4004页。
③ （汉）班固《汉书》卷九七下《外戚传》下，第4008页。
④ （汉）班固《汉书》卷九七下《外戚传》下，第4009页。
⑤ （汉）班固《汉书》卷七三《韦玄成传》，第3129—3130页。
⑥ （汉）郑玄注，（唐）孔颖达疏《礼记正义》卷三二，第3242页。

孙，否则便是“两统二父，违于礼制”。[①] 故王莽请毁皇考庙，并夺其尊号，也就彻底否定了哀帝为定陶共王立庙京师、加以尊号的依据。

这样一来，韦玄成等人针对元帝时的具体现实提出的“五亲庙迭毁”制度，在新的现实情境下失去了立足的土壤。最终，因为新莽改制，立五祖庙、四亲庙，而东汉建国，亦行天子“立亲庙四”之礼，“立亲庙四”由此成为新的礼制典范，成为后世学者理解经书、创设制度的原型。

四、结论

永光庙议中韦玄成提出“五亲庙迭毁”制，使史皇孙上序昭穆，为元帝亲庙之一。这种特殊的庙制结构，虽然与后世学者所熟知的天子“立亲庙四”之说不同，但确实是西汉学者立足于现实，对经说加以捡择取舍的结果。韦玄成等或即援引《祭法》中特殊的五庙而迭毁的制度作为理论支撑，并在其基础上加以改造，最终形成切合当时具体情境的宗庙制度。《稽命征》《钩命决》等纬书记载的唐、虞、夏、商、周之庙制，及其构想的各代由“初制”到“定制”的变动，固然非历史事实，但却真实反映了西汉学者对宗庙制度的多样建构。而后世学者囿于“立亲庙四”的前见，反而不能平情地理解韦玄成之说，也就无法正确把握西汉庙制的变动情况。

皇考上序昭穆，无疑有违于为人后者当持重于大宗而降其本宗的经义。正统、私亲间，所后、本生间的分别，在西汉学者的观念之中已颇为明确。不过，正统与私亲之间的对立，仍是宗法架构内部的问题。从西汉学者的宗法观念以及西汉皇位继承实际来看，绝无“宗统”“君统”之别。宣帝继昭帝为天子，在西汉学者看来，乃是“以孙后祖”，绝不因相继为天子而“变孙为子”。“以孙后祖”则昭、宣之间存在伦序空位，史皇孙上序昭穆，形成了祖、父、孙三代相续的格局。这种做法虽有

① 王莽使用“两统二父”，并非是说宣帝、昭帝为“父子”。王莽对宣帝、昭帝关系有清晰的界定，谓宣帝“以兄孙继统为孝昭皇帝后”为“继祖统为后者也”，又称皇考庙为元帝“皇高祖庙”，显然可见是以祖孙来界定昭、宣之关系，并未因昭宣相继为天子，径谓其为父子。

过尊私亲之嫌，但并未对昭帝的正统地位有明显损害，是尊私亲而不背正统，可以暂时缓和尹更始等人的异议。“五亲庙迭毁”之制也因此被元帝认可、实行。

不过，昭、宣间伦序空位的出现是特殊情形，在新情境下韦氏之说也必然会遇到新的挑战。当哀帝将史皇孙上序昭穆作为“汉家之制”，以此为追尊定陶共王张本之时，尊成帝之正统与尊共王之私亲，形成尖锐的冲突，毫无缓和的空间。宗法冲突和政治斗争绑定在一起，更强化了这种对立。最终，王莽以废毁皇考庙的方式彻底否认了哀帝所为的合理性，“五亲庙迭毁”制度最后的痕迹也被抹去了。

上博五《君子为礼》有关“容礼”的一段简文疏释*

中山大学中文系　范常喜

内容提要：上海博物馆藏战国楚竹书《君子为礼》中有一段关于君子容礼的文字，但因其中疑难字众多，故一直未得善解。我们在诸家研究基础上，结合新出楚简材料对本段简文做了重新疏释。着重新释的是其中的“倩”字，认为当读作“綪”，训作“屈”。简文“身毋𩩻（偃）毋倩（綪）”是说：身体不要过于往后仰也不要往前屈。“倩（綪）”字释出后，整段简文的理解也就基本上贯通无碍了。

关键词：上博简；《君子为礼》；楚简；容礼

《上海博物馆藏战国楚竹书（五）》收有《君子为礼》一篇，原无篇名，现名由整理者根据简文内容所加。本篇记述颜渊侍于孔子之答问，讨论礼与仁的关系，亦谈及容礼应注意的事项[①]。全篇可与传世文献《论语·颜渊》《孔子家语·礼运》《礼记·曲礼》及《礼记·玉藻》等相合观。

《君子为礼》第7号简记有关于君子“容礼”的内容，与《新书》“容经”“行容”

---

* 项目来源：国家社科基金重大项目“战国文字研究大数据云平台建设”（21&ZD307）；国家社科基金重大项目“战国文字诂林及数据库建设”（17ZDA300）。附记：本文曾于2019年10月11—14日在“中国文字学会第十届学术年会”（郑州大学）上宣读，得蒙与会学者指正，谨致谢忱！

① 马承源主编《上海博物馆藏战国楚竹书（五）》，上海：上海古籍出版社，2005年，第253页。

等篇的记述相类似。简文云：

……䞓（颈）[①]而秀。𦢊（肩）毋登（废）毋㝏（倾），身毋𨊠（偃）毋倩，行毋㥿毋𣫳（摇），足毋支（蹁）毋高[②]。

由于本段简文内容重要且疑难字众多，所以研究者对此也发表了诸多不同的释读意见。随着新材料的不断刊布，楚系文字研究水平的整体推进，我们发现以往的释读意见有不少可以得到修正，故撰此小文，对本段简文的释读略做补述。

一

简文中的“𦢊（肩）毋登（废）毋㝏（倾）”一语，整理者将“𦢊”释作“脊”，读为“綮”，训为“肋肉结处”；将“登”读作“废”；将“㝏”释作“㝏”，而读为“痌”或“痛”[③]。宋华强进一步指出：“简文中‘身’字用的是本义，指上半身。‘行’说的就是腿部。这样‘肩—身—行—足’正好是讲身体从上到下四个部位的行为容止的禁忌，次序井然。”[④]秦桦林解“废”为“低下、垂下”，并举汉代贾谊《新书·容经》“废首低肘”“平肩正背”“肩不上下”等为据[⑤]。季旭昇认为，“㝏”字下半所从可释为“同”“冋”“台”“吞”（“卷”字所从），而分读为“动”“竦”“袒”或“蜷”（“缩肩”义），最后倾向于读作“蜷”[⑥]。苏建洲认为“㝏”字下部应视为“冋”，而读此字为“擎”，义即“上举”，与“废”相对[⑦]。牛新房从苏建洲释，而改读为“耸”[⑧]。苏建

① “颈”从何有祖释，参见何有祖《上博五〈君子为礼〉试读》，简帛网，2006年2月19日。
② 马承源主编《上海博物馆藏战国楚竹书（五）》，第87页、258页。
③ 马承源主编《上海博物馆藏战国楚竹书（五）》，第259页。为节省篇幅，本文所引诸家考释意见均在第一次引录时出注，后文再次引述时不再一一注明。
④ 宋华强《新蔡简“肩”字补证》，简帛网，2006年3月14日。
⑤ 秦桦林《楚简〈君子为礼〉札记一则》，简帛网，2006年2月22日。
⑥ 季旭昇《上博五刍议（下）》，简帛网，2006年2月18日。
⑦ 苏建洲《〈上博（五）〉柬释（二）》，简帛网，2006年2月28日。
⑧ 牛新房《读上博（五）札记》，简帛网，2006年9月17日。

洲认为“冋”与“耸”声韵关系不近，“耸肩”之搭配出现的时代偏晚，故改释本字下部为“尚”，而读为“竦”[①]。刘钊认为该字当释为“詹”，读为“檐”或“担”，即“上举”之义[②]。徐少华释为“侗”，读为“侗”，解为“不端正”[③]。范丽梅认为此字声符为“合”之讹变，而读此字为“胁”，在此义即“合敛高竦”[④]。顾史考认为，此字或可考虑读为“扃”，有“上栓关门”之义，或亦可指肩膀紧缩之状[⑤]。

陈剑指出：“所从从字形上看确有多种可能，结合文意，我倾向于释为从‘冋’之说，因可以读为‘倾’，……肩一高一低曰倾，简文‘敮（肩）……毋倾’正与论者已引之《新书·容经》‘肩不上下’相近。进一步说，‘顷’若‘倾’字楚文字未见，则简文以为‘倾’很正常；‘倾’与‘仄’意义关系密切（《说文》‘仄，侧倾也’、‘倾，仄也’、‘頃，仄也’），‘’与‘仄’同从‘厂’，说不定‘厠’就是楚文字中为‘倾仄’意之‘倾’所造的本字。”[⑥]

清华简《系年》“冋”字凡四见，写作“”，均用作齐顷公之“顷”[⑦]，可证陈剑将“厠”释作“倾”可从。黄杰对此也指出：“‘毋倾’是说肩膀不要倾斜，可参看汉代严忌（庄忌）《哀时命》‘肩倾侧而不容（“不容”即不合容仪）兮’。”[⑧]根据上述研究结论可知，简文“敮（肩）毋𤼵（废）毋厠（倾）”一语大意是说：肩膀不要塌下去，也不要倾侧。

---

① 苏建洲《〈上博楚简（五）〉考释二则》，简帛网，2006年12月1日。

② 刘钊《〈上博五·君子为礼〉释字一则》，简帛网，2007年7月23日。

③ 徐少华《论竹书〈君子为礼〉的思想内涵与特征》，《中国哲学史》，2007年第2期。

④ 范丽梅《楚简文字零释》，《台大中文学报》（台北），2007年总第26期。

⑤ 顾史考《上博楚简〈君子为礼〉再探》，《第二十九届中国文字学国际学术研讨会论文集》，桃园：“国立”中央大学中国文学系、中国文字学会，2018年，第375页。

⑥ 参见苏建洲所引陈剑2006年11月6日给其复信的内容，苏建洲《〈上博楚简（五）〉考释二则》，简帛网，2006年12月1日。

⑦ 清华大学出土文献研究与保护中心编，李学勤主编《清华大学藏战国竹简（贰）》，上海：中西书局，2011年，第167页、180页、231页。

⑧ 黄杰《释上博简〈君子为礼〉的“企”字》，“纪念中国古文字研究会成立四十周年国际学术研讨会”（长春）论文，2018年10月8—12日。

二

“身毋䠶（偃）毋倩”中的“䠶（偃）”，徐少华解作“弯腰驼背”，范丽梅则谓“泛指身体前后俯仰的动作”。“倩”，整理者读作“静”。浅野裕一读如字而解作“微笑”①。徐少华读为“倾”，解作“左倾右斜”。范丽梅亦读作“倾”，谓其“泛指身体左右倾侧的动作”，正与“偃”相对成词。侯乃峰疑读作“岑”，指身体高耸②。

《说文·人部》：“偃，僵也。”段玉裁注：“凡仰仆曰偃，引申为凡仰之偁。”③“身毋䠶（偃）”即身体不要过于往后仰。“倩”无论是读如字，还是读为“静”，置诸简文均不易理解。由于前文已有“同（倾）”字，若将“倩”读作“倾”则与此犯复。

我们认为，“倩”当读作“綪”或“竫”，训作“屈”。《礼记·玉藻》：“齐则綪结佩而爵鞸。”郑玄注：“綪，屈也，结又屈之。”④《仪礼·既夕礼》：“器西南上，綪。”郑玄注：“綪，屈也。”⑤《仪礼·士丧礼》：“陈袭事于房中，西领，南上不綪。”郑玄注：“‘綪’读为‘竫’。竫，屈也。袭事少上陈而下不屈。江沔之间谓萦收绳索为‘竫’。古文‘綪’皆为‘精’。”⑥《说文·糸部》：“竫，紆未萦绳。一曰急弦之声。从糸争声，读若旌。”段玉裁注：“纡者，诎也，少少诎曲之而已。将萦绳先诎曲之，引申为凡纡曲之偁。……按许纡下‘一曰萦也’，此即江沔之间语也。此云纡未萦绳，用诎训也，凡器物曲陈之皆曰竫。”⑦可见，“竫”的意思就是把绳子卷曲缠绕起来，引申而有屈之意，字抑或写作“綪”。据此看来，简文“身毋䠶（偃）毋倩（綪）”中的“倩（綪）”亦当据此解之。整句简文意谓：身体不要过于往后仰也不要往前屈。

---

① （日）浅野裕一著，（日）藤井伦明译《上海楚简〈君子为礼〉与孔子素王说》，武汉大学简帛研究中心编《简帛》第2辑，上海：上海古籍出版社，2007年，第288页。

② 侯乃峰《上博楚简儒学文献校理》（上册），上海：上海古籍出版社，2018年，第253页。

③ （清）段玉裁《说文解字注》，上海：上海古籍出版社，1981年，第381页。

④ （汉）郑玄注，（唐）孔颖达正义，吕友仁整理《礼记正义》，上海：上海古籍出版社，2008年，第1230页。

⑤ （汉）郑玄注，（唐）贾公彦疏，王辉整理《仪礼注疏》，上海：上海古籍出版社，2008年，第1166页。

⑥ （汉）郑玄注，（唐）贾公彦疏，王辉整理《仪礼注疏》，第1058页。

⑦ （清）段玉裁《说文解字注》，第657页。

三

“行毋跁毋毃（摇）”中的“跁”字，整理者疑读为“眂”，即“顾盼”义。徐少华认为应隶定为“跃”，通“踞”，而读为“倨”，指“倨慢”的体态。简文所云可能即《礼记·曲礼上》所言的“游毋倨”，“游”即“行”。范丽梅认为“跁”字上部实从“氒”声，故可读为“蹶”，指“行走时应注意速度，不要过快而跌倒”。其后，苏建洲[①]、高荣鸿、徐在国、单育辰等均有类似意见。苏建洲引古文字“氏”与“氒（厥）”形近讹混的例子，认为“跁”上部可能是“氒”，下部的“止”旁与“足”旁可义近通用。《礼记·曲礼》：“衣毋拨，足毋蹶。”郑玄注：“蹶，行遽貌。”《释名·释衣服》：“仰角，屐上施履之名也。行不得蹶，当仰履角举足乃行也。”“行不得蹶”正好可以对应简文“行毋蹶”[②]。白于蓝读为“跌”，并云：“‘跁’似当读作‘跌’。《说文》：‘跌，踼也。’《广韵·宕韵》：‘踼，跌踼，行失正。’”[③]黄杰释“跁”为“企”，并谓：“‘行毋企’，即行走的时候不要抬起脚跟。”“毃”字，整理者读为“摇”，即“摇晃”义。范丽梅认为“摇”指“行走疾速”。黄杰指出：“行‘毋摇’可参看《新书·容经》‘行以微磬之容，臂不摇掉’。”

“跁”字原简文作，上从氏，下从止。不过由于清华简中“氒（厥）”字多写得近于“氏”，如（尹诰2）、（程寤1）、（保训5）、（皇门10）等[④]。因此，不排除简文上部所从为“氒（厥）”的可能性，故研究者将其释作“蹶”，并与古书

① 苏建洲《〈君子为礼〉简七字词考释二则》，复旦大学出土文献与古文字研究中心网，2009年11月26日；高荣鸿《〈上博五·君子为礼〉文字考释及相关问题》，《兴大中文学报》，2011年总第29期；徐在国《谈上博五中的“蹶”字》，《出土文献与中国古代文明——李学勤先生八十寿诞纪念论文集》，上海：中西书局，2016年，第255—256页；单育辰《楚地战国简帛与传世文献对读之研究》，北京：中华书局，2014年，第321页。

② 苏建洲《〈君子为礼〉简七字词考释二则》，复旦大学出土文献与古文字研究中心网，2009年11月26日。

③ 白于蓝《战国秦汉简帛古书通假字汇纂》，福州：福建人民出版社，2012年，第284—285页。

④ 李学勤主编，沈建华、贾连翔编《清华大学藏战国竹简（壹—叁）文字编》，上海：中西书局，2014年，第301页。

中的“足毋蹶”“行不得蹶”等相联系，自然是截至目前最好的一种解读。

四

“足毋支（蹁）毋高”中的“支”字，整理者释为“豙”，而读为“坠”，谓犹言“低”也。徐少华从其读，而谓“坠”乃“强调走路时足不要重重地落地发出大的响声。”禤健聪则疑此字为“鞭”字古文“”，而读为“偏”[①]。唐洪志从禤健聪说，而改读为“蹁”。《说文·足部》：“蹁，足不正也。”同时唐先生将“高”改读为“蹻”，训为“举足行高”[②]。范丽梅亦从“支”之释，而改读为“卑”，谓“足毋卑”指“举止不要自卑”。

“支”字原简文写作，与楚简中下列“支”及从“支”之字相较可知，禤健聪释作“支”，至确。

（上博六·慎2）（上博二·容16）（望山2·12）（郭店·老甲1）

（上博五·三德3）（清华一·楚居4）（清华伍·啻门14）

置诸简文，无论是将“支”读作“偏”还是“蹁”，均可信。“足毋支（蹁）”即脚不要偏斜，《新书·容经》：“若夫立而技，坐而蹁，体怠懈，志骄傲……皆禁也。”[③]其中所说的禁止“坐而蹁”，可能正与简文此处“足毋支（蹁）”相仿佛。“高”字不必另行破读，如字解之即可。古书中多见“足高”之记述，如《左传·襄公三十年》：“视躁而足高。”[④]《国语·周语下》：“今晋侯视远而足高……视远，日绝其义；足高，日弃其德。”[⑤]因此，简文“足毋支（蹁）毋高”意谓：脚不要偏斜，也不要抬得过高。

① 禤健聪《上博楚简（五）零札（二）》，简帛网，2006年2月26日。

② 唐洪志《上博简（五）孔子文献校理》，广州：华南师范大学硕士学位论文（指导教师：白于蓝），2007年，第39页。

③ （汉）贾谊著，阎振益，锺夏校注《新书校注》，北京：中华书局，2000年，第228页。

④ （周）左丘明传，（晋）杜预注，（唐）孔颖达正义，浦卫忠、龙抗云、于振波等整理《春秋左传正义》，北京：北京大学出版社，2000年，第1282页。

⑤ 董增龄《国语正义》，成都：巴蜀书社，1985年，第224—225页。

谈谈安大简《曹蔑之阵》中的几处讹字*

中山大学中文系　陈斯鹏

内容提要：新近公布的安大简《曹蔑之阵》与上博本互有正讹，总体而言，安大本写讹者较多。本文对安大本的几处讹字做了讨论。认为：简7—8“㬎才（哉）”的“㬎”应是上博本“曼”字之讹，“曼”读为“晚”或“慢”；简16“毋角雀（爵）”的“角”应是上博本“図”字之讹，“図”读为兼摄之“摄”；简16“[illegible]军”和简32“[illegible]㛸（卒）”之[illegible]应是“从”字之稍讹，与上博本“从”之从四“人”作“㐺”一简一繁，可相印证；简24“勿兵吕（以）克”之“勿”为上博本简省写法之“易”的进一步省讹，“易兵”为治兵之意。

关键词：安大简；《曹蔑之阵》；讹字

上博简《曹蔑之阵》曾引起学界热烈的讨论，新近安大简《曹蔑之阵》① 的公布，提供了一个绝佳的对读写本，对于文本的复原和解读具有非常重要的意义。过去诸家对上博本的不同编联方案，即可借由安大本的对照检验，而得以修正。在这一点

---

* 本文是国家社科基金重大项目“上古汉语字词关系史研究”（22&ZD300）的阶段性成果之一。

① 上博简、安大简的整理者均将该篇命名为《曹沫之陈》。但上博简该篇有自题作“散蔑之戦”，上博简、安大简正文中其人名用字也以“蔑”为主体，“戦”则为战阵义之专造字，所以我主张篇名称《曹蔑之阵》为好。参拙著《简帛文献与文学考论》，广州：中山大学出版社，2007年，第95页。

上，安大本整理者做出了很大的贡献。同时，安大本还提供了大量的异文，整理者也做了不少有益的讨论，但不少具体问题，尚有待进一步的研究。其中讹字的问题尤为突出。两本对勘，互有正讹，然总体而言，以安大本写讹者为较多。其中不少属于一目了然，不至于造成文意理解分歧者，但也有一些存在不同解释，非加考辨不可者。本文特选出几处，略陈己见，以就正于同行师友。

一

简7—8：

> 臧（庄）公曰："㬎才（哉）！虗（吾）䎽（闻）此言。"乃命毁钟型而圣（听）邦正（政）。

上博本"㬎"作"曼"。安大本整理者云："'㬎才'读为'显哉'。《孟子·滕文公下》第九章引《书》佚文'丕显哉！文王谟。丕承哉！武王烈'赵岐注：'丕，大。显，明。……言文王大显明王道。'……上古音'显'属晓母元部，'曼'属明母元部，二字韵部相同，声母关系密切。上博简'曼才'当从本简读为'显哉'。"①

今按：上引简文，是写鲁庄公在听了曹蔑的一番劝诫之后的响应。倘如整理者所言，读"㬎"为"显"，"显哉"为赞美之词，则似理解为对曹蔑之言的称赞。但从语义方面看，以"显哉"赞美曹蔑之言，并不十分恰当。而从语法角度看，这种解释也有问题。

古书中"X哉！Y"这样的句式颇为多见。从语义上看，其中的"X哉"往往是对"Y"的评价；从语法上看，可以说"Y"是主语，"X哉"是被提前加以强调的谓语。例如：

① 黄德宽、徐在国主编《安徽大学藏战国竹简（二）》，上海：中西书局，2022年，第59页注释〔二〇〕。

> 林放问礼之本。子曰："大哉！问。"（《论语·八佾》）
>
> 仲弓曰："敢问民务。"孔子曰："善哉！问乎。"（上博三《仲弓》简15）
>
> 而夫子观之，曰："善哉！为丧乎。"（《礼记·檀弓上》）
>
> 孔子闻之曰："善哉！祁黄羊之论也。"（《吕氏春秋·去私》）
>
> 子游曰："甚哉！有子之言似夫子也。"（《礼记·檀弓上》）
>
> 郭偃曰："甚哉！善之难也。"（《国语·晋语三》）
>
> 孔子闻之曰："异哉！直躬之为信也。"（《吕氏春秋·当务》）
>
> 于是范蠡进曰："异哉！大王之择日也。"（《吴越春秋·勾践归国外传》）
>
> 平公蹴然而辞送，再拜而反曰："殆哉！吾过。"（《晏子春秋·内篇问下》）

包括整理者所引用的"丕显哉！文王谟。丕承哉！武王烈"，也应如此理解。准此，简文中的"㬎哉"应是对"吾闻此言"的评价，而不应该是对"此言"的评价。如果理解成赞美之词，便成了庄公的自我夸伐了，这显然是与语境不合的。

上博本整理者怀疑"曼"是"勖"之误写，既无依据，也不符合以上所做的语法分析。陈剑先生读为"晚"，季旭升先生读为"慢"（引者按：即《说文》训"行迟也"之"𧼮"），训"迟"[①]，则均甚顺适。"晚哉！吾闻此言"或"慢哉！吾闻此言"，犹言"吾闻此言晚哉"或"吾闻此言慢哉"，为庄公感叹闻道迟晚的醒悟之言，语义语法俱合。故接言"乃命毁钟型而听邦政"，付诸实际行动，顺理成章。

上博本之"曼"既得以合理解释，反观安大本之"㬎"，恐当视为讹字。盖二字上部形体相近而致讹[②]。又，诚如整理者所言，二字音也相近，此也可能是造成讹字的一个影响因素。

① 诸说参见俞绍宏、张青松编著《上海博物馆藏战国楚简集释》第四册，北京：社会科学文献出版社，2019年，第247—248页。

② 石小力、陈哲二君看过本文初稿后，均认为"曼"之讹作"㬎"，可能经由写作"缦"的环节，"缦"字清华简陆《子仪》8作，清华简玖《祷辞》1作，尤其后者与"㬎"已很近似。此说不无道理。

二

简 15—16：

凡又（有）司衔（率）伥（长）民者，毋角雀（爵）。……所已（以）为和于⿰彳彖〈豫—舍〉。

整理者云：“‘角雀’，《上博四·曹沫》简三七上作‘角篧’。上博简‘角’字原文写法与《上博四·曹沫》简十六‘解’字所从‘角’相似，唯前者‘角’内笔画作‘又’形，《上博四·曹沫》简三七上释文将其释作‘㕚’，非是。‘雀’，即‘篧’的省写，从‘竹’，‘雀’声。‘角雀’‘角篧’皆应读为‘禄爵’。……或说‘角’，竞逐。《广韵·觉韵》：‘角，竞也。’（程燕）”①

今按：“角”原字形作，确可释“角”。“角”“禄”也确实音近可通，整理者已有举证，此从略。但从用字习惯来看，本篇简 14、33 之{禄}均以“彔”为之，此独作“角”不无可疑。而更重要的问题是，从语法地位来看，这里的“角雀”应该是谓词性的结构，如读为名词性的“禄爵”，并不合适。相较而言，所引程燕先生说把“角”解释成动词，在语法上要合理些。但如果与上博本的异文结合起来看，则犹需另加考虑。

上博本与“角”相应之字作，原整理者释“㕚”，云：“㕚篧：疑读‘摄爵’。《说文·口部》：‘㕚，下取物缩藏之。从口、从又。读若聂。’‘毋㕚爵’可能是说为君者不可惜爵而不授。”“㕚（摄）”字之释，诸家无异议。显然，是因为大家均同意将此字与上博简《缁衣》23 号与今本“摄”字相应的作形之“㕚”加以认同。现在，安大简整理者把上博本的也释作“角”，以就安大本，从而否认它跟“㕚”的

① 黄德宽、徐在国主编《安徽大学藏战国竹简（二）》，第 62 页注释〔五四〕。

联系。然而此说实颇可商，一方面，“角”及从“角”之字多见，从来不会将角内笔画写成“又”形；另一方面，过去将它释为“𠬪”的意见其实不易推翻。

季旭升先生曾据上博《缁衣》“𠬪”之作，指出字本非从“囗”，《说文》析形不确；并疑其所从为“圅”之初文“𢎘”，兼表声①。其说实颇可从。其实，“𢎘”在古文字中本来就可以、二形互作的，字象函囊之状，而右上角的形笔画有无无别。过去刘钊先生在讨论“𥁰”字时已涉及此点②。比较典型的例子如：

函：（《花东》106）——（《合集》18469）

𥁰：（《合集》37382）——（永盂，《集成》10322）

𠧪：（毛公鼎，《集成》02841）——（九年卫鼎，《集成》02831）

另外，有些外轮廓与“𢎘”相似的字也存在这种现象，如“角”字作（瘐钟，《集成》00246），又作（曾侯乙钟，《集成》00317）。

由此可见，又写作是非常自然的，二形均为“𠬪”字，殆无可疑。上博本整理者读“𠬪”为“摄”，也符合用字习惯（“𠬪”即摄取字之初文）。但释“摄爵”为惜爵不授，则较费解。“摄”古常训兼，如《论语·八佾》：“官事不摄。”朱熹集注：“摄，兼也。”《左传·昭公十三年》：“羊舌鲋摄司马。”杜预注：“摄，兼官。”疑此“摄爵”即兼摄爵位之意。有司不兼摄爵位，即各有其位，各守其职，便可减少纷争，故能作为“所以为和于舍”的一个方面，文义颇感通畅。

上博本之“𠬪”既不误，那么安大本之“角”是否属于异义两通呢？恐怕也不然。“角”虽可训“竞”，但却应理解为竞争、较量，而不宜理解为竞逐。因为从古汉语中的“角N”组合来看，N一般不是“角”的对象，而是所用以“角”的东西，例如“角力”“角刃”“角酒”“角技”等均如此，所以，如果要表达竞逐爵位的意思，

① 季旭升主编《〈上海博物馆藏战国楚竹书（一）〉读本》，台北：万卷楼图书股份有限公司，2004年，第148页。

② 刘钊《释愠》，广东炎黄文化研究会编《容庚先生百年诞辰纪念文集》（古文字研究专号），广州：广东人民出版社，1998年。

似不应该说成“角爵”。因此，安大本之“角”更可能是上博本之“図”的形近讹字。

三

简 15—16：

凡又（有）司衘（率）伥（长）民者，毋角雀（爵）。毋军而辟（避）辠（罪）……所目（以）为和于豫〈豫—舍〉。

又简 32：

必訋（召）邦之贵人及邦之可（奇）士（从）㞕（卒）瞥兵，毋退（复）先常［之］。

两次出现的字，整理者直接释作“从”。并说：“《上博四·曹沫》简三七上、二九皆作‘㐺’，从二‘从’，当是‘从’字繁文。……《汉书·匈奴传上》：‘其掾胡亚夫亦避罪从军。’”①

今按：上博本“㐺”原形作（简 29）、（简 37 上）。整理者以为“㐺”即传抄古文中的“虞”，读为“御”。另外，有释为“旅”字古文之形讹；有以为传抄古文“耀”之声符而读“耀”，或读“擢”；或以为从四“人”会人多之意，为“旅”字异体②。笔者向来主张此字应是“从”之繁构③，虽间有响应者，但似未获普遍认可。今

① 黄德宽、徐在国主编《安徽大学藏战国竹简（二）》，第 62—63 页注释〔五五〕。

② 诸说参见俞绍宏、张青松编著《上海博物馆藏战国楚简集释》第四册，北京：社会科学文献出版社，2019 年 12 月，第 292—295 页。

③ 见拙文《上海博物馆藏楚简〈曹沫之阵〉释文校理稿》，简帛研究网站，2005 年 2 月 20 日；拙著《简帛文献与文学考论》，第 100 页；拙著《楚系简帛中字形与音义关系研究》，北京：中国社会科学出版社，2011 年，第 151—152 页。

幸得安大简整理者采纳，稍增自信。当年拙说之提出，主要基于对上博本整理者将该字同传抄古文“虞”认同的否定。而实际上，上博本整理者之说至今仍有较大的影响，近年仍有学者重申此说[①]。故特将较完整的一段论证引录于此，以便读者之了解与评判：

> 传抄古文“虞”字有作、者，所从四“ᐱ”似隶楷的“人”，而不似古文字的“人”。实际上，《汗简》就并不认为它从“人”，而是将它归在“入”部。然而不论以为从四“人”，抑或从四“入”，都无法解释它与“虞”的关系。所以最大的可能是，此为一讹变了的形体。曾宪通先生曾认为此形为“虡”字之省变，古文借“虡”为“虞”。这是很有启发性的。但我怀疑，所谓“虞”字古文，实为“吴”字讹变的可能性或许会更大一些。因为战国文字中“虞”往往借“吴”为之，比如《唐虞》、《子羔》等篇的“虞”就都作“吴”；《古文四声韵》卷一“虞”字下引王存乂《切韵》一文亦“吴”字。“吴”字战国文字作，《汗简》引《义云章》作，右上方“口”讹成两撇，稍再断裂错位即成，均衡处理即为。敦煌本、岩崎本、内野本、上元本等古本《尚书》中，“虞”字多作、，本也应当是“吴”字，其主体的“大”形还很明显。可见简文“从从”与所谓的“虞”字古文是毫无关系的。
>
> “从从”字从重“从”，可作“从”之繁构看待，仍然读{从}，放到原文中检验，意思是顺畅的。“从从（从）卒”就是从伍服役的意思。让贵人从军，大概是出于鼓舞士气的考虑。[②]

传抄古文“虞”源于“吴”字，其嬗变之迹历历可寻，且完全合乎战国文字的用字习惯（通常认为，战国文字是传抄古文最重要的来源）。除了《唐虞》、《子羔》，上博简《容成氏》《景公疟》、清华简《虞夏殷周之治》《四告》《五纪》等篇，也都有

① 如陈剑《据〈清华简（伍）〉的“古文虞”字说毛公鼎和殷墟甲骨文的有关诸字》，《古文字与古代史》第5辑，台北：“中研院”历史语言研究所，2017年。

② 拙著《楚系简帛中字形与音义关系研究》，第151—152页。

以“吴”为“虞”之例。而以四“人”形之字为“虞”者，根本找不到一个实例；主张上博本“𠈌”为古文“虞”的学者，也无法将之读“虞”为解。陈剑先生将见于毛公鼎、诅楚文和清华简《汤处于汤丘》《汤在啻门》等的“仳”（作）也与古文“虞”加以认同，但也无一例可读“虞”为解[①]。这也说明这种系联确实是有问题的。

今安大简与“𠈌”相应之字作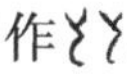，整理者释“从”，正可合证。特别是“毋从军而辟（避）辠（罪）”一句，整理者举出《汉书·匈奴传上》“其掾胡亚夫亦避罪从军”这样的文例来相比参，对于释“从”是一个有力的支持。稍微有点遗憾的是，这两个“从”字写得不太规范，应该认为是“从”的讹写之体。陈哲君认为是二“人”形的两撇从左下方被误移至右上方，其说有理。虽则写讹，但仅作二“人”形，仍有利于断绝与传抄古文中讹变成四“∧”形的“吴（虞）”相比附的可能。

四

简24—25：

> “……战又（有）㬎（显）道，勿兵吕（以）克。”臧（庄）公曰：“勿兵吕（以）克奚〈奚—奚〉女（如）？”酓（答）曰：“人之兵不砥万（砺），我兵必砥万（砺）；人之甲不臤（坚），我虘（甲）必臤（坚）……”

整理者云：“‘勿兵以克’之‘勿’，或疑‘利’之省。”[②]

今按：二“勿”字作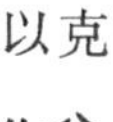、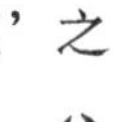，从字形看，释“勿”完全没有问题。对应的字，上博本作、（简38），整理者也释“勿”，谓“‘勿兵以克’似是不战而屈人之兵的

① 陈剑《据〈清华简（伍）〉的“古文虞”字说毛公鼎和殷墟甲骨文的有关诸字》，《古文字与古代史》第5辑。

② 黄德宽、徐在国主编《安徽大学藏战国竹简（二）》，第66页注释〔九三〕。

意思”。诸家多无异议，即以所谓“勿”为否定词。唯笔者曾改释为“刀”①。

今安大本明确作“勿”，是否可以证成上博本整理者之释读意见呢？实恐不然。因为曹蔑对所谓“勿兵以克”有具体的解释，即“人之兵不砥砺，我兵必砥砺；人之甲不坚，我甲必坚”等等，都是强调以军事实力和战备水平取胜的，实际上恰恰是对“兵以克”的极力主张，而绝不可能是对“兵以克”的否定。笔者不能同意上博本整理者意见的根本理由在此。倘若以安大本“勿”字为正，则仍然不能解决简文自相矛盾的问题。安大简整理者提出“或疑‘利’之省”，大概也是因为意识到了这一点。

然而，“利”省作“勿”形并不符合一般文字规则，也没有任何证据。而笔者过去依据传抄古文“刀”旁常作此形及本篇“则”字也从此形，而改释作“刀”，现在看来也不可靠，因为楚文字中典型的“刀”从未写作此形。实际上，上博本的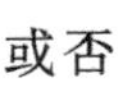应该是“易”字的简省写法。金文“易”字作、，右上角半圆笔画内或加点或否，楚简相应地写作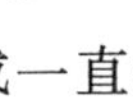（安大《诗经》88）、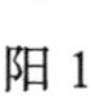（郭店《尊德》5）。右上角半圆笔画写得简率一些就变成一直线短画，如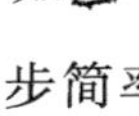（信阳1·1）、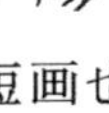（信阳1·10“赐”）、（上博二《从政》甲18“惕”）②。进一步简率，则连这一短画也可省去，如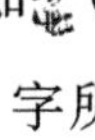（上博七《武王践阼》10“惕”）。上博本《曹蔑之阵》之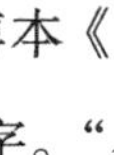，与《武王践阼》“惕”字所从之“易”并无二致，当是“易”字。“易”有修治义。《左传·襄公三十一年》：“司空以时平易道路。”杜预注：“易，治也。”《孟子·尽心上》：“易其田畴，薄其税敛。”赵岐注与杜预同。《文选·潘岳〈射雉赋〉》：“农不易垄。”徐爰注：“易，修也。”《庄子·应帝王》：“是于圣人也，胥易技系，劳形怵心者也。”郭庆藩《集释》：“易，犹治也。”简文“易兵”乃修治兵甲之意，正与“人之兵不砥砺，我兵必砥砺；人之甲不坚，我甲必坚”云云完全相应③。《史记·仲尼弟子列传》记子贡谓晋君曰：“臣闻之：虑不先定

① 诸说参见俞绍宏、张青松编著《上海博物馆藏战国楚简集释》第四册，北京：社会科学文献出版社，2019年，第276页。

② 燕系文字“易”也有类似写法，如“鄚”作（《古玺汇编》0010）、（《古玺汇编》0159），说参李家浩《从曾姬无恤壶铭文谈楚灭曾的年代》，《文史》第33辑，北京：中华书局，1990年，第12页、17页。

③ 可注意者，同篇简46上有二“惕”字作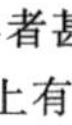（安大本相应之字同之），所从“易”不作简省写法。然此不足为怪，因为篇中同一字而写法微异者甚是多见。也不排除这样的可能，即“易”字用修治义，与“惕（易）”字用容易义者有别，故写法上有意地区别，除“心”旁之有无外，“易”形也微有别。

不可以应卒，兵不先辨不可以胜敌。”“辨”者，治也。“兵不先辨不可以胜敌”犹言必先治兵方可以胜敌，与曹蔑“易兵以克”之论，可谓如出一辙。

“易”字——特别是简省写法的“易”字，与“勿”极相近似，故易致讹。安大本二“勿”字应当是“易”的形近讹字①。

五

简 42：

亓（其）城固足吕（以）戗（捍）之。卡＝（上下）和虘（且）咠（辑），解纪于大＝郾＝（大国，大国）新（亲）之，天下记（起）之心者［侯］寡忢（矣）。

整理者云：“‘解纪’，《上博四·曹沫》简十五作‘緈纪’。‘緈’即‘繲’之省。‘繲’从‘解’声，故二字可通用。疑‘解’‘繲’二字皆读为‘敬’。上古音‘解’属见母锡部，‘敬’属见母耕部，二字声母相同，韵部阳入对转，音近可通。‘纪’，训为‘事’。《礼记·文王世子》：‘丧纪以服之轻重为序，不夺人亲也。’郑玄注：‘纪，犹事也。’‘敬纪’即‘敬事’的意思。”②

今按：整理者之说颇有可商。其一，以上博本之“緈”为“繲”之省，不符合一般文字法则，因为“解”“㚔”音义各别，且“解”所从之“刀”（楚简或作“刃”）为核心会意偏旁，不应省去。其二，楚简“敬”极常见，用字习惯稳定，谓此借“解”“繲”二字为之，相当可疑。其三，从文献看，“纪”训为“事”是在名词义层

① 楚简中还有“勿”讹成“易”形者，如上博简六《孔子见季桓子》12：“丌（其）。与（邪）蝺（伪）之民，亦吕（以）丌（其）勿（物）。”整理者释为“易”，陈剑先生改释为“勿”，读为“物”。（参俞绍宏、张青松编著《上海博物馆藏战国楚简集释》第六册，北京：社会科学文献出版社，2019 年，第 77—78 页）依文例，陈说可从；但察其字形，实则已讹同“易”。又，上博简三《周易》“勿”字或作（简 1）（简 8），右边半圆形笔画本非“勿”字所应有，当是受“易”字的影响而写讹。

② 黄德宽、徐在国主编《安徽大学藏战国竹简（二）》，第 74 页注释〔一五五〕。

面上的，似不能用为动词义的“敬事”之“事”[①]。

上博本之“緙”，原作，整理者本释为“繲”，并读“繲纪”为“絓纪”，谓指结交援于大国。文意把握准确，而释字则非。笔者曾改释“緙”，分析为从“纟”、“䍃”（“触”之初文）声，为“裯”、“襡”之异体，而读为“属”。“属纪”近义连用，“属纪于大国”即联合、结交大国之意[②]。现在看来，此解仍较为顺当。

楚简自有“繲”字，见于上博简三《周易》37，作，用为卦名之“解”。又见于清华简陆《子产》17，作，文云：“紿絣繲思，㾓（病）则任之，善则为人。”其中“紿絣繲思”，诸家颇多异说，似均有未达[③]。我怀疑应读作“治烦解患”。《左传·襄公二十六年》：“恤其患而补其阙，正其违而治其烦。”语意相近，可参。“思”即“患”字异体，无烦改读，“解患”为古书成词。《淮南子·人间》：“贵无益于解患，在所由之道。”颇疑楚简“繲”字即“解”增“纟”旁而成，盖取解丝之义，与传世文献中训“浣衣”或“故衣”之“繲”为同形字。字又可从“丝”作，见清华简伍《汤在啻门》8，文云：“九月繲章，十月乃成。”王宁先生读“繲”为“解”，训分判[④]，似可从。无论如何，确定的“繲”字未见可省作“緙”者。

楚简中“䍃”字见于上博一《诗论》20：“丌（其）言又（有）所载而句（后）内（纳），或前之而句（后）交，人不可䍃（触）也。”又见于清华简捌《心是谓中》4：“不知短长，妄作衡䍃（触）。”均无法看作“解”字之省。而从“纟”的“緙”字，除上博《曹蔑之阵》外，还见于清华简伍《汤在啻门》8，作，文云：“亓（其）㲺（气）朁緙发紿，是亓（其）为长虘（且）好才（哉）。”“朁緙发紿”四字较费解。整理者读“緙”为“歜”，作盛气奋发解，可备一说。今疑也可能读“属”，“属”古常训连续。此言“气”之“属”，似可与下文“为长”相呼应。而整理者又疑“緙”为

① 此点网名为“质量复位”的网友已经指出，见“简帛网”之“简帛论坛”《安大简〈曹沫之陈〉初读》第5楼，2022年5月3日。

② 见拙文《上海博物馆藏楚简〈曹沫之阵〉释文校理稿》；拙著《简帛文献与文学考论》，第105—106页；拙文《上博馆藏楚简文字考释四则》，《江汉考古》，2008年第2期，第123—124页。

③ 参朱忠恒《〈清华大学藏战国竹简（陆）〉集释》，武汉：武汉大学硕士学位论文（指导教师：何有祖），2018年，第158—159页。

④ 参李爽《清华简“伊尹”五篇集释》，长春：吉林大学硕士学位论文（指导教师：李守奎），2016年，第130页。

“繲”之省而读“解”，则既乏文字学根据，也不具备文义优势，实不可取。

总之，目前并没有确定的支持“繲”字可省作“緈”的积极证据。“繲”宜自为“繲”，“緈”宜自为“緈”。安大本《曹蔑之阵》异文“解”的出现，同样不能成为“緈”读同“解”的坚强理由。如上所述，整理者读“解纪”为“敬纪”，训为敬事，存在诸多问题，当不可信。实际上，按“解”字去求解，基本上无法得到切合语境的合理读法。而按“緈”字去求解，如上述拙说，最起码没有文字学上的问题，文意理解也能大体通畅。因此，我认为应该以上博本之“緈”为正，而安大本之“解”当视为形近讹字。

征稿启事

《中国考据学》是由武汉大学文学院古籍整理研究所主办的学术集刊。本刊提倡崇实、专精、创新，诚征以考据为理脉法式的优秀成果，举凡经史和小学研究、古文献学和书籍文化研究、古典学术史、出土文献和古文字研究等领域的学术论文，不拘字数，均所欢迎。

来稿格式要求如下：

一、文章请用 microsoft word 文档格式，以通行规范简化字横排书写和打印。

二、作者姓名置于论文题目下，居中书写。作者工作单位、职称等用“*”号注释在文章首页下端。

三、每篇文章皆需 500 字以内“内容提要”以及关键词 3—5 个。

四、各章节或内容层次的序号，一般依一、（一）、1、（1）等顺序表示。

五、一律使用新式标点符号。凡书籍、报刊、文章篇名等，均用书名号《 》；书名与篇名连用时，中间加间隔号，如《论语·学而》；书名或篇名中又含书名或篇名的，后者加单角括号〈 〉，如《丧家狗——我读〈论语〉》。

六、论文题目、内容提要、关键词和正文字体均用宋体，文中独立段落的引文字体变为仿宋体。

七、注释采用当页脚注，每页单独编号，注释号码用阿拉伯数字①、②、③……表示。

八、注释格式与顺序为：著者（含整理者、点校者）、书名（章节数）、卷数（章节名）、版本（出版社与出版年月）及页码等。如：

（东汉）许慎《说文解字》卷一下，北京：中华书局，1963年，第17页。

张涌泉《汉语俗字研究》（增订本），北京：商务印书馆，2010年，第2页。

傅刚《论赋的起源和赋文体的成立》，《北京大学学报》（哲学社会科学版），2018年第5期，第84页。

九、为避免重复，再次征引同一文献时可略去出版社与出版年月，只注出著者、书名、卷数、页码。

十、首次提及帝王年号，需括注公元纪年；首次提及外国人名，需括注原名。中国年号、古籍卷数用中文数字；公元纪年、期刊卷次、页码等，用阿拉伯数字。

本集刊实行双向匿名评审制度，编委会根据评审意见，决定是否采用。自收稿之日起半年内，无论录用与否，都会告知作者结果。

刊物正式出版后，编辑部将向论文作者寄赠样刊两册，并另付稿酬。欢迎海内外同仁不吝赐稿。

《中国考据学》编辑部通信地址：

湖北省武汉市武昌区八一路299号武汉大学本科生院楼古籍整理研究所《中国考据学》编辑部

邮编：430072

投稿电子邮箱：zhongguokaojuxue@163.com